解码能源

能源专家畅谈全球能源转型

董秀成　编著

石油工业出版社

内 容 提 要

本书聚焦全球能源转型,从全球视角出发,系统梳理其发展历程、现实挑战与未来趋势,分为综合篇、分类篇、区域篇和国别篇四个部分,内容结构清晰,逻辑严密,全面展现世界各国在应对气候变化中的能源变革路径。

本书适合关注能源转型、气候变化与可持续发展的广大读者阅读,也可作为高校相关专业师生、政策研究人员、能源行业从业者等了解全球能源趋势的参考资料。

图书在版编目(CIP)数据

解码能源:能源专家畅谈全球能源转型 / 董秀成编著.

北京:石油工业出版社, 2025.8. -- ISBN 978-7-5183-7577-6

Ⅰ. F407.2

中国国家版本馆 CIP 数据核字第 20252AR936 号

解码能源　能源专家畅谈全球能源转型
董秀成　编著

出版发行:石油工业出版社
　　　　　(北京安定门外安华里 2 区 1 号楼　100011)
　　　　　网　址:www.petropub.com
　　　　　编辑部:(010) 64523599
　　　　　图书营销中心:(010) 64523633
经　销:全国新华书店
印　刷:北京中石油彩色印刷有限责任公司

2025 年 8 月第 1 版　2025 年 8 月第 1 次印刷
787 毫米 × 1092 毫米　开本:1/16　印张:21.25
字数:352 千字

定　价:98.00 元
(如发现印装质量问题,我社图书营销中心负责调换)
版权所有,翻印必究

PREFACE 序

受董秀成教授热情之邀，本人愿意为其即将出版的《解码能源：能源专家畅谈全球能源转型》一书作序。

能源作为人类社会存续与进步的基石，其形态与重要性在不同历史时期与社会形态中展现出多样性。人类社会的发展与能源利用，并非简单的因果关系，而是一个交织着复杂互动与共生共荣的过程。

毋庸置疑，能源的获取与应用对人类文明的演进具有决定性意义：缺乏能源，则动力缺失，宇宙运转失色，地球生态系统难以维系，人类这一独特生命形态的诞生与发展亦无从谈起。

转型与文明进步，两者紧密相随，互为因果。能源转型作为推动社会文明演进的强大动力，展现出相互促进、共生共进的特征，难以明确界定孰先孰后。能源转型与文明进步相互激发潜能，互为支撑条件，构成一种深度耦合的复杂关系，远非单一因果关系所能涵盖。

能源转型，实则是一个持续演进的过程，核心在于不断拓展新能源的应用领域，提升其在消费结构中的比例与地位，本质上是一场主导能源的更迭历程。此过程可细分为两个维度：主导能源转换与能源系统转变。

主导能源转换，即某种或多种能源逐步取代另一种或多种能源的主导地位，实质上是对能源结构的调整与优化。从现实层面而言，这一过程表现为低碳的非化石能源逐步替代高碳的传统化石能源，旨在构建以非化石能源为主导的能源体系，替代以化石能源为核心的传统体系。

能源系统转变，内涵广泛且复杂，涵盖经济与社会发展的多维范畴，包括能源资源勘探、开发、生产、消费、贸易、技术革新、储备及运输等多个环节，同时涉及治理体系、法律法规、市场参与者（包括企业与消费者）等多个层面。这一系列转变共同构成了能源转型的完整图景，推动社会向更加高效、清洁、可持续的方向迈进。

近年来，有关能源转型内容的图书层出不穷，可谓百花齐放、百家争鸣。但经过通读本书，本人认为，《解码能源：能源专家畅谈全球能源转型》无论是在框架、内容和结构上，还是在写作风格上，均有一种令人耳目一新的感觉。

本书基于作者多年深耕能源转型领域的学术成果与独到见解，以流畅的文笔勾勒出全球应对气候变化挑战的宏大图景，着重探讨全球能源转型的必然趋势，深入剖析其历史演进，细致审视当前状况与存在的问题，并展望其长远发展趋势。

本书遵循严密的逻辑架构，分为综合篇、分类篇、区域篇及国别篇四大板块，以全球视野、层次分明的结构布局及富有文学韵味的表达风格，为读者呈现了一幅详尽的全球能源转型全景图。读者既可循序渐进地通览全书，亦可根据个人兴趣选择特定章节深入研读。

作为一部面向大众的科普作品，本书采用通俗易懂、贴近生活的叙述方式，辅以文学化的叙事技巧，犹如叙述一系列引人入胜的故事，力求避免使用晦涩难懂的专业术语，确保读者能够轻松阅读。

本书内容全面、体系完备、结构严谨、逻辑清晰，不仅回顾了全球能源转型的历史进程，还深入分析了当前转型现状，更如同一位洞察先机的观察者，透过趋势的棱镜展望了全球能源转型的未来走向，旨在引领读者穿梭于历史、现实与未来的交汇点，共同见证人类能源转型时代令人瞩目的变革。

中国工程院院士　刘合

2025 年 6 月

AUTHOR'S PREFACE | 自序

　　漫步京华，悠悠岁月，情愫交织，心绪难平；青春色彩，在开物苑里肆意绽放，而暮年荣光，则悄然栖息于惠新园中。回首往昔，滋味无穷，两段学术之旅——中国石油大学（北京）和对外经济贸易大学，如同星辰般镶嵌在人生长卷之中。诚然，事业的硕果带来了喜悦的甘霖，但经历过的披荆斩棘、砥砺前行的日子，其间的千般况味，却总在不经意间涌上心头，时而搅动心湖，泛起层层涟漪，辗转反侧，夜不能寐。

　　两段学术旅程，不仅是知识的积累与智慧的磨砺，更是心灵深处的洗礼。成功固然甜美，但那些不为人知的失败和挫折，也同样构成了生命中不可或缺的部分，如同醇厚的酒，越品越有滋味，在回忆中沉醉，也在辗转中领悟。

　　时至今日，我已步入人生的深秋，却犹似一台不息的机器，在人才培养的田野上深耕细作，在科学研究的丛林中探索前行，在社会服务的经纬间穿梭织梦，在文化传承的洪流中扬帆远航。人生足迹，仿佛是轻盈的羽毛，散落在华夏大地的大江南北；又似骏马之蹄，踏遍了赤县神州的长城内外；更如羽翼之展，翱翔于小小寰球的辽阔天空。忙忙碌碌的经历，已悄然化作日常风景，成为生命旅途中时而浮现的记忆。

　　教学科研发端于心，社会服务绵延不息。书山深处，新知之泉潺潺流淌；学海广袤，古韵诗词偶得闲赋。仰望苍穹，传道授业，心绪飘向浩瀚天涯；感悟师道，解惑答疑，目光所及无尽海角。学园之中，尽我所能，为学生解开心中疑惑，抒发着对教书与育人的情意；公车之上，铭我所志，为国家建言献策，坚守着对学术与社会的承诺。

　　在人才培养之路上，未曾稍减热忱，矢志以育人为本，铭记韩愈《师说》中关于师的职能作用，即"师者，所以传道受业解惑也"。细数过往数十载，时光荏苒，见证了一届届学子学成离校的背影,又迎来了一批批怀揣梦想的青春面孔,汇聚成生命中最宝贵的精神财富。在纷扰与忙碌中,相继讲授了诸多课程,指导了一批又一批研究生,他们在中国乃至全球能源领域贡献着自己的力量。这不仅是职业的神圣和伟大,更是心灵深处的荣耀与满足。

在科学研究之途,始终孜孜不倦,坚持以创新为志,怀揣着对未知领域的无限好奇与极度渴望,承担了诸多国家及地方政府层面的研究课题。每一次科研成果的鉴定或验收,都会带来喜悦和成就感,也让生活变得多姿多彩;受邀参加各种各样的学术会议,进行一场又一场的学术演讲,在灿烂的聚光灯下,以言语为笔,以智慧为墨,为公众勾勒出学术的逻辑和知识的轮廓。

在社会服务中,铭记肩负重任,努力以服务国家重大战略为己任,根据国家能源发展战略和政策需要,以士大夫情怀,精心撰写了一篇又一篇资政报告,有的被采纳为决策依据,有的得到各级领导的批示。接受众多主流媒体一次又一次的专访或采访,犹如思想和观点的种子,播撒到更加广阔的天地,以扩大社会影响力。

纷扰之中,常思战略之得失;闲暇之余,亦思政策之是非。应对全球气候变化已经成为时代潮流,全球能源转型是大势所趋,难以逆转。在漫长的能源转型旅途中,人类需不断深入思考和探索,各国则需持续精进能源转型的战略蓝图与施策之道。未来全球能源转型之路,无疑将布满荆棘与未知,这既是自然法则的公正体现,亦是时代赋予的必然使命。正如四季更迭,生生不息,唯有怀抱敬畏之心,方能找到希望和光明的灯塔。

本书聚焦全球能源转型,不仅对全球能源转型历史进行了回顾,而且对全球能源转型现状进行了分析,犹如一面透视镜对全球能源转型趋势进行了展望,旨在引领读者穿梭于过去、现在和未来,共鉴人类社会在能源转型时代发生巨变的一个个微妙瞬间。

本书绝非纯学术著作,书中所述内容、观点或结论,或许在学术风格上略显飘逸,逻辑之链亦偶有松散,言辞之间,准确性也难以保证,犹如晨雾中的远山,朦胧而难以透彻。笔者热切期待与能源领域的同仁共商共议,或批评质疑,或商榷修正,或互勉共鸣,以便在思想的碰撞中迸发出更多的光芒。

笔者力求以科普化和口语化风格将本书塑造为大众读物,强调大众性、通俗性与科普性的独特融合。同时,弃用晦涩的学术术语,摒弃繁复的数学模型,旨在铺设一条通往大众化知识殿堂的坦途，让读者能轻松翻阅，享受阅读的愉悦之旅。读者可细品全书，亦可依兴趣阅读个别篇章。无论通读还是选读，皆能领略其中深意，如漫步于知识花海，任思绪在字里行间飞舞。

值此本书出版之际，我非常感激我的夫人曹文红女士。她的奉献、支持和理解，是我学术生涯中最坚实的后盾，让我不被生活的琐碎所羁绊，得以心无旁骛地沉浸于自己热爱的学术事业之中。同时，我也向石油工业出版社的朋友致以深切的谢意，是他们积极的鼓励和坚定的支持，如同春风化雨、润物无声，让我下定决心完成了本书的编写。

董秀成

2025 年 6 月

CONTENTS 目录

第一篇 综合篇

002　1 全球气候变化：温室效应导致地球变暖，人类社会必须联合应对

温室渐浓沉重，天祸人灾飘游。升温趋势未曾休，万水千山惊悚。碳气排输频厚，至今气变寰球。东西南北共筹谋，协力除碳方动。

013　2 全球能源转型：既是历史，也是现实，更是未来

石炭辉煌徐却，风光劲爆凝团。碳污双降嘉华年，南北西东连片。悠悠望星窗外，赋诗唱曲灯前。转型前路遇难关，却有多能惊现。

022　3 全球温室气体排放：温室气体排放规模庞大，实现净零目标任重道远

温室渐生暖地，苍穹尽染阳光。能源新曲浪潮张，除旧迎新路广。把酒开怀畅饮，转型变革激扬。东西同入碳足乡，漫步中和路上。

034　4 全球能源消费：能源转型逐渐加快，消费格局持续演变

碳涌徐徐起浪，横空缓缓能消。化石未解气腾霄，怎奈地球趋暖。可惜千秋功罪，落入气变风潮。转型前路漫迢迢，望睹风光芳展。

044　5 全球电力产业：电源更加多元化，电网更加智能化，储能更加规模化

发电规模庞大，世间冷暖其中。来源徐变几多增，化作多元生动。电网加持智手，盈飘能储轻风。全球电力转型中，赋曲言辞齐颂。

i

052 6 全球能源技术创新：应对全球气候变化，聚焦清洁能源技术

技术不嫌障路，追新如履薄冰。转型能海入涛宏，聚力控排东风。降碳偏逢雨雾，减污难遇芳容。清洁转化创新中，不与陈规同步。

060 7 全球能源安全：概念内涵不断延伸，关注重点深刻改变

概念轻轻厘定，安全淡淡梳成。油荒气断撼天宁，通道频生不静。交易权柄不硬，有能何似无能。危机过后梦难醒，深怨地缘纷政。

第二篇　分类篇

070 8 全球石油产业：回顾历史成也交通，展望未来败也交通

日日交通冷暖，朝朝路婉街欢。石油且舞且开怀，情怀无悔无怨。经历几多煌梦，黄昏衰败徐来。如今转型亦安然，怎奈未来巨变。

079 9 全球天然气产业：低碳特征十分明显，终究难逃过渡角色

婉转今夕春色，情牵明朝秋光。低排神往渡桥梁，幸得绵长路畅。昨夜风华路好，今宵雾嶂何妨。转型之路遇沧桑，怎奈暮年终降。

088 10 全球煤炭产业：人类实现碳中和目标，将决定煤炭由繁荣辉煌逐步走向衰落暗淡

哀乐衰文互荡，冰弦冷曲相闻。愁云霾雾漫天陈，怎奈悠然惆怅。纵有辉煌志炜，而今气变失魂。全球降碳遍天鸿，万众煤人沮丧。

097 11 全球核能产业：应对全球能源转型，核能再度备受关注

核子悠然无虑，岂知世上多愁。核堆取电情悠悠，功成人间生秀。怎奈纷争记得，频生世故疑由。气变应对复风流，难以舍去依旧。

104 12 全球水能产业：肩负能源转型重任，水能发展仍具潜力

漫游千山形急水，辗转万野成湍溪。蜿蜒崎岖赋仙境，转转弯弯吟古诗。岸边倒影舞雅趣，碧波荡漾弄娇姿。紫烟飞舞在天池，银花坠落令人痴。

目录

110   13 全球风能产业：应对全球气候变化，风能地位持续提升

         风重山川力展，情牵世道难分。谁说风颂吟无魂，当赋古今梦韵。气变人间冷落，风车取电天门。碳排可控绿光陈，却看风矛利钝。

117   14 全球太阳能产业：人类终极能源，全球转型关键

         朝起山海东岸，暮移市井西端。光伏发电众多藩，普度众生所愿。能量增生千举，徐徐碳减颜容。转型应变千万关，力断人间祸变。

123   15 全球生物质能产业：具有循环经济特征，助力未来能源转型

         众木为生江水，循环四季河湖。万般生物不自孤，季节替交有数。转型浪花升雾，碳排超放当初。生生不息力不疏，躯展减排路轨。

130   16 全球地热能产业：蕴藏于地球深处的庞大能量，令人类无限憧憬的绿色能源

         能与乾坤共识，量同天地相交。齐心协力挽狂澜，降碳何言年少。浪漫梦遗旧日，风流幻想明朝。庞然地热力冲霄，悠悠能源天道。

135   17 全球海洋能产业：碧波荡漾的能量，如梦如幻的期望

         潮重观星孤寂，潮轻望月悲凉。波涛汹涌力皆荒，思绪奈何失望。有道转型艰卓，谁料气变彷徨。孤身形影伴千浪，梦想芳华怒放。

142   18 全球氢能产业：当今人类充满遐想，未来世界关键能源

         气变温升成警，天蓥积累浓碳。五洲氢能梦缠绵，减碳路径渐现。蓝色几多倩影，灰颜落寞难欢。灰消蓝减绿升连，人类何惧挑战。

第三篇   区域篇

152   19 北美洲地区能源转型：能源结构调整提速，温室气体排放下降

         北美幅员辽阔，能源丰富葱茏。化石云匿矿藏中，核水风光生众。风舞山川云谷，光萦炫耀天空。能源转型建奇功，除碳驱污入梦。

解码能源： 能源专家畅谈全球能源转型

159 20 欧洲地区能源转型：能源消费结构加速优化，温室气体排放持续下降

气变温升至患，欧洲道义分明。未来降碳我从容，何惧天寒地冷。徐去化石祸首，弃核却也噙冰。风崛光耀水连生，转型道伦天命。

165 21 亚太地区能源转型：能源消费增长减速，温室气体碳排放趋缓

能源需求降速，化石消费失常。风光核水尽飞扬，成就转型联想。核水心怀旧曲，风光情满新腔。万般生物最苍茫，却是古今能物。

171 22 中南美洲地区能源转型：能源消费增速趋缓，温室气体排放下降

碳放趋于减少，能消走向峰关。转型趋势不心酸，核水风光生现。梦幻依托天季，芳华留给经年。化石荣耀梦难全，固有自怜私恋。

177 23 中东地区能源转型：油气资源"诅咒"沉重，能源转型破晓生光

油气重阳未早，转型重雾悬空。风光有路伴谁同，欲与天伦携梦。当代化石神地，且有千古名功。降临温患气温升，却使中东寒冻。

183 24 非洲地区能源转型：面对艰难的挑战，迎接希望的机遇

化石轻轻镜映，风光默默妆盈。油烟气雾渐生成，煤絮飞扬不静。温变徐徐呈现，非洲怎奈随情。天伦地道梦初醒，除碳路途难定。

189 25 独联体地区能源转型：资源"诅咒"茫茫，能源转型惶惶

油蕴高歌猛进，气藏威武苍茫。资源诅咒雾茫茫，无奈转型彷徨。煤炭依然梦语，石油还在眠乡。气核光水伴风扬，渐入转型初韵。

第四篇　国别篇

196 26 美国能源转型：气候政策存在波折，转型趋势难以逆转

气变效应生魄，能源排碳凝魂。山姆未了领先心，两党纷争功过。碳放依稀减少，转型些许趋今。绿州携手共欢欣，何虑阴云错落。

目录

214   **27 加拿大能源转型：化石能源缓慢衰落，清洁能源快速崛起**

气产未临重雾，石油尚有轻风。煤冰徐暖渐消融，落入冻谷寒宫。核电依然粉展，水能不褪娇容。风光已没叶枫中，何虑来期无梦。

225   **28 德国能源转型：在可再生能源绿意盎然之中，引领实现碳中和目标的蜕变之旅**

野野春光暖暖，原原绿意欢欢。碳消碳减碳循环，能歌能舞能爱。天理引领寰梦，人伦千古情怀。弃煤弃核路非凡，转型闯关破碍。

235   **29 法国能源转型：浪漫与艺术交织，现代与传统融合**

浪漫法兰西梦，情迷拿破仑魂。能源转型古来今，大势难逃宿命。幸遇风光核好，又逢水暖生欣。化石日暮入黄昏，无奈天时运定。

247   **30 英国能源转型：时光之轮持续旋转，能源之序逐步更迭**

满满英伦春色，嫘嫘离岛秋光。煤油气缓落夕阳，唤起涟漪细浪。风电核电甚好，光伏水电空广。电源调整碳除霜，踏步转型路上。

260   **31 意大利能源转型：启动现代与传统的能源复兴，诉说绿色与低碳的转型故事**

煤炭依存旧魄，石油尚有新魂。复兴文艺力无穷，怎奈今朝乏颂。水力能源渐起，太阳电力徐盈。风力发电日益浓，倒也悄然生动。

270   **32 日本能源转型：稳固能效优先地位，加快绿色低碳转型**

气候温变若梦，能源岁月悲凉。转型之路不寻常，日本徐徐碳降。核电不愁量少，水能多亦无妨。风光生地尽争芳，远走中和路上。

287   **33 印度能源转型：困苦中变奏旋律，艰难中砥砺前行**

煤炭资源不短，石油蕴络无春。蓝金缺匮出无门，无奈古今命运。水电风潮起落，光伏许见春云。渐呈次陆风核陈，却欠丰丰润润。

298   **34 巴西能源转型：绿意盎然中寻觅能源，低碳旋律中实现转型**

生物能源天赐，恋迷水电仙风。化石难续命数终，砥砺控温筑梦。风电悄然崛起，光伏渐展宏融。转型前路低碳空，去碳中和任重。

307　**35 南非能源转型：飞起于如梦如幻的黑色森林，落栖在诗情画意的绿色原野**

钻石光芒趋少，黄金渐入迷途。化石能量命中疏，迫使转型寻路。逐渐力推风电，再有核电复苏。光伏电源位不孤，且有水能历目。

315　**36 俄罗斯能源转型：化石能源的苍茫大地，清洁能源的浩瀚天空**

尽染蓝金飞影，油煤形影难断。碳排增生天穹连，怎奈转型缓慢。核电久兴旺景，徐徐水电河川。风车飞舞渐连年，光电默默可见。

324　**参考文献**

CHAPTER ONE

第一篇

综合篇

1 全球气候变化：
温室效应导致地球变暖，人类社会必须联合应对

> 温室渐浓沉重，天祸人灾飘游。升温趋势未曾休，万水千山惊悚。碳气排输频厚，至今气变寰球。东西南北共筹谋，协力除碳方动。

当前，应对全球气候变化的浪潮正在持续推动能源转型，这将为未来全球能源发展施加难以摆脱的"硬约束"和"紧箍咒"，不仅是时代赋予人类社会的紧迫任务，而且是推动世界各国未来长期可持续发展的主旋律。

一、气候变化是气候平均状态的巨大改变

判天地之美，析万物之理，谈论气候变化问题需要科学思维和逻辑思考。

何谓气候变化呢？气候变化的含义是什么？顾名思义，从字面上来讲，气候变化就是指在长时期内气候状态发生的变化。从现实上讲，全球气候变化具有全球范围内的统计学意义，也就是在较长时间内，比如30年或更长时间，全球气候平均状态发生了巨大变动。

那么气候状态如何衡量呢？一般来说，衡量气候状态的因素肯定是多元的，通常可以利用不同时期的温度和降水量等气候要素的统计量的差异来衡量气候状态，也就是说，只要这些气候要素发生了变化，就意味着气候状态发生了变化。

气候变化需要有时间的界限，时间长度可长可短，比如可以是几十亿年，也可以是几十年或几年。显然，气候变化的内涵比较宽泛，其核心是气候状态在一定时期内的变化，不仅包括气候状态要素平均值的变化，而且包括气候状态要素变率的变化。

全球气候非常复杂，可以说具有系统性，而且影响气候变化的因素也多而复杂，

比如气候变化与太阳辐射、大气成分、陆地环境和海洋环境等有密切关系，也涉及人类的各种活动，人为因素不可忽视。

陶渊明说，俯仰终宇宙，不乐复何如。说明人类需要客观理性地认识宇宙，而气候变化恰恰是茫茫宇宙运动中的众多现象之一。

人类探寻气候问题，应该不局限于人类自身的演变历史，而应该从地球的历史说起，也就是说，应该从地质学的角度说起。从地质历史来看，科学家认为地球的气候曾经发生过多次显著的变化。由此可知，气候变化问题其实由来已久，并非目前才出现，只是其与人类的关系从来没有达到当前的紧密程度而已。

按照科学家的研究，地球在历史上曾经经历过多次冰河期，地球上最后一次冰河期大约在一万年前才结束，至于为何结束，或许从科学角度看可以找到某些蛛丝马迹，但肯定是推断大于实际。最后一次冰河期结束之后，地球上的气候才逐渐变得相对稳定一些，而且变化后的气候可能更适合人类生存，这才让人类有了真正意义上的生存空间。

雨果说，大自然是善良的慈母，同时也是冷酷的屠夫。可见大自然是复杂的系统，可能为人类造福，但也可能为人类带来灾难。对于人类来说，气候可以是人类的朋友，可以帮助地球上所有生物生存，但是气候也在不断地改变人类赖以生存的地球。可以这样说，如果人类无法适应当前气候，那么人类社会便无从谈起。也就是说，适宜的气候是人类之福，而不适宜的气候便是人类的灾难。

以上从学术角度定义了气候变化，但是在现实中，相关国际组织或机构也对气候变化做出了解释，或给出了更加具体的定义。根据《联合国气候变化框架公约》，气候变化是指"经过相当一段时间的观察，在自然气候变化之外由人类活动直接或间接地改变全球大气组成所导致的气候改变"。根据联合国政府间气候变化专门委员会（IPCC）的观点，所谓气候变化，就是"气候随时间的任何变化，无论其原因是自然变率，还是人类活动的结果"。

曾几何时，人类面临诸多生态环境问题，比如臭氧层被破坏、有毒化学品泛滥、河流遭受污染、空气质量下降、酸雨肆虐、雾霾猖獗、绿色植被锐减、土地沙漠化、垃圾成灾、物种加速灭绝等，这些问题已成为世界各国关注的主要话题。

从科学角度思考，上述问题属于生态环境问题，本质上是可持续发展问题。这是人类社会的不当行为所致，更与人类自身的贪欲密切相关，让人类赖以生存的地球不堪重负，进而危及人类的生存和发展。

世上问题之多，可谓多如牛毛，如果只关注一点而不及其他，那么显然就会陷入自我封闭的状态，无法从总体上正确认识客观世界。当今世界，生态环境问题尚未得到解决，而新的问题层出不穷，其中对人类社会影响巨大而深远的问题，便是全球气候变化问题。

科学界对气候变化仍存在某些争论，部分政治家和少数学者尚未完全接受大多数人已接受的结论，但从人类生存与发展的风险评价角度而言，人类不能因为有争议而停滞不前，更不能以自身命运来冒险"试错"。

荀子说，天行有常，不为尧存，不为桀亡。人类是聪明无比的生灵，既然面临气候变化的问题，那么就必须正视问题，采取行动加以解决，没有任何选择，好在人类自诞生起就具备了自我修复创伤的能力。

二、温室效应导致气候变化

人类应该敬畏自然，不可违天道而行。

那么什么是温室效应呢？这是一个比较学术的问题，解释起来比较晦涩。

所谓温室效应，其实就是指太阳光照射到温室气体时，温室气体几乎无衰减地让太阳短波辐射通过，但这些气体又可以吸收地球上的长波辐射，类似在地球上空形成了温室，从而在外层空间减少了太阳光能量的净排放，让更多的能量进入大气层和地球表面，导致大气层和地球表面的温度升高。

自然界应该贵在自然，而非人为改变，恰如费尔巴哈曾经说过，自然界是一切感性的力量、事物和存在物的总和。温室气体排放，本来应该属于自然行为，源于自然现象，自然的东西本应该属于自然，或者说，自然排放的东西对人类不应该产生伤害。

然而，事与愿违，因为人类或许总是自私的，或许是人类本性使然，人类始终都在为自身生活的便利和质量的提升而努力，或者说，基于人类自身发展的私利和对欲望的满足，人类总是在不断追求和向自然索取。

文明与野蛮，或许始终伴随人类社会演进，有时候，文明与野蛮又难以清晰界定。工业革命在欧洲爆发之后，工业化浪潮随之风起云涌，迅速蔓延到整个地球，世界开始步入高耗能、高消耗时代，而且美其名曰人类进入工业文明。由于全球气候变化，地球日益变暖，人类才对自身的生存、发展和前途感到前所未有的威胁和挑战。

人类可喜之处在于不断进取，而人类可悲之处在于追求欲望，人类的贪婪是无尽的，这正如甘地曾经说过，地球所提供的足以满足每个人的需要，但不足以填满每个人的欲望。

为了自身的私欲，为了无穷无尽的贪婪，人类竟然敢于与大自然抗争，比如将大规模地砍伐森林成为一种看似自然的行为，为了满足欲望而不断大规模开发和利用煤炭和石油等能源资源，为了粮食增产而采取超乎寻常的大规模农业生产方式，化肥和农药等现代科技取代了传统的农耕田作。

人类社会自进入工业文明之后，似乎欲望应该得到充足的满足，衣食住行水平达到前所未有的高度，但是人类并没有收敛自己的贪婪行为，还在继续破坏生态环境，继续无节制地开发和消耗包括化石能源在内的自然资源，野蛮地追求所谓的美丽生活或者不断追求所谓的现代"文明"。于是，大规模的森林砍伐打破了碳循环的平衡，煤炭、石油和天然气等化石燃料消费不断增加，温室气体排放规模不断增大，导致地球变暖，人类开始面临由气候变化带来的严峻挑战和巨大压力。

但过去几十年来，随着人口的增长、经济的发展和生活水平的提高，温室气体排放的总量更是以惊人的速度不断攀升。

任何事物都有量变和质变，量变达到一定程度必然引起质变。事物发生质变，或许就是物极必反的客观表现。目前，由于人类的野蛮行为，温室气体在大气中的含量不断增加和累积，温室气体的含量已经达到了300万年以来前所未有的最高水平。经过科学家的长期观测和科学研究，得出的结论是大气中各种温室气体的浓度均持续增加，而且这些温室气体的增加与人类活动密切相关。

为了进行科学研究和对比分析，科学家用百万分率（parts per million，ppm❶）来表示温室气体在大气中的浓度，也就是用温室气体的质量占大气中全部物质质量的百万分比来表示其浓度，也称为百万分比浓度。根据文献记载，科学家推断，在大约1750年之前，人类社会处于农业文明时期，大气中二氧化碳的浓度基本维持在280ppm。而人类社会发展到今天，大气中的二氧化碳浓度已经接近360ppm。

---

❶ 1ppm=10^{-6}。

尽管近年来世界各国都在重视温室气体排放控制，但是截至2023年，二氧化碳、甲烷和一氧化二氮等温室气体的浓度仍在增加，并且创下历史最高纪录。如果人类不能对世界能源消费结构进行根本性调整，那么大气中的二氧化碳浓度还会继续增加，进而导致地球平均温度继续升高。

三、气候变化威胁人类的生存和发展

在过去几十年，全球气候变化对自然生态系统带来的灾难包括全球变暖、海平面上升、极端天气频发、旱涝灾害、水资源短缺等。

（一）导致地球变暖

老子曰：人法地，地法天，天法道，道法自然。对于人类来说，自身生存和发展不应违背自然和道法，否则必将殃及自身。

分析任何问题，均需要有科学的数据支持，必须符合数据逻辑，数据可以帮助说明相关问题，而分析气候变化，当然需要数据支撑。在气候数据领域，具有国际权威性的机构是联合国政府间气候变化专门委员会，是联合国为应对全球气候变化设立的专门机构。

联合国政府间气候变化专门委员会可以看作是一个科学学术机构，由联合国环境规划署和世界气象组织联合建立，主要职责是为应对全球气候变化而向国际社会发布全球气候变化评估报告，为应对全球气候变化提供科学、客观和可靠的气候信息。

2013年，联合国政府间气候变化专门委员会第五次全球气候变化评估报告发布，从科学层面上提供了人类活动与气候变化相关的更为清晰的证据，明确指出人类活动是导致气候变化的主要原因。自1880年至2012年，全球平均气温上升了0.85摄氏度。

根据《中国气候变化蓝皮书（2023）》报告，2022年全球平均温度较工业化前（1850—1900年）的水平高出1.13摄氏度，而在2013年至2022年期间，全球平均温度较工业化前水平高出1.14摄氏度，较2011年至2020年期间平均值高出0.05摄氏度。

目前，气温一年比一年高。2022年曾是最热的一年，而2023年又刷新了这一纪录，全球平均气温上升接近1.5摄氏度，是有记录以来最热的一年，各大洲都受到日益严重的气候变化影响。

根据智库Carbon Brief数据，2023年是自19世纪中期有记录以来最热的一年，

在多个全球温度数据库中，全球地表平均温度首次较工业化前水平高出 1.5 摄氏度。

根据世界气象组织发布的报告，在 2023 年至 2027 年期间，全球每年近地表的平均温度将比工业化前的平均值高出 1.1～1.8 摄氏度。

（二）天气变暖导致海平面上升

目前，在世界范围内，大约有 1/3 的人口生活在沿海地区，而且基本上生活在距离海岸线 60 千米的范围内，这是人类生存和发展的重要空间之一。

大自然其实原本很自然，也很美好，如今大自然存在的问题不在于大自然本身，而在于人类的不当活动，在于人类无穷无尽的贪婪行为。

如果由于气候变暖导致海平面继续上升，那么必将危及世界范围内人口稠密的沿海经济发达地区，尤其是那些经济发达的沿海大城市。

根据联合国政府间气候变化专门委员会评估报告，自 1901 年至 2010 年，由于气候变化，天气变暖，气温上升导致冰雪融化，进而全球平均海平面上升了 19 厘米，造成海洋面积扩大。根据上述评估报告，自 1979 年起，气温上升，北极的海冰范围持续缩小，大约每十年缩小 107 万平方千米，可见其速度令人吃惊。

根据《中国气候变化蓝皮书（2023）》报告，在 1958 年至 2022 年期间，全球海洋热含量（上层 2 000 米）呈显著增加趋势，且自 20 世纪 90 年代以来海洋变暖趋势明显，海平面呈持续上升趋势。

在过去 30 年中，全球海平面上升趋势明显，2022 年全球平均海平面达到有卫星观测记录以来的最高位。2023 年，全球冰川和冰盖继续萎缩，冰川和格陵兰冰盖的累计冰损失创下历史新高，导致海平面上升数十厘米，大量的岛屿和海滨地区将被淹没。北极海冰出现了有记录以来第六小的面积，而南极海冰几乎全年都出现了创纪录的最小面积。

根据联合国发布的报告，如果气温持续上升，到 2085 年海平面将上升 15～95 厘米，地球上 30% 的沿海建筑将被海水淹没。

鉴于当前温室气体浓度已经很高，如果人类还不能采取果断行动，那么预计到 21 世纪末，全球平均气温还将持续升高。如果全球气温继续升高，那么冰雪还将持续融化，海平面还将上升，沿海地区或沿海城市可能遭受海水的淹没或入侵，港口和码头的设施严重受损，沿海养殖业和供排水系统遭到严重破坏。稠密的人口将如何生存？经济损失难以估量。

（三）导致极端异常天气频发

说到气候变化问题，难免让人产生忧虑，不禁想起古代著名词人李清照的一段词句：水光山色与人亲，说不尽，无穷好。人类不可以违背自然而逆天行道，需要敬畏自然而顺天作为，正如达尔文所说，只有服从大自然，才能战胜大自然。

然而，由于人类的不当行为，异常天气频发。近年来，飓风、洪水、干旱、热浪、寒潮、暴雪等极端天气频发，世界各地天气出现明显异常现象，比如出现了几百年来前所未有的最热或最冷天气，或其他类型的极端天气，给某些国家造成巨大经济损失，让世界充分感受到了气候变化的严重性。

一般来说，发展中国家经济发展普遍落后，经济实力当然也就不强，面对突如其来的自然灾害，必然显得力不从心，受灾程度也最为严重。对于发达国家来说，即使在自然灾害面前，也不可能从容应对，即便是美国这样世界上最发达的国家，面对各种自然灾害，也未能有效应对，也不可能幸免于难。

（四）影响人类健康

在地球上，生物的生命都非常脆弱，气温变化或许就足以导致其生命终结。由此可知，气候与人类健康密切相关，气候变化对人类健康和福祉影响巨大。

当前，全球变暖已悄然跻身人类健康的主要威胁之列，其影响之下，疾病发病率与死亡率悄然攀升，尤以发展中国家承受的压力更为沉重，宛如沉重的乌云，笼罩在发展的征途之上。

根据世界卫生组织的深入研究，揭示了一个令人忧虑的预测：在2030年至2050年期间，气候变化的"魔爪"将催生疟疾、痢疾、热应激及营养不良等健康危机，每年将导致全球25万人死亡。一串串冰冷数字的背后，是无数家庭的悲欢离合与世界的深切痛惜。这不仅是对自然平衡的拷问，更是对人类适应与应对能力的一次严峻考验。

气候变化将迫使野生哺乳动物迁徙到新的栖息地，可能会增加病毒在动物物种之间的传播，为未来的流行病创造"温床"。气候变化导致生态和天气异常，比如出现高温天气，增加人类循环系统的负担，导致传染病肆虐和蔓延等，进而提高人类的死亡率。

（五）破坏农业生产

气候本来应该是人类的朋友，人类需要共同努力来保护气候，而不是破坏它。

从逻辑上讲，全球气候变化会导致全球气温变暖和降雨模式发生变化，大范围破坏森林植被，使得农业生产无法适应或不能及时适应变化的自然生态系统，进而影响到粮食作物的产量和作物的分布范围，使农业生产受到破坏性影响。

民以食为天，"食"乃粮食，而粮食生产在于农业，农业发展与气候的关系密切。气候变化导致地球变暖，海平面上升，以往的陆地将被海水侵蚀，农作物的耕种难以维系，粮食生产遭受重创，人类粮食安全受到威胁。

如果由于气候变化导致气温迅速变化，那么地球生态系统可能发生改变，比如某些地区的季节或节气或雨水形态有可能发生重大改变。如果季节或节气形态发生重大改变，那么某些地区的农业生产可能无法适应，或者不能很快适应，造成农业生产难以维系。

（六）造成水资源短缺

水是生命之源，如果没有水，就没有生命。气候变化对水资源造成很大影响，将会直接加剧本已短缺的水资源状况，世界上某些地区的饮水问题将会更加严峻。

水资源问题长期制约人类生存和发展。根据联合国教科文组织发布的《2022年联合国世界水发展报告》，全球2/5的人口缺少生活用水，近40亿人在一年中至少有一个月面临严重缺水，21亿人被迫饮用污染水，80%的污水未经处理就直接排放。自1990年以来全球最具破坏性的1 000次自然灾害中有90%与水有关。

四、应对全球气候变化，国际社会已经开始行动

鉴于全球气候变化问题的外部性及全球性，单一国家根本无法解决这一全人类共同面临的重大问题，因此需要世界各国密切合作与协同行动。

所谓碳中和，是指一个国家或地区在一定时间范围内（通常是一个年份）的温室气体排放总量等于其温室气体净减排量或净吸收量，实现二氧化碳净零排放。目前，国际社会已经达成共识，世界各国已经开始联合行动，纷纷制定实现碳中和的时间表和路线图。

（一）签署《联合国气候变化框架公约的京都议定书》（以下简称《京都议定书》）是人类联合行动的重要一步

空谈误国，实干兴邦；只有行动，才有意义。

国际行动需要有国际法作为基础，其中《联合国气候变化框架公约》可以说是

最重要的国际法，而《京都议定书》和《巴黎协定》是与该公约相配套的国际法。

1997 年 12 月，《联合国气候变化框架公约》第三次缔约方会议在日本京都召开，会议通过了《京都议定书》。

2005 年 2 月 16 日，具有里程碑意义的《京都议定书》正式生效。《京都议定书》是应对全球气候变化的一份重要国际文件，重点针对发达国家温室气体减排目标，是人类联合起来应对气候变化的重要一步。

尽管《京都议定书》仅限于约束发达国家，但是目标非常明确，就是要"将大气中的温室气体含量稳定在一个适当的水平，进而防止剧烈的气候改变对人类造成伤害"，是一份具有里程碑意义的国际协议。《京都议定书》要求发达国家缔约方遵守减排目标，第一个承诺期是从 2008 年至 2012 年，第二个承诺期是从 2013 年至 2020 年。

（二）签署《巴黎协定》是人类关键的联合行动

凡事，贵在坚持，贵在推进，贵在前行。人类解决问题，需要决心和信心，更需要付诸行动。签署《巴黎协定》，是人类应对全球气候变化的关键一步。

2015 年，《联合国气候变化框架公约》第 21 次缔约方大会在巴黎举行，经过艰苦谈判，各缔约国达成了通过《巴黎协定》的共识。

2016 年 4 月 22 日，这一天是世界地球日，在庄严的联合国总部，175 个国家签署了《巴黎协定》，人类自此进入一个应对气候变化的新时代。在目标上，《巴黎协定》为 2020 年后全球应对气候变化行动做出了安排，其长期目标是将全球平均气温较前工业化时期上升幅度控制在 2 摄氏度以内，并努力将温度上升幅度限制在 1.5 摄氏度以内。

目标制定或许不难，难的是如何实现它。根据《巴黎协定》的规定，世界上所有国家应共同致力于实现相同目标，做出大胆努力以应对全球气候变化并适应其影响，同时加大力度支持发展中国家做出同样努力，为全球气候工作规划全新路线图。

（三）世界许多国家纷纷制定碳中和时间表

人类不应回避问题，而应正面应对问题。应对全球气候变化，核心是降低温室气体排放，而降低温室气体排放的核心是减少化石能源消耗，本质上是一场能源革命。然而，在当今世界，谁都知道，目前大部分国家还处于传统的高碳经济发展阶段，发展模式还基本上以消耗化石能源为主，能源转型难度巨大。

转型之路很长，前进途中，有一马平川，也有崎岖高山；有涓涓细流，也有湍流险滩；有和风细雨，也有暴风骤雨；有成功喜悦，也有失败哀伤。随着《巴黎协定》的签署，世界各国开始重视应对全球气候变化问题，各国政府纷纷出台了相关政策，控制或减缓温室气体排放，加快能源转型，希望实现碳中和目标。

目前，世界上已经有一百多个国家和地区承诺了实现碳中和的目标和时间表，而且大部分国家和地区的承诺都集中在 2050 年左右实现碳中和。在上述国家和地区中，不丹和苏里南比较特殊，两国都已经实现了碳中和。乌拉圭似乎比较激进，提出在 2030 年实现碳中和目标。在欧洲，芬兰、奥地利、冰岛、德国和瑞典等国态度相对积极一些，提出在 2045 年左右或更早实现碳中和目标。

设定目标或许比较简单，但是真正的挑战在于如何实现目标，如何真正让目标落地，这才是未来需要密切关注的重点。一个国家承诺实现碳中和，关键要看这个国家是否将实现碳中和目标列入国家立法之中，至少要看是否将其列入政策之中，否则便可能只是一个华丽的"口号"而已。

长期以来，国际社会的主流期待是"逐步淘汰化石燃料"，但是反对声音一直不断，其中最大的反对力量当然是石油资源国及其组织，比如欧佩克不能接受对化石能源的完全否定。

2023 年 12 月，在迪拜召开的联合国气候变化大会上，达成了"阿联酋共识"，呼吁各国以公正、有序、公平的方式，推进能源系统向脱离所有化石能源的方向转型，在这个关键的十年加速行动，以便在 2050 年左右实现科学的净零排放。从共识文件措辞来看，并没有明确提出逐步淘汰化石燃料，而是提出推进能源系统向脱离所有化石能源的方向转型，这在事实上也取得了重大突破。

无论如何，未来全球能源发展必须应对全球气候变化，能源转型势在必行，必将成为全球能源发展的主旋律。从趋势上看，能源转型和温室气体排放等问题在发展过程中难以避免，发达国家与发展中国家的气候博弈或将在未来长期存在，发达国家之间围绕气候变化问题的博弈也将愈演愈烈，但能源转型的总体趋势难以逆转。

（四）国际气候合作不断加强

世界各国为形成统一行动，必须达成共识。

能源转型是一项极其复杂和异常庞大的社会系统工程，其核心是通过制度框架和政策措施的制定和创新，推动可再生能源发展，减少温室气体排放，促进整个社会经济向高能效、低能耗和低碳排放的模式转型，最终实现碳中和目标。但是，任何事物的发展都难以一帆风顺，碳中和目标更不可能顺利实现，需要世界各国付出艰苦卓绝的努力。

世界上多数国家都开始关注气候变化问题，从全球经济体承诺实现碳中和目标来看，其范围已经足够广泛，基本上覆盖了全球88%的二氧化碳排放量，覆盖了全球90%的国内生产总值（GDP）和85%的人口。

发达国家在能源转型过程中走在世界前列，欧盟、美国、日本等为应对全球气候变化，积极采取主动姿态，制定能源转型战略和政策。从提升在低碳转型经济发展模式中的国际竞争力和争取制定新一轮全球低碳经济发展规则的话语权和领导权的角度出发，发达国家在促进能源转型和低碳经济发展方面，已经投入了大量的人力、物力和财力，并取得了明显效果。能源转型的过程，也是能源发展国际规则不断被重塑的过程。目前，发达国家正在试图通过能源转型和低碳经济发展创新所形成的国际竞争优势，以及在制定能源转型和低碳经济发展"游戏规则"方面的主导权，影响未来应对全球气候变化、能源转型、低碳经济、绿色金融和绿色贸易等的走向，本质上就是要成为全球气候、经济和能源治理的领导者。

对于广大的发展中国家来说，由于长期形成的"高碳经济"增长模式，势必在应对全球气候变化和能源转型过程中处于劣势，未来经济发展将面临巨大压力。然而，无论压力有多大，路途多么坎坷，都不可能阻碍能源转型进程，因为能源转型事关人类道德伦理，事关人类生存与发展，是大势所趋，难以避免。

全球能源转型正在提速，能源消费增速放缓，非化石能源消费比重不断提高，发达国家能源转型效果优于发展中国家，其中欧盟转型趋势更加明显。

从近几年来诸多国际机构的判断和世界各国纷纷制定的碳中和战略目标来看，能源体系将朝着以可再生能源为主、多种能源并存、终端电气化率大幅提升、氢能广泛应用等方向转变。在未来几十年，人类需要从对地球资源和能源的高消耗、过度索取的生活和生产方式中逐渐摆脱出来，必须建立生态环境、气候与能源发展之间的协同关系，实现人类经济和社会的可持续发展，这是历史潮流和趋势。

2 全球能源转型：
既是历史，也是现实，更是未来

> 石炭辉煌徐却，风光劲爆凝团。碳污双降嘉华年，南北西东连片。悠悠望星窗外，赋诗唱曲灯前。转型前路遇难关，却有多能惊现。

人类社会发展史也是能源转型史，人类能源转型在历史上一直没有停歇，只是随着人类社会面临重大变化和科技进步而表现各异，显示出明显的时代特征。如今，在全球应对气候变化的背景下，全球第三次能源转型正在持续演进。

一、如何理解全球能源转型

能源一直都是人类社会赖以生存和发展的重要物质基础和先决条件，只不过在人类社会发展的不同时期或不同形态中，能源的表现形式不尽相同。人类社会与能源发展之间的关系并不简单，很难建立符合因果关系的逻辑，更不能将这个问题归结为"自然"关系。

无论如何，人类社会的生存和发展无法摆脱能源，这或许是一个让人信服的基本结论，因为没有能源就没有动力，没有动力就没有宇宙，没有宇宙就没有地球，没有地球就不会诞生人类这种奇特的生命。

转型与文明，如影随形。能源转型推动人类社会文明演变，两者之间具有相互推动和彼此共生的明显特征，也很难说彼此之间谁为先谁为后。能源转型和文明进步，相互提供进步动力，彼此提供支持条件，应该是一种极其复杂的耦合关系，而不是简单的因果关系。

谈到能源转型，首先要搞清楚概念。

能源转型，是能源发展演变的过程，其中最重要的表现就是不断扩大新的能源消费量，持续提升新能源在能源消费结构中的比重和地位，本质上就是主导能源的交替过程。

一般来说，能源转型可以分为两个层次：一是主导能源转换，二是能源系统转变。

对于主导能源转换来说，其实就是某一种或多种能源替代另外一种或多种能源的主导地位，本质上就是调整或优化能源结构。从现实来说，能源转型其实就是以低碳的非化石能源（尤其是可再生能源）逐渐替代高碳的传统化石能源（煤炭、石油和天然气）的过程，也就是以非化石能源为主导的能源体系替代以化石能源为主导的能源体系。

对于能源系统转变来说，其内涵也很丰富，也是一个十分复杂的过程，涉及经济和社会发展的特定范畴或内容，既包括能源资源禀赋、勘探、开发、生产、消费、贸易、技术、储备和运输等，也包括治理体系、法规和政策、市场主体（包括企业和消费者）等。

二、人类文明，起源于人类自主利用火，人类社会逐步演化为农耕文明

思考历史，以史为鉴，展望未来。人类社会要生存、要发展，必然离不开能源。

人类历史似乎难以准确描述，因为人类社会进入文明形态之前与人类产生以来的历史，不可能从历史学或考古学的视野去准确分析和判断，人类究竟经历了多久且未有任何文明记载的历史到底有多么悠远，或许是永久之谜。

能源的开发和利用的历史，其实就是人类社会发展的历史。纵观人类社会发展的历史和人类文明的演化历史，可以得出一个基本结论，即人类社会发展历史也是能源的开发和利用的历史，也是人类社会开发和利用能源不断发生"蜕变"的历史。

人类社会进步与能源转型始终是孪生关系，而且从来就没有中断过。人类社会文明不断演进的过程，其实也是人类能源开发、利用、形态和种类等技术的重大突破并带有革命性的过程。

回顾历史，只能通过人类文明之后才产生的文字记载和考古学家持续不断的考古发现，但这些其实都远远不够，根本没有还原人类历史演变的本来面目，因此人类分析历史只能通过推演或猜想。

根据文献分析，人类诞生的历史要远远长于人类进入文明的历史，这或许是可以让人信服的结论，不过人类何时诞生尚无准确结论。

在人类文明历史演进的时间点上，人类学家和考古学家可以得出各种各样的分析结论，但科学家们普遍的共识不在于时间点上，而在于具体的人类生存方式上，其中最被接受的是，人类开始有能力自主地利用"火"之时，就是人类逐步进入文明的重要标志。

其实，"火"就是一种能源，一种存在于大自然中的生物质的燃烧现象。通过生物质的燃烧可以产生能量或转化能量。从科学意义上来看，"火"大体上就是人类自主利用生物质能源的重要方式，当然也包括来自大自然的自然火现象。

在人类诞生之前，甚至在人类逐渐进入文明形态之前，"火"作为一种能量存在的形态肯定早已存在于大自然中，只不过人类利用它的方式是自然的、被动的，因为人类社会缺乏主动利用火的能力，社会生产力水平极其低下，人类生存的方式只能是靠天吃饭，能量要靠大自然的"赐予"。

自人类钻木取火开始，薪柴或木炭便成为人类早期广泛使用的能源。薪柴燃烧可以产生能量，人类据此来取暖、烧火、做饭，但总体上薪柴利用规模还十分有限，人类社会还没有形成聚集效应，乡村或部落是人类社会存在的主要方式。

基于此，人类文明极其原始，生产力水平极其低下，与此相对应的生产关系也十分简单，自然资源（比如土地）成为创造社会财富的主要源泉，从人类文明演化历史来看，这种人类社会形态被称为农耕文明。

三、第一次能源转型，煤炭取代薪柴成为主导能源，人类社会逐步进入工业文明

回顾历史，目的不在于历史本身，而在于通过脉络找到规律。

从历史上来看，人类文明的演变与能源革命存在逻辑关系，其中第一次能源革命催生了人类工业文明。

煤炭是一种最早被人类发现并逐渐大规模利用的化石能源，可以说煤炭的大规模开发和利用是人类工业文明建立的能源基础。

至于人类何时开始利用煤炭，或许还没有准确的定论，或许是人类在无意或偶然中发现了这种黑色的石头竟然可以燃烧，进而可以取代一部分薪柴或木头，这或

许便是人类开始利用煤炭的初期阶段。

在煤炭利用的初期阶段,由于人类社会生产力水平十分低下,根本就没有能力大规模地开发和利用煤炭,也没有现代意义上的煤矿,人类只能凭借经验在自然界中众多石头中寻找可以燃烧的石头,也就是寻找煤炭以供日常生活所需。

或许当时人类对煤炭的认识很肤浅,虽然发现煤炭可以燃烧,可以取代部分薪柴,但是哪里有煤炭、如何寻找煤炭、如何开发煤炭、煤炭为何可以燃烧等问题并没有解决,可谓知其然而不知其所以然。

由此逻辑推论,只有人类开始大规模开发和利用煤炭的时期,才是第一次能源革命的起始阶段,也是工业文明逐步建立的初始时期。

在历史长河中,人类发明了蒸汽机,这不仅标志着工业革命的到来,更象征着人类对自然力量的深刻理解和掌控。这是一场关于力量、智慧和梦想的革命。它以蒸汽为笔,绘制出一幅幅波澜壮阔的工业画卷。

人类社会进入 18 世纪,在英国的城镇和乡村,人们开始意识到:或许有一种力量,能够推动世界运转得更加高效。于是,梦想与智慧的火花开始碰撞,詹姆斯·瓦特与马修·博尔顿的名字逐渐与这场变革紧密相连。

1769 年,一位出生于苏格兰小镇的工程师瓦特,凭借其对机械的天赋和对未知的渴望,逐渐揭开了蒸汽机的神秘面纱。起初,蒸汽机只是作为一种简单的动力工具存在,用于抽水、磨面等日常劳作。但瓦特看到了蒸汽机的巨大潜力,于是决心将其升级为能够驱动更大机器运行的"万能动力"。他改良了蒸汽机的结构,引入了冷凝器,解决了蒸汽机因持续排放蒸汽而效率低下的问题,使得蒸汽机得以持续、高效地运转,不仅提高了工作效率,更开启了工业生产的全新篇章。

随着瓦特对蒸汽机的不断完善,蒸汽机开始广泛应用于纺织、采矿、交通等领域,彻底改变了生产方式和生活方式。工厂不再依赖人力和畜力,而是由蒸汽驱动的机器昼夜不息地工作;煤炭、铁矿石等资源得以大规模开采和运输;蒸汽船和火车的出现,更是让世界的距离骤然缩短,人类历史逐渐迈入"蒸汽时代"。

蒸汽机的发明,不仅是技术上的突破,更是对人类文明发展路径的深刻影响,推动了经济和社会结构的变革,促进了城市化和工业化的进程,标志着大机器工业的逐步建立,客观上需要大量的能源作为支撑,而传统的生物质能没有能力担此重任,必须让位于时代庞大的能源需求,这也为后来的电力、自动化、信息技术等奠定了坚实的基础。

大机器工业的建立，标志着人类社会进入工业文明，也标志着人类社会实现了第一次能源转型——煤炭取代薪柴成为主导能源。

18世纪80年代，煤炭取代薪柴的传统能源主导地位，一举成为能源消费总量中占比最大的一次能源，能源利用规模和能源结构都发生了重大改变，这也是能源业内和学术界长期形成的重要观点，即人类社会实现了第一次能源转型。

工业文明的特征是人类生产和生活活动的集中，生产要素发生了翻天覆地的变化，资本逐渐取代自然资源成为主要生产要素，生产力水平显著提高。

转型促进文明，文明推动转型。人类社会实现了第一次能源转型，由农耕文明进入工业文明，这是资本主义社会取代封建社会的重要标志。

四、第二次能源转型，油气成为主导能源，人类社会进入现代工业文明

任何思维都应该符合逻辑。能源转型并非僵化，而是一个长期动态过程。

既然人类社会发生了第一次能源转型，那么当然也就会有第二次、第三次、第四次等，这是人类社会文明演化的必然规律。以此为逻辑关系，第二次能源转型必然是其他能源替代煤炭的主导地位，一旦出现了这种庞大规模的能源替代，便预示着又一次能源革命的爆发。

煤炭被人类社会大规模地利用，标志着工业文明的建立，但是，文明演进不可能有终点，必然持续向前，而能源转型和革命必将贯穿其中。

那么，人类社会下一次能源转型的特征如何？是什么能源代替煤炭呢？从人类社会历史上来看，很显然，石油和天然气逐渐发展起来，生产和消费规模逐步增大，在取代煤炭的过程中发挥了极其重大的推动作用。

石油和天然气，与煤炭一样，都是碳氢化合物，均属于化石能源，其形成机理与煤炭类似，都是来自漫长地质年代的古生物遗骸。

从本质上来看，煤炭、石油和天然气等化石能源没有实质性的差别，如果说有差别，那么主要体现在分子式中的"碳"元素的多少，也就是分子式中"碳"链的长短上。

从化学分子结构来看，碳链的长短直接决定了煤炭、石油和天然气的形态，比

如固态、液态和气态。一般来说，在碳氢化合物的分子结构中，随着碳链越来越短，其形态便由固态逐渐转化为液态或气态，从而形成了煤炭、石油和天然气。

在化石能源中，天然气的主要成分是甲烷，而甲烷的分子式最简单，其中含有一个碳原子，周围是四个氢原子，因此在燃烧时产生的二氧化碳最少，碳排放量最低。

世界各国基本上都将天然气作为清洁能源，也可以将其归类为低碳能源，因此天然气产业在过去几十年来得到各国政府的高度重视而快速发展，通过这种低碳化石能源的发展来降低二氧化碳排放。

相对于煤炭和天然气，石油的碳含量处于中间状态，燃烧排放的二氧化碳比煤炭少，但比天然气多。在实现碳中和目标的过程中，世界各国首先更加倾向于尽快摆脱对煤炭的依赖，其次需要限制石油消费，最后才考虑限制天然气消费。

石油的兴起主要源于交通运输业的现代化转型，其中的核心因素在于人类发明了内燃机，由此推动了人类工业文明程度的提升，深刻地改变了人类社会的生产和生活方式，甚至大大改变了人类社会对能源领域的认知。

人类社会进入19世纪末，当蒸汽机的轰鸣逐渐成为工业革命的代名词之时，一位名叫卡尔·本茨的德国工程师，正悄然酝酿一场新的技术革命，他成功研制出第一台二冲程内燃机，这不仅是技术上的突破，更是人类智慧与勇气的象征，预示着人类新时代的到来。

内燃机的核心，在于那短暂而激烈的燃烧过程。燃料在密闭的气缸内瞬间爆燃，释放出巨大的能量，推动活塞往复运动，转化为机械能，展现出自然力量与人类智慧的完美结合。

内燃机摒弃了庞大的蒸汽锅炉和笨重的机械结构，使得机器变得更加轻便高效，为现代汽车工业的诞生奠定了坚实基础。随着技术不断成熟和完善，内燃机迅速从实验室走向了实际应用，首先被应用于交通工具。

1885年，卡尔·本茨基于自己的内燃机设计，制造了第一辆汽车——"奔驰一号"，这不仅标志着个人交通工具新纪元的开启，也预示着汽车产业全球化时代的到来。内燃机驱动的汽车、列车、轮船和飞机相继问世，这些交通工具穿梭于陆地、水面与天空之间，极大地缩短了人与人之间的距离，加速了货物、人员和信息的流通，世界因此而变得更加紧密。

内燃机的广泛应用，标志着人类社会进入"轮子上的时代"，这不仅是交通工具的革新，更是对工业生产、农业机械化、军事装备乃至日常生活的一次全面革新，推动了石油开采与加工产业的发展，促进了电力与化工行业的繁荣，为人类社会带来了前所未有的生产力飞跃。

在过去几十年的时间内，煤炭的地位逐渐下降，石油的地位快速上升，天然气的地位逐步提升。1965年，石油和天然气取代煤炭的传统地位，在一次能源消费结构中的比重超过了50%，人类实现了第二次能源转型。

上述变化趋势，充分说明了人类应对全球气候变化的时代特征。为实现温室气体净零排放、碳中和或气候中性等目标，煤炭和石油势必需要进一步控制，而天然气尚未形成全球抑制发展的趋势。

五、第三次能源转型，非化石能源将占据主导地位，人类社会将步入生态文明时代

在人类社会长期发展过程中，尤其是人类社会进入现代工业文明状态之后，化石能源便开始发挥巨大作用，并且长期支配人类能源革命进程，在世界经济和社会发展中处于核心支配地位。如果没有化石能源，那么所谓的人类工业文明或许就不会产生；现代工业文明是伴随着人类对化石能源的发展而逐步建立起来的。

任何问题，不在于问题本身有多大，而关键在于如何落实解决路径。近年来，很多国家都开始重视应对全球气候变化，采取各种政策和措施推动能源转型发展，重视新能源技术创新、节能增效和能源数字化建设，通过扩大政府投资和民间投资加快推动低碳发展和实现碳中和目标。

人类需要应对全球气候变化，为了人类的生存和发展，必须控制化石能源的消耗，非化石能源必须逐步替代化石能源，也就是必须推动第三次能源转型。

当然，第三次能源转型不可能一蹴而就，肯定需要一个比较漫长的过程，需要整个人类社会共同努力，如果单独依靠某个国家或某些国家的力量，那么肯定无法实现这场历史上能源发展过程中的又一次重大革命。

客观上讲，人类社会燃烧大量化石能源，尤其是煤炭燃烧过程中产生大量污染物，并释放大量二氧化碳，导致全球气候变化和气候变暖，因此在全球范围内煤炭"污名化"现象甚嚣尘上。

不过，从理论上分析，任何世间事物都具有"生命"周期性的特征，都会有兴衰起伏的过程，能源作为人类社会存在的基础，当然也会不断发展和演进，化石能源或许也无法逃避这种发展规律，最终脱离人类文明的这种"厄运"或许必将到来。

目前，应对全球气候变化已是大势所趋，更是人心所向。以化石能源为主导的全球能源体系必须调整，人类必将逐步减少化石能源消费；非化石能源消费，尤其是可再生能源消费，必将逐步增加。全球经济实现低碳和绿色发展已成为主旋律。

对于化石能源来说，如何扬"长"避"短"，如何兴"利"除"弊"，如何在能源转型过程中继续发挥重要作用，尤其是在能源转型过程中承担能源安全重任，这也是未来几十年人类社会必须关注的重点。

而对于非化石能源来说，未来风力发电、太阳能发电、生物质能发电和水力发电等可再生能源发电必将担当历史重任，这也是未来的必然趋势，目前似乎没有哪个国家持有怀疑或异议，只不过是这一目标如何才能实现的问题。

相对于化石能源，非化石能源也有劣势，全面替代化石能源的成本较大，且规模化和商业化还处于初期阶段，这对于人类来说还是一个巨大的挑战。

尽管可再生能源具有清洁低碳特征，而且资源分布也十分广泛，但是可再生能源的资源禀赋与消费特征之间仍然存在一定问题，其物理特性与生产技术之间也存在一定矛盾，何时能够承担起"主体能源"之重任，还需要一定时间，更需要不断进行技术创新。

投资代表着发展，预示着未来。

根据彭博新能源财经发布的《2024年能源转型投资趋势》报告，2023年全球能源转型投资达到创纪录的1.8万亿美元，比2022年增长了17%。但是，从投资领域来看，2023年全球能源转型投资存在明显的差异。

投资规模排在第一位的领域是电气化交通，该领域2023年的全球投资规模达到6 340亿美元，比2022年增加了36%，已经超过可再生能源投资，成为驱动能源转型的最大因素。

投资规模排在第二位的领域是可再生能源，该领域2023年的全球投资规模达到6 230亿美元，比2022年增加了8%，增长势头比较温和。

投资规模排在第三位的领域是电网，该领域2023年的全球投资规模达到3 100亿美元，成为推动能源转型的关键投资领域。

投资规模排在第四位的领域是储能，该领域2023年的全球投资规模达到360亿美元，比2022年增长了76%，增长速度明显加快。

投资规模排在第五位的领域是碳捕集与封存（CCS），该领域2023年的全球投资规模达到111亿美元，比2022年几乎翻了一番，增速明显。

投资规模排在第六位的领域是氢能，该领域2023年的全球投资规模达到104亿美元，比2022年增长了两倍，增长速度显著加快。

从投资国家或地区来看，全球能源转型投资的分布也存在不均衡性。2023年，中国能源转型投资达到6 760亿美元，美国达到3 030亿美元，欧盟达到3 400亿美元，英国达到740亿美元，巴西、日本和印度等国都超过300亿美元。

历史经验表明，做任何事情都需要有投入，尤其是各国为了实现碳中和目标，客观上需要舍得投入资金，舍得放弃某些投资，牺牲某些既得利益，必须加大财政投入。根据权威机构预测，若要实现《巴黎协定》的净零排放目标，在2024年至2030年期间，全球能源转型投资平均每年需要4.84万亿美元。

发达国家在资金和技术创新投入上有所加大，但是广大发展中国家普遍面临资金短缺和技术瓶颈，客观上需要国际社会建立碳中和金融机制，发达国家需要对发展中国家提供资金和技术支持，以刺激世界各国加速能源转型。

趋势代表未来，转型代表文明。

未来人类社会文明还将持续演进，在事关人类应对全球气候变化这一生死存亡大势之下，能源转型还将是人类的永恒主题之一，不可能发生根本性逆转。在人类社会，世界各国无论如何都不可以漠视这种趋势，都必须顺应潮流，联合行动，砥砺前行，最终实现第三次能源转型。

可以预见，未来世界各国都将投入资金和技术，大力发展可再生能源，积极建立高效、低碳、绿色和可持续的能源体系。不过，人类社会要实现非化石能源完全替代化石能源，还需要一个比较漫长的过程，尤其是在储能技术和产业没有取得革命性进展之前，化石能源的地位还很难被撼动，经济社会发展还要继续发挥化石能源的作用，至少在世界各国能源安全方面，化石能源还必须发挥至关重要的稳定器作用。

3 全球温室气体排放：
温室气体排放规模庞大，实现净零目标任重道远

> 温室渐生暖地，苍穹尽染阳光。能源新曲浪潮张，除旧迎新路广。把酒开怀畅饮，转型变革激扬。东西同入碳足乡，漫步中和路上。

在浩渺的宇宙中，地球这颗蓝色星球，以其独特的自然环境和生态系统，孕育出多姿多彩的生命形态。然而，由于化石能源过度消耗而造成温室气体过度排放，进而引发温室效应，导致气候变化，给人类生存和发展带来前所未有的危机。

一、温室气体有哪些

工业化以来，一种无形的危机正在地球上悄然降临，全球温室气体排放持续增加，如同无形之手，悄然改变着人类赖以生存和发展的气候系统，使得人类社会的生命之歌逐渐失去了往日的和谐，令整个人类社会对自身生存方式产生了深刻反思。

全球温室气体排放所引发的气候危机，如同一场悄无声息的魔咒，悄然影响着世界上的每一个人。面对气候变化的严峻挑战，在宇宙中十分渺小的"地球村"中，每个"村民"都是温室气体排放的参与者，也是地球变暖的见证者。然而，在这场人与自然之间的战争背后，我们看到了人类智慧的光芒和团结的力量。在应对气候变化的道路上，或许充满了荆棘与坎坷，但只要人类心怀希望，坚定信念，勇往直前，就一定能够迎来胜利的曙光。

地球的每一次呼吸，都伴随着气体的交换。在这些气体中，有些是生命的滋养者，比如氧气；有些则潜藏着对人类社会的生存和发展的威胁，比如温室气体的大量排放。

其实大气成分众多，其中某些气体几乎可以无衰减地让太阳短波辐射通过，但

可以吸收地球上的长波辐射，类似在地球上空形成温室，从而产生温室效应，科学家将这些气体统称为温室气体。

温室气体是地球气候系统的重要组成部分，发挥着自然且重要的温室作用。当太阳的辐射穿透大气层，部分能量被地表吸收后，会以热量的形式散发出来。温室气体通过吸收并重新反射地面发出的辐射，保持地球温度适宜生命生存。然而，当温室气体排放量超过一定阈值时，就会像一层厚厚的"毯子"包裹着地球，阻碍热量的散失，进而导致全球气温上升，对人类生存和发展构成严重威胁。

从自然规律来看，温室气体本来是自然界中对人类生存和发展的隐秘守护者，如同地球的温室，抵御外界的寒冷，保持地球温暖，适宜人类生存和活动。然而，在特定条件下，温室气体却成为全球气候变化的罪魁祸首，导致地球"发烧"。

客观来说，温室气体种类很多，但是常见的种类并不多，最常见的是二氧化碳，其次是甲烷，还有氧化亚氮、全氟化碳、氢氟碳化物和六氟化硫等。但是，各类温室气体产生的温室效应存在差异，不同的温室气体，其温室效应的差别也比较大，因而对气候变化的贡献不尽相同。

根据科学研究和对比，在各种温室气体中，二氧化碳排放量最大，温室效应最为突出；其次是甲烷，排放量位居第二，温室效应也比较突出；而氧化亚氮、氢氟碳化物等其他温室气体也不容忽视，它们或来自特定的工业过程，或源自人类活动的副产品，虽占比不大，但每一份排放都在给地球增温。

二氧化碳是大气中含量最丰富的温室气体，主要来源于化石燃料的燃烧，是温室效应的主要贡献者之一，对全球气候变化产生了重要影响。

在谈论温室气体时，科学家无法忽视二氧化碳。这种气体虽然无色无味且平凡无奇，但实则隐藏着巨大的能量。它的产生与人类息息相关，从点燃一支香烟，到启动一辆汽车，再到发电厂的日夜运作，无数细微的燃烧与化学反应都不断地释放二氧化碳。

经过科学家对全球长期气候数据的对比研究和分析，得出了一个非常重要的结论，即二氧化碳排放与地球气温之间具有最为显著的相关性，这表明控制二氧化碳排放对于应对全球气候变化具有至关重要的意义。

甲烷是一种重要的燃料，是天然气的主要成分。它也可以由人类活动和动植物的分解而产生，比如在沼泽和湿地，由动植物残体在缺氧条件下经厌氧微生物分解而成，在农业废弃物堆放处理、畜牧业及水生动物消化系统中大量产生。尤其是在农业和畜牧业高速发展的今天，其排放量急剧上升，成为加剧气候变化的重要因素。

甲烷的分子结构使其具有很强的吸收红外线的能力，从而加剧地球热能累积的过程，一个单位质量的甲烷在短期内的增温效应相当于许多千克的二氧化碳。尽管甲烷相对于二氧化碳来说，在大气中的浓度较低，但对气候变化的影响却十分惊人。

氧化亚氮是一种持久存在于大气中的气体，其来源包括化肥的使用、废水处理、生物质燃烧等，它对臭氧层和温室效应都有影响。

氢氟碳化物是一类人造气体，常见于制冷剂和发泡剂中，是温室气体的一种，由于其对臭氧层的破坏远低于氯氟烃类物质，因此曾被认为是一种环境友好型替代品。

全氟化碳主要用于半导体和涂料等行业，具有长期存在于大气中的特点，尽管其在大气中的浓度较低，但具有极高的全球变暖潜能值（Global Warming Potential，简称 GWP）。

六氟化硫主要用于电力设备和电子工业中，是一种极具温室效应的气体，其全球变暖潜能值是二氧化碳的 23 500 倍。

二、全球温室气体的主要排放源

温室气体在大气中的浓度增加，主要源于人类活动。从工业化进程中大量燃烧的化石燃料，到农业生产中的畜牧业排放，再到城市垃圾处理过程中产生的渗滤液等，都是温室气体排放源头。如今，随着科技日新月异，人类社会生产和生活方式发生了翻天覆地的变化，但温室气体排放并未因此而减少，反而呈现出愈发严峻的态势。从工业生产到交通运输，从农业活动到建筑耗能，温室气体的身影无处不在。

（一）工业生产：温室气体排放的"隐形杀手"

蒸汽机的轰鸣既拉开了工业革命的序幕，也开启了人类对能源的无节制开采与消耗。煤炭、石油和天然气等化石燃料被源源不断地燃烧，释放出大量的二氧化碳、甲烷、氮氧化物等温室气体。随着时间的推移和生产力的迅猛发展，温室气体排放量已远远超过地球自然的吸收能力。工厂烟囱已成为温室气体最重要的排放源之一，将原本平衡的大气层逐渐推向危机边缘。

随着现代工业文明的迅猛发展，全球温室气体排放却如同不断膨胀的气泡，逐渐侵蚀着这颗星球的脆弱平衡。从广袤无垠的热带雨林到冰封万里的南极大陆，从熙熙攘攘的城市街头到宁静祥和的乡村田野，温室效应所引发的连锁反应正在悄然上演。

回溯历史，不难发现温室气体排放的增加与工业化进程紧密相连。工业革命以来，随着蒸汽机的广泛应用和生产力的飞速发展，煤炭被大量燃烧以满足能源需求。煤炭燃烧释放的二氧化碳和其他温室气体，成了全球气温上升的加速器。

工业生产作为现代社会繁荣的基石，是温室气体排放的主要来源之一。工厂内部，烟囱林立，不难想象其背后隐藏的气候代价。钢铁厂、化工厂、发电厂等重工业企业在生产过程中会产生大量的二氧化碳、二氧化硫和氮氧化物等有害气体。

以石油化工为例，生产过程中需要消耗大量的化石燃料，这些燃料燃烧时会产生大量的二氧化碳。此外，化工生产还会排放出各种挥发性有机物，如甲醛、苯等，这些物质在大气中会进一步反应生成新的温室气体。

（二）交通运输：流动中的温室气体排放压力

在交通领域中，汽车、飞机等交通工具的废气排放是温室气体的重要来源之一。随着城市化进程的加快和私家车数量的不断增加，交通领域的温室气体排放问题日益严重。

当清晨的第一缕阳光洒向大地，无数汽车、卡车、飞机和船只开始在世界各地穿梭，载着生活物资和商业货物，在流动中创造价值和便利。然而，这些交通工具在为人类生活带来便利的同时，也在不断向大气中排放二氧化碳等温室气体。

燃烧化石燃料是温室气体排放的主要来源，汽油车和柴油车作为道路上最主要的通行工具，每一次点火、加速和刹车都是二氧化碳产生的时刻。

汽车尾气中的氮氧化物、一氧化碳及其他有害物质，不仅影响空气质量，还威胁着人类的呼吸系统健康。而飞机和船只虽然单位货物周转量的能耗较低，但由于运行距离远、时间周期长，在整个生命周期所累积的温室气体排放同样不容忽视。

（三）农业活动：不容忽视的温室气体排放源

当人们谈论温室气体排放时，往往将目光聚焦在城市和工业领域，而农业活动看似不起眼，其中暗藏的温室气体排放量似乎被严重忽视。其实，土壤呼吸、农作物生长及畜牧业代谢等，无时无刻不在与大气进行着二氧化碳的交换。

农业活动导致的温室气体排放，主要分为直接和间接两类：直接排放源包括畜牧业产生的甲烷（如牛、羊在消化过程中产生）、田间施肥后产生的氧化亚氮及水稻种植时产生的甲烷；而间接排放源则主要指农业生产中使用化石燃料制成的化肥及机械运作所产生的排放。

（四）建筑能耗：城市的"沉默"温室气体排放源

在城市化进程中，鳞次栉比的摩天大楼与四通八达的交通网络，共同绘制了一幅繁华的世界图景。然而，在高楼大厦之中隐藏着一群"沉默"但威力巨大的温室气体排放源，那便是规模庞大的建筑能耗。

现代建筑往往追求美观大方的外表设计，同时兼顾舒适的室内环境，但这些都需要依靠大量的能源消耗来支撑，比如需要空调设备全天候运转维持适宜的温度，照明灯具彻夜通明照亮每一个角落，电梯上下穿梭于楼层间为居民提供便捷……所有这些都成为温室气体排放的稳定来源。

全球建筑能耗约占社会总能耗的40%，并且在冬季采暖和夏季制冷时该比例更高，这意味着每当人们推开房门走进温暖的家或者享受清凉一夏时，背后都有温室气体在悄然释放。

随着城市化的快速推进，越来越多的建筑拔地而起。对于新建建筑而言，采用低碳建筑材料、节能设计及绿色施工方式至关重要，这将成为未来减少温室气体排放工作中极具潜力且值得深入探索的重要环节之一。"绿色建筑"和"低碳城市"等理念正逐渐成为全球范围内的共识，这表明建筑能耗的降低已迫在眉睫。

三、全球温室气体排放现状

文明与野蛮，只有一步之遥。工业化和城市化浪潮汹涌澎湃，各种工厂遍地开花，交通工具穿梭不息，日常生活中的能源消耗也在持续攀升，温室气体排放规模呈现出爆炸式的增长态势。尽管近年来全球温室气体排放速度有所趋缓，但仍然保持增长。

（一）全球二氧化碳排放当量

二氧化碳排放当量是一种用于比较不同温室气体排放量的量度单位。不同温室气体对温室效应的贡献度各不相同，为统一度量整体温室效应的结果，便引入了二氧化碳排放当量的概念。

由于二氧化碳是人类活动产生的温室效应的主要气体，因此规定以二氧化碳排放当量为度量温室效应的基本单位，使得不同温室气体的效应可以进行标准化比较，从而更准确地评估全球变暖的潜在风险。

由于各种温室气体对全球变暖的贡献不同，因此科学家提出了全球变暖潜能值（即 GWP 值），用于衡量不同温室气体在给定时间段内相对于二氧化碳对全球变暖贡献的指标。计算二氧化碳排放当量要基于每种温室气体的全球变暖潜能值，具体计算方法是将某一温室气体的排放量（以吨为单位）乘以其对应的 GWP 值。例如，甲烷的 GWP 值为 25，意味着 1 吨甲烷排放的温室效应相当于 25 吨二氧化碳排放的效应，也就是说 1 吨甲烷排放就是 25 吨二氧化碳当量。

在 2013 年至 2023 年期间，全球能源、加工、甲烷及放空燃烧领域的二氧化碳排放当量由 373.13 亿吨缓缓攀升至 404.18 亿吨。尽管二氧化碳排放当量的排放规模庞大，但增速放缓，为应对全球气候变化带来了希望。

在此期间，发达国家能源、加工、甲烷及放空燃烧领域二氧化碳排放当量，由 136.01 亿吨缩减至 120.80 亿吨；在全球能源、加工、甲烷及放空燃烧领域二氧化碳排放当量中的占比亦随之下降，由 36.45% 下降到 29.89%。

与此同时，发展中国家能源、加工、甲烷及放空燃烧领域二氧化碳排放当量由 237.12 亿吨跃升至 283.38 亿吨，增速明显快于发达国家；在全球能源、加工、甲烷及放空燃烧领域二氧化碳排放当量中的占比亦出现上升趋势，由 63.55% 稳步提高到 70.11%，预示着发展中国家减排将更加艰难。

（二）全球能源领域二氧化碳排放量

回首过去两百余年，尤其是工业革命以来的几十年间，人类对化石燃料的依赖达到了前所未有的程度。煤炭、石油、天然气等化石能源的开发和利用如同巨大的黑洞，不断地吞噬着地球的能量，并释放出大量的二氧化碳等温室气体。二氧化碳是各类温室气体的主要成分，占据温室气体总量的三分之二左右，而且主要源于化石燃料的燃烧。

在 2013 年至 2023 年期间，全球能源领域二氧化碳排放量由 327.01 亿吨逐渐增加到 351.30 亿吨。庞大的数字，不仅是人类对能源依赖的印记，也是环境挑战的一记警钟。然而，在增长过程中，增长速度明显放缓。

在此期间，发达国家能源领域二氧化碳排放量由 127.93 亿吨降至 111.09 亿吨；在全球能源领域二氧化碳排放量中的占比由 39.12% 降至 31.62%。

与此同时，发展中国家能源领域二氧化碳排放量由 199.08 亿吨攀升至 240.21 亿吨，增速明显快于发达国家；在全球能源领域二氧化碳排放量中的占比由 60.88% 跃升至 68.38%，反映出在应对全球气候变化挑战中，发展中国家的角色与责任日益凸显。

（三）全球天然气放空燃烧领域二氧化碳排放量

在地球这个蔚蓝星球的每一个角落，自然之力与人类文明的交响曲，时而和谐，时而冲突，而天然气放空燃烧现象，便是复杂乐章中的一个音符。当蓝色火焰未能被有效利用，而是被人为放空燃烧时，不仅造成了资源的极大浪费，还排放了二氧化碳。

在 2013 年至 2023 年期间，全球天然气放空燃烧领域二氧化碳排放量由 2.98 亿吨逐渐攀升至 3.17 亿吨。尽管增幅看似微弱，却代表着增长速度显著放缓，无疑为减缓全球气候变化的努力增添了一抹希望之光。

在此期间，发达国家天然气放空燃烧领域二氧化碳排放量由 0.41 亿吨微妙地增长至 0.43 亿吨；在全球天然气放空燃烧领域二氧化碳排放量中的占比由 13.76% 滑落至 13.56%。

与此同时，发展中国家天然气放空燃烧领域二氧化碳排放量由 2.57 亿吨悄然攀升到 2.74 亿吨，速度明显快于发达国家；在全球天然气放空燃烧领域二氧化碳排放量中的占比也由 86.24% 缓缓升至 86.44%。

（四）全球甲烷排放量

甲烷是一种可燃气体，是天然气的主要成分，也是仅次于二氧化碳的第二大温室气体，其 20 年内的全球变暖潜能值为二氧化碳全球变暖潜能值的 55～108 倍。

自从人类进入工业化时代以来，甲烷排放导致的气候升温高达 0.5 摄氏度，其对全球变暖的贡献率约为 25%，因此其温室效应值得全球关注。

随着人们不断加深对甲烷在气候变化中影响效应的认知，世界各国达成普遍共识，开始将减少甲烷排放作为短期内减缓地球变暖最直接、最有效的重要途径之一。控制甲烷排放被国际社会提上应对全球气候变化的重要议程。

控制甲烷排放，首先要搞清楚甲烷排放源。根据国际能源署（IEA）数据，2021 年全球能源相关甲烷排放量为 1.35 亿吨，其中，动力煤相关排放比重为 20.7%，陆上油田直接排放比重为 16.2%，陆上气田直接排放比重为 10.7%，炼焦煤相关排放比重为8.9%，生物质能相关排放比重为6.8%，天然气管道及液化天然气（LNG）设施逃逸比重为5.3%，海上油田直接排放比重为5.3%。

甲烷排放不仅涉及能源行业，也与其他行业密切相关，其中农业的排放量最大，其次才是能源行业。根据国际能源署报告，2022年全球甲烷排放总量为3.56亿吨，其中农业排放1.42亿吨，约占40%；废弃物排放0.71亿吨，约占20%；能源排放1.33亿吨，约占37%；其他行业排放0.1亿吨，约占3%。

在能源领域甲烷排放中，2022年化石能源排放量最大，其中，石油排放0.46亿吨，煤炭排放0.42亿吨，天然气排放0.35亿吨，而生物质能源排放0.10亿吨。

从国别甲烷排放来看，2022年全球甲烷排放量排在前列的经济体中，中国排放了5 568万吨，美国排放了3 184万吨，印度排放了2 967万吨，俄罗斯排放了2 436万吨，巴西排放了1 996万吨，欧盟排放了1 622万吨，印度尼西亚排放了1 432万吨，伊朗排放了740万吨，巴基斯坦排放了725万吨，尼日利亚排放了660万吨，墨西哥排放了605万吨。

（五）大气中的二氧化碳浓度

根据美国国家海洋和大气管理局的数据，全球大气中的二氧化碳浓度持续增加。根据科学家测算，二氧化碳浓度每年大约增加1.8ppm，其中约有1/2属于人为排放，而非自然排放。

1958年，全球大气二氧化碳浓度最高值为317.51ppm；2022年，全球大气二氧化碳浓度最高值达到420.99ppm。

全球大气二氧化碳浓度，在1960年至1970年期间，增加了2.5%；在1970年至1980年期间，增加了4.1%；在1980年至1990年期间，增加了4.7%；在1990年至2000年期间，增加了4.1%；在2000年至2010年期间，增加了5.7%；在2010年至2020年期间，增加了6.1%。

四、全球碳捕集利用与封存（CCUS）规模缓慢增长

碳捕集利用与封存（CCUS），如同一根细线，正尝试着将人类文明的进程与应对气候变化的梦想紧密相连。在这漫长的旅途中，它不仅是减缓气候变化的一把钥匙，更是开启未来可持续发展之门的神秘咒语。

碳捕集，是这场大戏的开篇，如同一位细腻的工匠，从工业排放的废气中捕捉

那些游离的二氧化碳分子，将其从大气中"打捞"出来，每一分子的捕获都是对地球的一份承诺。

碳利用，则是这场大戏的高潮。被捕获的二氧化碳不再是气候负担，而是变废为宝的神奇材料。它们可能被转化为建筑材料、塑料，甚至是燃料，为工业生产注入新的活力，同时也减轻了碳排放的负担。这一过程，宛如魔法师的咒语，将废弃物转化为珍宝。

碳封存，是这场大戏的终章，也是新篇章的开始。被捕集的二氧化碳被安全地送入地下深处，或是转化为可再生资源，封存于岩石之中，等待时光的考验。这不仅是技术的胜利，更是对人与自然和谐共生理念的深刻实践。

碳捕集利用与封存（CCUS），是一场全球性的绿色革命，它跨越国界，连接起不同文化、不同信仰的国度。从北欧的森林到亚洲的工厂，从非洲的草原到美洲的农田，碳捕集利用与封存（CCUS）如同一股清流，滋润着干涸的土地，也滋养着人类共同的梦想。

然而，这场革命并非没有挑战。它需要巨额的投资、创新科技及全球性的合作。全球碳捕集利用与封存（CCUS）也需要每一个国家的努力与协作，但只要心中有爱，脚下有路，未来便充满希望。

在2013年至2023年期间，全球碳捕集利用与封存（CCUS）能力由0.26亿吨增加到0.55亿吨，规模虽然微小，却预示着技术的潜力和应对气候变化的目标正以前所未有的速度发展。

在此期间，发达国家碳捕集利用与封存（CCUS）能力由0.22亿吨攀升至0.33亿吨。与此同时，发展中国家碳捕集利用与封存（CCUS）能力由0.04亿吨跃升至0.22亿吨，速度明显快于发达国家。

五、全球实现碳中和目标任重道远

面对全球气候变化引起的种种灾难性后果，人类不应束手无策或仅仅停留在哀叹之中，相反应该积极应对挑战，寻求解决方案，实现碳中和目标便是世界各国的共识。实现碳中和是人类的一项长期而艰巨的任务，面对全球气候变化的严峻挑战，没有哪一个国家可以置身其外，世界各国必须联合起来，制定和实施行之有效的政策和措施，用实际行动守护好人类赖以生存的蓝色星球，确保人类文明得以持续演进，子孙后代能够繁衍生息。

（一）技术创新：实现碳中和的驱动力

在实现碳中和目标的过程中，能源技术尤为关键，而清洁能源技术创新正在引领全球未来能源发展方向，加速推进能源转型。

太阳能、风能、水能和生物质能等可再生能源，不仅取之不尽、用之不竭，而且还能在很大程度上减少温室气体排放。可再生能源技术创新，可以让清洁能源逐步替代化石能源，进而推动能源结构调整。

技术创新是推动低碳转型的重要引擎。电动汽车、智能交通、绿色建筑、智能建筑等领域的技术创新，让众多低碳技术逐渐渗透到社会日常生活中，推动社会向低碳方向转型。

绿色能源、清洁能源和循环经济等理念层出不穷，并逐渐转化为具体行动，如大规模开发和利用非化石能源，尤其是可再生能源；在电力系统中，大力开展智能电网的建设和运行；在交通运输系统中，电动汽车正在逐步取代传统燃油汽车；核能也在经过不断的技术改进后，展现出独特的优势和安全应用的可能性。

碳捕集与封存（CCS）技术的研发和应用，为减少温室气体排放提供了新的思路。通过先进的科技手段，可以将大气中的二氧化碳捕获并安全可靠地储存起来，从而有效降低温室气体的浓度，减缓气候变化的速度。

技术创新不仅有助于减少温室气体排放，还能推动经济绿色转型和清洁能源产业发展，创造更多的就业机会，促进经济社会可持续发展。通过技术创新，也可以降低能源成本，使更多人享受到清洁能源带来的便利。

（二）政策引导：实现碳中和的引力

实现碳中和目标，需要政府发挥主导作用，制定严格的排放标准和政策，引导各行各业向低碳转型，绘制清晰的路线图，指明前进方向和目标，通过制定并实施一系列环保法规、税收优惠和补贴政策，积极引导企业和个人减少温室气体排放。

在工业生产领域，应通过立法和政策引导，积极推动清洁能源的开发和利用，减少化石燃料的开发和利用，限制高污染和高排放行业的增长。引导企业承担起应有的社会责任，通过改进生产工艺、提高能源利用效率和减少废弃物排放等方式，降低生产活动对气候的影响。

在交通运输领域，大力推广公共交通和绿色出行理念，鼓励人们减少私家车的使用，鼓励公共交通和非机动车交通发展。例如，通过推广电动汽车来减少交通领域的碳排放。政府提供购车补贴、建设充电设施，鼓励人们购买和使用电动汽车，减少尾气排放，推动新能源汽车产业发展，实现经济与环境的双赢。

在农业领域，应该大力开展绿色革命。培育和推广耐旱抗旱作物，发展有机农业，改进耕作方式，减少化肥和农药的使用量，强化生态修复，在保障食品安全的同时减少温室气体的排放。

在建筑领域，积极推动绿色建筑标准的制定和实施，提升能源利用效率，以减少建筑行业的碳排放。

在监管领域，应该加强碳排放监管体系建设，通过立法明确温室气体排放的标准和限制，并设立相应的监管机构进行监督。

在制度领域，应该建立碳市场体系，利用市场机制，使得企业需要为其超标排放支付额外费用，从而激励企业采用更加环保的生产方式，主动减少温室气体排放。

（三）公众参与：实现碳中和的推力

在全球实现碳中和的过程中，公众参与应该扮演重要角色。

时至今日，人类社会开始意识到个人选择和行为对于整体环境的影响，越来越多的人开始认识到应对气候变化的重要性，愿意为减少温室气体排放贡献自己的力量，低碳生活、绿色出行和光盘行动等日常生活方式日益受到推崇，民间组织和志愿者活动也如火如荼地开展起来，成为推动全球实现碳中和目标的重要力量。

无论是减少个人碳排放，还是参与公益活动宣传环保理念，都映射出应对气候变化的真实态度，非常值得肯定。每个人的生活中都存在碳足迹，在日常生活和工作中都会排放温室气体，从日常出行到饮食习惯，从能源使用到购物消费，每一个行为都有碳足迹，而选择公共交通、低碳饮食、节能减排产品等都是降低个人碳排放的有效途径。每个人都可以从日常生活中的点滴做起，某些看似微不足道的小事，汇聚起来却能形成减少温室气体排放的巨大力量。越来越多的人开始行动，实现碳中和目标就会越来越近。

（四）国际合作：实现碳中和的助力

气候变化无国界，属于全球性问题，要求世界各国携手合作，共同应对。全面应对全球气候变化，国际合作至关重要。

世界各国应携手推动国际气候治理体系的完善，构建公正合理的国际气候治理秩序。从《联合国气候变化框架公约》到《京都议定书》，再到《巴黎协定》，各国政府和国际组织纷纷出台具有里程碑意义的文件和承诺，努力制定和实施碳中和目标，加强沟通协调，共同制定并执行具有法律约束力的实施方案和政策。

随着对科学技术认知的加深和对全球气候变化的重视，人类已经逐步觉醒，并寻求减少温室气体排放和实现碳中和之道。发达国家应承担更多责任和义务，为发展中国家提供资金、技术和能力建设等方面的援助，帮助其更好地应对气候变化带来的挑战。世界各国应该共同研发新技术，分享减碳经验和做法，以共同推动全球温室气体排放控制事业的发展。

只要全球人民团结一心，共同努力，就一定能够战胜温室气体排放带来的挑战。蓝天白云将成为永恒的基调，绿树成荫将成为每一座城市的标配。极地冰川将得到恢复和保护，珍稀动植物将拥有更广阔的生存空间。人与自然和谐共生，共同谱写一曲壮丽的蓝色赞歌，共同见证一个更加绿色、低碳、可持续的未来世界的到来。

4 全球能源消费：
能源转型逐渐加快，消费格局持续演变

> 碳涌徐徐起浪，横空缓缓能消。化石未解气腾霄，怎奈地球趋暖。可惜千秋功罪，落入气变风潮。转型前路漫迢迢，望睹风光芳展。

在人类能源文明的演进过程中，能源消费如同一条隐性纽带，悄无声息地编织着人类文明的经纬。从薪柴消费，到煤炭、石油和天然气等化石能源消费，再到蓬勃兴起的水能、风能、太阳能等非化石能源消费，全球能源消费正在发生蜕变。

一、全球能源消费规模：具有刚性化特征，是工业文明的必然产物

自古以来，人类依靠自然之力生存繁衍，太阳的光芒、风的轻拂、河流的涌动，都是最初能量的来源。然而，自工业革命以来，人类社会的生产力以惊人的速度发展，而能源作为发展的基石，其地位愈发显得举足轻重。煤炭、石油和天然气等传统化石能源的开采与利用，为全球经济增长提供了源源不断的动力。蒸汽机的轰鸣、电力的广泛应用，彻底改变了人类的生活方式，也开启了全球能源消费的新纪元。

如今，全球能源消费量达到了惊人的程度，庞大规模的能源消耗，不仅是冷冰冰的数字，更是无数家庭用电的温暖、工厂机械运转的轰鸣和汽车飞驰在高速公路上的轨迹，这些看似微不足道的日常活动，汇聚成了全球能源消费的洪流。能源消费既是经济发展的引擎，也是气候、生态环境挑战的根源。森林的减少、河流的污染、温室气体的排放，每一个问题的背后，都是对自然资源的过度索取和消耗。

能源消费刚性化是指在一定时期内，由于经济、社会、技术等多方面因素的综合影响，能源消费总量难以显著减少的现象。现象的背后，既有人类对能源的强烈依赖，也有工业化进程中对能源效率提升的不懈追求。

从全球范围来看，能源消费刚性化主要表现在以下几个方面：一是经济增长与能源消费的紧密关联，在经济全球化的背景下，各国经济增长均离不开能源的支持；二是能源转型难度大，尽管清洁能源的开发利用日益受到重视，但传统化石能源在全球能源消费结构中仍占据主导地位；三是国际能源市场复杂多变，当今世界政治经济格局纷繁复杂，使得国际能源市场充满不确定性因素，其中地缘政治冲突和国际油价剧烈波动成为影响全球能源安全的两大主要因素，给各国能源安全保障带来极大压力。

在2013年至2023年期间，全球一次能源消费量由537.48艾焦❶增加到619.63艾焦。尽管全球能源消费规模庞大，但增长速度却悄然放缓。在2022年至2023年期间，全球一次能源消费量仅从607.35艾焦增至619.63艾焦。

二、全球能源消费聚集度：具有不平衡特征，是经济发展差异化的客观现实

在全球范围内，能源消费聚集度呈现出明显的差异化和不平衡。从能源消费来看，发达国家和发展中国家之间存在较大差距。然而，随着新兴经济体的快速崛起，全球能源消费聚集度也在持续改变，发展中国家能源消费增长成为全球能源消费增长的主要引擎。

在偏远的山区，孩子们依靠太阳能灯照亮了夜间的学习之路；在辽阔的草原上，万马奔腾的风电场成为草原上一道独特的风景线；在城市的高楼大厦之间，纵横交错的电网宛如城市的血脉，为千家万户送去光明与温暖。这些看似平常的现象背后，其实蕴藏着人类对美好生活的追求和对自然的敬畏之情，同时也反映了世界各国经济发展水平的差异。

能源消费不仅是简单的能源消耗过程，更是与经济社会发展程度紧密相连的重要环节。时至今日，能源消费已经成为衡量一个国家经济社会发展水平和工业化程度的重要标志之一，影响着经济增长速度、产业结构升级和城市化进程等。

在2013年至2023年期间，全球人均能源消费量由74.1吉焦❷增加到77.0吉焦。

---

❶ 1艾焦=10万亿焦。
❷ 1吉焦=10亿焦。

经济发展水平是影响能源消费的重要因素。发达国家凭借雄厚的经济实力和技术优势，在能源转型方面走在前列，清洁能源占比不断提升；而发展中国家受限于经济条件和发展阶段，对传统能源的需求仍然旺盛。

（一）发达国家整体能源消费规模和人均能源消费缓慢下降

能源需求的增长在全球范围内呈现出明显的不均衡态势。发达国家能源消费增速渐趋平缓，能源转型和市场机制的完善使其对传统能源的依赖逐步降低。

在2013年至2023年期间，发达国家一次能源消费量逐渐下降，由234.81艾焦降至229.90艾焦；在全球一次能源消费量中的占比也发生了变化，由43.69%降至37.10%。在此期间，发达国家人均一次能源消费量由178.4吉焦降至166.6吉焦；相较于世界平均一次能源消费水平，这一数值从2.41倍降至2.16倍，彰显出能源消费质量的提升。

在2022年至2023年期间，发达国家化石能源消费量由180.87艾焦减至175.55艾焦；在一次能源消费量中的占比也由77.44%降至76.36%。

在此期间，发达国家非化石能源消费量由52.68艾焦攀升至54.32艾焦；在一次能源消费量中的占比由22.56%逐渐提升至23.64%。

由上述数据来看，发达国家一次能源消费已经进入平台期，非化石能源在一次能源消费中的比重稳步提升，说明发达国家能源转型趋势明显。

（二）发展中国家整体能源消费规模和人均能源消费缓慢增长

与发达国家形成鲜明对比的是，一些发展中国家正处于工业化的快车道，能源需求犹如脱缰的野马，快速增长且波动较大。

在2013年至2023年期间，发展中国家一次能源消费量由302.66艾焦稳步增长至389.73艾焦；在全球一次能源消费量中的占比也由56.31%攀升至62.90%。

在此期间，发展中国家人均一次能源消费量悄然攀升，由51.0吉焦稳步增长至58.5吉焦；与世界平均一次能源消费水平的对比亦有所变化，由0.69倍提升至0.76倍，这预示着在能源消费领域日益增强的影响力。

在2022年至2023年期间，发展中国家化石能源消费量由316.59艾焦增长至329.28艾焦；在一次能源消费量中的占比由84.70%降至84.49%，预示着能源结构调整的序曲正在悄然响起。

在此期间，发展中国家非化石能源消费量展现出稳步增长的态势，由57.21艾焦攀升至 60.45 艾焦，不仅体现了能源结构正逐步趋向绿色转型，也意味着其对传统化石能源的依赖有所松动；在一次能源消费量中的占比由 15.30% 提升至 15.51%。

由上述数据分析可知，与发达国家相比，发展中国家能源转型虽然处于劣势，但总体而言，正处于加速转型阶段。

三、全球能源消费地理：具有区域化特征，是资源禀赋和发展程度不同的具体体现

在全球化背景下，全球能源消费如同地球的心跳，跳动在每一个角落、每一座城市和每一户人家。然而，能源消费并不均匀地分布在世界的每一个地方，而是呈现出鲜明的区域化特征。从繁华的都市到偏远的乡村，从寒冷的北极到炽热的沙漠，能源消费模式、种类和需求都因地而异、因时而变。

区域化不仅是地理概念的简单划分，更是资源、经济、社会、文化和政策等多元因素交织的结果。每个区域都像是一个独立的生态系统，有着自己独特的能源消费规律和趋势，既受到区域内部各种因素的影响，又与全球能源市场的大环境息息相关。

在复杂而多彩的世界中，能源消费区域化其实是一种客观存在的社会现象，既是全球化的必然产物，又是区域特色和发展需求的集中体现，反映了不同区域之间资源禀赋、经济水平、产业结构、气候条件等方面的差异，也展示了各自独特的文化传统和消费习惯。

在全球各大区域，能源消费各具特色。在欧洲，北海之滨的风力发电如波涛汹涌，光伏发电则如阳光普照，清洁而高效的能源占据主导地位；在亚洲，中国和印度等国的煤炭依然是工业生产和居民生活的重要支撑；在中东，沙漠地带的石油如同黑色的血液，流淌在每一个角落，支撑着世界经济发展。

2013 年至 2023 年，全球各地区人均一次能源消费量不尽相同，有的呈现出减少的趋势，有的则稳步增长。

北美洲地区人均一次能源消费量由 244.0 吉焦滑落至 230.0 吉焦；地区人均一次能源消费量与全球平均水平的对比倍数也由 3.30 降至 2.99，预示着能源消费质量的提升。

独联体地区人均一次能源消费量由 155.8 吉焦攀升至 163.7 吉焦；地区人均一次

能源消费量与全球平均水平的对比倍数由 2.10 升至 2.13，能源消费质量出现了下降趋势。

中东地区人均一次能源消费量由 136.8 吉焦增至 142.9 吉焦；地区人均一次能源消费量与全球平均水平的对比倍数由 1.85 增至 1.86，能源消费质量基本稳定。

欧洲地区人均一次能源消费量由 130.2 吉焦锐减至 115.2 吉焦；地区人均一次能源消费量与全球平均水平的对比倍数由 1.76 降至 1.50，代表着能源消费质量实现了显著提升。

亚太地区人均一次能源消费量由 54.9 吉焦跃升至 67.3 吉焦；地区人均一次能源消费量与全球平均水平的对比倍数从 0.74 提升至 0.87，能源消费质量不升反降，预示着能源转型将更加艰难。

中南美洲地区人均一次能源消费量由 59.5 吉焦降至 58.3 吉焦；地区人均一次能源消费量与全球平均水平的对比倍数由 0.80 滑落至 0.76，能源消费质量有所提升。

非洲地区人均一次能源消费量由 15.2 吉焦降至 14.3 吉焦；地区人均一次能源消费量与全球平均水平的对比倍数由 0.21 降至 0.19，能源消费水平基本稳定。

由此可知，地球上每个地区的人均一次能源消费量都在发生微妙的变化，仿佛在诉说着本地区的能源消费故事，不仅是数字的变化，更是人类生活方式、技术进步、气候、生态环境意识等多方面因素交织的生动写照。

四、全球能源消费结构：具有多元化特征，是全球能源转型的必然趋势

回溯历史长河，不难发现能源消费结构的演变与人类文明的演化有着紧密联系。从古希腊神话中的普罗米修斯盗取火种，到中国古代传说中的燧人氏钻木取火，人类对火的发现与利用标志着人类文明的开端。在漫长的农耕时代，木材等传统能源支撑着人类社会的发展，见证了人类文明的沧桑巨变。

进入工业革命时期，能源的地位愈发重要。蒸汽机的广泛应用使得煤炭成为主要能源，推动了工业化进程。铁路、轮船等交通工具的出现，进一步扩大了能源需求和消费规模。煤炭、石油和天然气等化石能源成为推动社会进步的重要力量，也让人类逐渐认识到化石能源对经济社会发展的重要性。

随着科学技术的进步、全球气候的变化，以及生态环境意识的提高，全球能源

转型已成为必然趋势，从高碳排放的化石能源向低碳排放，甚至零碳排放的清洁能源转型，是实现可持续发展的关键，全球能源消费结构正在发生深刻变化。

目前，从单一的化石能源消费转向多元化的清洁能源消费成为全球趋势，核能、水能、风能、太阳能、生物质能等清洁能源逐渐进入人类视野，并逐步得到广泛应用，不仅为经济发展提供了强大动力，也为应对气候变化、生态环境保护做出了积极贡献。

在浩瀚的历史长河中，能源一直是人类文明进步的推动力量。能源如同阳光、空气和水，滋养着人类社会的每一个角落，支撑着工业生产、交通运输、生活起居等方方面面。

然而，随着全球能源需求的日益增长和气候、生态环境问题的日益严重，单一的能源消费结构已显得捉襟见肘。于是，全球能源消费多元化成为时代的必然选择，呼唤着人类以更加宽广的视野和创新的思维探寻未来能源消费结构调整的新路径。

在全球范围内，石油、煤炭、天然气等传统化石能源如同一位年迈的老人，步履蹒跚地走向衰竭。同时，化石燃料在燃烧过程中产生的二氧化碳和其他温室气体，如同一个个隐形杀手，破坏着地球的气候、生态环境，引发全球气候变化等一系列问题。

面对严峻的现实，全球范围内能源消费结构调整之旅已经开始。世界各国纷纷将目光投向非化石能源，如核能、水能、风能、太阳能和生物质能等。非化石能源如同一股股清泉，蕴藏在自然界之中，等待人类去开发和利用。

太阳能光伏板的铺设，让阳光变成了可以直接利用的能源；风力发电机组的建设，让风力成为发电的新力量；水力发电站则巧妙地利用了水的势能。可再生能源不仅资源丰富，而且在使用过程中几乎不产生污染物，对气候、生态环境的友好程度远高于化石能源。

在技术创新的推动下，全球能源消费多元化迎来了技术革新的风暴。太阳能光伏技术的飞速发展，让光伏发电的成本呈几何级下降；风力发电机组的功率不断提升，体积不断缩小，让风能利用变得更加高效和便捷；储能技术持续突破，让可再生能源发电的间歇性问题得到了缓解；新能源汽车等绿色交通工具的普及，让人们的生活更加环保和高效。

在2022年至2023年期间，全球化石能源消费量由497.46艾焦缓慢增加到

504.83艾焦；在全球一次能源消费量中的占比却有所下降。

在此期间，全球非化石能源消费量由109.89艾焦跃升至114.80艾焦；在全球一次能源消费量中的占比有所提高。

由上述数据分析可知，全球一次能源消费的增长速度比较缓慢，说明能源消费有可能逐渐达到峰值，而且非化石能源在全球一次能源消费中的比重正在稳步提升，这对于能源转型来说显然是一个有利的迹象。

根据国际能源署《2021年世界能源展望》，2050年可再生能源比重将由2020年的12%提高到67%；核能作为稳定的能量源泉，其比重亦将由5%缓缓提高到11%；而化石能源的比重由79%降至23%，预示着传统能源的逐渐退场；氢能，这一被誉为"未来燃料"的清洁能源，从零起点，跃升至6%，充满了无限可能与希望。

随着科技的不断进步和政策的持续引导，可再生能源将得到更加广泛的应用和发展；而传统化石能源则会在技术创新和气候、生态环境等约束下，转型升级为更加高效、清洁的能源形态。

五、全球能源消费流向：具有国际化特征，是能源供求关系失衡的客观要求

全球能源消费国际化是一场跨越国界、交织多面的盛宴。既有传统能源的延续与博弈，也有新能源技术的创新与发展；既涉及经济利益和安全战略利益，也与气候、生态环境，以及文化理念息息相关。

能源，是现代社会发展的动力之源，其流动宛如一幅全球流动互动的画卷。石油、天然气等传统化石能源的输送线路如同一条条生命的脉搏，将世界各地紧密相连。从遥远的波斯湾到繁忙的东京湾，从寒冷的北极圈到炎热的中东沙漠，一艘艘油轮或液化天然气船日夜兼程，将油气从产地运往消费地。

传统化石能源市场长期被少数资源大国主导，这些资源国往往通过控制产量和出口量等方式，影响全球能源价格和市场走势，在一定程度上塑造了国际能源政治和能源经济格局。

在全球能源消费国际化的背景下，传统化石能源的流动并非唯一形式，随着气候、生态环境意识的日益增强和新能源技术的不断发展，太阳能、风能、水能等清洁能源技术和设备已经逐渐崭露头角，不再依赖于特定的地理位置或政治力量，而

是随着能源技术的进步和应用范围的扩大，成为全球能源消费国际化的新趋势。

随着新能源的崛起和可再生能源的发展，传统能源市场格局开始发生变化。太阳能、风能等清洁能源的潜力逐渐被挖掘，在国际能源市场中的份额不断增加，不仅为能源消费者提供了更多选择，也为发展中国家提供了参与国际能源竞争的机会。

然而，国际能源市场博弈没有片刻停歇，能源价格波动、政策调整和地缘政治变化等因素都可能对全球能源市场产生深远影响。在全球化框架下，各国应从单一追求能源需求满足的阶段，上升到共同致力于可持续与多元化能源共享的新境界；既要重视自身能源保障体系建设，以稳固发展基石，又要加强国际合作与交流，以实现共赢发展局面。

六、全球能源市场机制：具有金融化特征，是全球金融体系持续完善的缩影

在当下日新月异的时代，全球能源消费金融化正逐渐成为世界关注的焦点，不仅是能源领域的一种革新，更是全球金融体系发展的一个缩影。

全球能源消费金融化，简而言之，就是将金融市场运作逻辑渗透到能源消费领域，随着全球经济不断发展和金融市场日益成熟而逐步形成。在金融化浪潮席卷下，能源商品逐渐具备了金融属性，其定价方式、交易模式乃至市场规模都发生了显著变化。

随着能源市场全球化趋势日益明显，各国能源市场之间的联系越来越紧密，能源价格波动也呈现出联动效应，使得能源消费不再是简单的买卖关系，而是融入更多的金融元素，金融机构、投资者和能源企业纷纷涉足其中，共同构建起错综复杂的能源金融体系。

在全球能源金融体系中，金融资本发挥了举足轻重的作用，通过投资、融资、交易等多种方式，影响能源生产和消费格局。当金融资本青睐某一能源品种时，该品种的价格往往水涨船高；相反，如果金融资本撤离，价格则会应声下跌。

能源金融衍生品为投资者提供了更多样化的投资途径和风险管理工具，涵盖期货、期权、互换等多种形式，既丰富了市场层次结构与运作方式，也使得能源价格更加难以预测，加剧了能源市场的复杂性和不确定性。

能源市场与金融市场的紧密联系，使得两者的价格波动具有显著的相互影响。

一方面，国际能源价格的起伏不定，直接影响能源出口国的财政收入和能源进口国的生产成本；另一方面，全球主要经济体的货币政策和资本流动也会间接影响能源市场供需平衡及价格走势。

当金融市场出现波动时，比如股市下跌引发的恐慌情绪蔓延到能源市场，可能导致部分投资者撤离引发能源价格下跌；反之，经济复苏预期增强，使得投资者信心提振，进而推动能源价格上涨。能源价格波动，不仅影响相关产业链上、中、下游企业的正常运营，也会直接传递给终端消费者，增加他们的用能成本。

七、全球终端能源消费方式：具有电气化趋势特征，是全球日益强化绿色低碳发展的重要途径

从薪火燃起的原始部落，到煤炭驱动的工业革命，再到石油主导的黄金时代，每一次能源变革都深刻地影响了人类社会的面貌。时至今日，人类站在一个全新的历史节点上，见证全球终端能源消费正逐步迈向电气化时代。

与其他能源品种相比，电能的利用效率最高，可以达到90%以上，因此终端能源消费的电气化是实现碳中和的重要路径之一。

终端能源消费电气化，是指将电力作为主要能源形式应用于各个领域，包括工业生产、交通运输、建筑照明等。随着科技进步，电力生产与传输效率得到显著提高，使得电气化成了一种经济可行且环保的选择。如今，全球范围内电力网络日益完善，智能电网、分布式能源等新兴技术飞速发展，为电气化提供了强有力的支撑。

随着终端能源消费电气化深入推进，全球能源科技与产业迎来前所未有的发展机遇。在电力生产领域，清洁能源发电技术的不断突破使得电力系统更加清洁和高效；在能源传输方面，特高压输电技术和智能电网的建设使得能源输送更加安全可靠；在能源消费领域，电动汽车、储能系统等新兴技术的发展为能源消费模式带来了深刻变革。

在全球能源转型过程中，终端能源消费的电气化扮演着至关重要的角色。通过电气化，可以更加高效地利用可再生能源，减少对传统能源的依赖，从而降低能源供应风险。全球范围内的电力网络互联互通，有助于形成更加稳定的能源市场结构，提高能源供应的可靠性和抗风险能力。

终端能源消费电气化有助于减少化石燃料的开采和使用，从而降低温室气体排

放和环境污染的风险。通过推广可再生能源和电动汽车等电气化解决方案，可以更加高效地利用资源，实现经济增长与气候、生态环境的双赢。

全球终端能源消费的电气化水平不高，仅为19%。根据国际能源署《2021年世界能源展望》，2050年全球终端能源电气化率将经历一场飞跃，从20%上升至49%，预示着电能将成为连接万物的新纽带。

2023年，中国电能占终端能源消费的比重达到28.1%，高于美国、英国和德国等发达国家，总体上位居世界前列。随着能源绿色低碳转型的加快推进，中国终端能源消费的电气化趋势将更加明显。到2030年，中国电能占终端能源消费的比重有望达到35%。

展望未来，全球终端能源消费电气化不仅是能源消费的重要趋势，更是人类文明发展的必然选择。正如诗人笔下的诗篇一般，终端能源消费电气化正以其独特的韵律，描绘着未来世界的美好蓝图。

可以预见，在未来的城市里，高楼大厦拔地而起，绿色能源如阳光般洒满大地；电动汽车穿梭在街头巷尾，零排放和低噪声的特点，让人们尽情享受出行的便捷与舒适；智能家居系统，让家庭生活更加智能化和便捷化；在工业生产中，电力驱动的机器设备高效运转，大幅提高了生产效率和产品质量。

5 全球电力产业：电源更加多元化，电网更加智能化，储能更加规模化

> 发电规模庞大，世间冷暖其中。来源徐变几多增，化作多元生动。电网加持智手，盈飘能储轻风。全球电力转型中，赋曲言辞齐颂。

在人类文明的长河中，电力的出现犹如一颗璀璨的明星划破夜空，照亮了人类探索未知和追求进步的道路。从最初的火花闪烁，到如今的万家灯火，电力已经渗透到人类社会的方方面面，清晰地书写了一部人类不断创新、不断征服自然的壮丽史诗。

一、全球电力产业发展历史

历史是面镜子，可以照见现实，也可以映照未来。在人类文明的长河中，电力产业的发展历程见证了人类智慧的伟大创造和不懈的追求。

（一）电力产业启蒙阶段

回溯至19世纪初，当人类社会还沉浸在对蒸汽时代的无限遐想中时，电力的神秘面纱也被悄然地揭开。那时，科学家们已经敏锐地捕捉到自然界中一种奇妙的能量——电流，它无声无息，却蕴含着难以想象的巨大力量。

1821年，丹麦物理学家汉斯·克里斯蒂安·奥斯特在一次实验中意外地发现了电流的磁效应。这一发现如同一盏明灯，照亮了探索电能利用的道路，也为电动机的诞生奠定了理论基础。

法国科学家安德烈·玛丽·安培进一步揭示了电流与磁场之间的定量关系，提出了著名的安培定律，为电学的发展奠定了重要的理论基础。

意大利物理学家伏特发明了伏特堆，为人类提供了稳定电流，标志着人类开始

掌握一种新的能源形式。伏特堆的出现，虽然仅是电力产业发展的一个微小开端，但却为科学家们打开了一个全新的研究领域——电的奥秘及其利用。

英国化学家戴维通过电解的方法成功分离出了钾、钠等元素，证明了电在化学领域的重要地位，同时也让人们看到了电在化学反应中的巨大潜力，不仅丰富了化学知识体系，也为后来电力应用提供了更多可能性。

英国科学家迈克尔·法拉第是电动机和发电机原理的奠基人，他通过实验发现了电磁旋转现象，揭示了电和磁之间的紧密联系，为后续电磁技术的发展奠定了坚实基础，为后来发明发电机和电动机提供了理论基础。

（二）电力产业初步发展阶段

进入19世纪后半叶，电力作为一种新兴能源形式，开始从实验室走向实际应用，商业价值逐渐显现，并深刻改变了人类的生产和生活方式。

随着发电机技术的不断进步和完善，电力得以实现大规模生产和远距离传输，不仅标志着电力时代的正式到来，也为电力商业化的蓬勃发展奠定了坚实的基础。

在美国纽约珍珠街，托马斯·爱迪生建起了世界上第一座发电厂。这座以直流电系统为基础的电厂，虽然规模有限，但意义重大。它不仅解决了当时纽约部分地区照明不足的问题，更开创了电力作为商品进行销售的先河，为电力工业的迅猛发展注入了强大动力。

与此同时，在遥远的欧洲大陆，另一位伟大的物理学家古列尔莫·马可尼正致力于无线电通信研究，成功发明了无线电报系统，这不仅改变了信息传递方式，也让电力在通信领域展现出前所未有的应用价值。

随着电力的逐步普及，它对人类社会各个领域都产生了深远影响。在工业生产领域，工厂开始广泛采用电动机替代蒸汽机作为动力来源，生产效率大幅提升，生产成本显著降低；在农业生产领域，因电力灌溉、电气化农机具的使用而焕发出新的活力；在日常生活领域，电灯的广泛使用让夜晚不再黑暗，电冰箱、洗衣机等一系列家电产品极大地便利了日常生活；在交通运输领域，电动火车、地铁和有轨电车的出现，极大地改善了出行条件；在通信领域，电力支持了电报、电话和无线电广播等事业的发展。

（三）电力产业快速发展阶段

到20世纪初，随着第二次工业革命的深入推进，电力逐渐成为全球范围内广泛

使用的能源形式，各国纷纷开始建设大规模电力基础设施，包括发电厂、输电网和配电网等。

美国在电力产业的发展中处于领先地位，凭借其强大的科技实力和经济基础，建成了世界上最大的电力网络之一。西屋电气公司在尼亚加拉瀑布水电站的建设中发挥了重要作用，该水电站的成功建成不仅为美国提供了稳定的电力供应，也展示了人类驾驭自然的力量。

苏联也不甘落后，在斯大林执政时期大力推进工业化建设，电力工业作为重中之重得到迅速发展。大规模水电开发项目，如古比雪夫水电站、第聂伯河水电站等相继建成投产，极大地促进了苏联经济的发展。

日本重点发展煤电和水力发电；加拿大利用丰富的水资源和水力发电潜力，建立了一套完善的水电系统；巴西依靠独特的地理优势，大力发展水电，成为世界上最大的水电出口国。

电力的广泛应用，使得生产效率大幅提升，新兴产业如电子工业、精密仪器制造业等崛起并快速成长；推动了城市化进程加快，生活方式随之发生巨大变化，城市变得更加明亮和繁华，居住环境得到了极大改善；促进了国际交流与合作，推进了跨国电网互联工程建设，不仅加强了国际经济联系，也为全球能源安全和可持续发展做出了贡献。

（四）电力产业现代化发展阶段

进入 21 世纪之后，科技革命之风日益强劲，电力产业迎来前所未有的变革机遇。

清洁能源引领电力产业走向一个全新的阶段。太阳能光伏发电技术飞速发展，使得无尽的阳光得以转化为实实在在的电能，让绿色且无限的电力来源成为现实。

电动汽车的兴起更是彻底改变了传统燃油汽车的统治地位，它们以电力为动力，在节能减排的大道上阔步前行。

智能电网如同电力神经中枢，高效调度确保电力供应的安全稳定，同时也为可再生能源的大规模接入提供了坚实基础，实时响应各种需求，优化资源配置，提高整体效率。

随着物联网、大数据等技术不断发展，电网与智能家居、智慧城市等应用场景深度融合，为生活带来更多便利和惊喜。

电力产业现代化不仅改变了人类的生活方式,而且成为推动社会进步的重要力量。电力产业的发展促进了工业生产的自动化和智能化,提高了生产效率和产品质量;电力让通信更加便捷高效,让信息传递速度大大提升、范围大大扩展;电力也为城市发展提供了强大动力,让城市变得更加繁华和美丽。

二、全球电力产业发展现状

电力不仅是工业的脉搏,更是人类社会现代文明的基石,无声无息却又无可替代。时至今日,在全球范围内,电力产业已经形成了一个庞大的网络,跨越了区域和国界,连接着地球上的每一个角落,成为现代人类社会不可或缺的一部分。

(一)全球发电量持续增长

随着全球经济发展和人口增长,全球发电量持续攀升。

传统燃煤发电、水电、天然气发电依然是主流,但新能源如风电、太阳能发电的增长势头强劲,逐渐成为电力供应的重要组成部分。在当今时代,每一缕光明都承载着人类进步的轨迹。全球发电量作为衡量人类文明程度的指标,照亮着人类社会不断前行的道路。

在2013年至2023年期间,全球发电量由23 469.4太瓦·时[1]跃升至29 924.8太瓦·时。

在此期间,发达国家发电量由11 025.1太瓦·时升至11 178.6太瓦·时;但在全球发电量中的占比由46.98%降至37.36%。

与此同时,发展中国家发电量由12 444.3太瓦·时跃升至18 746.2太瓦·时,超越了发达国家;在全球发电量中的占比也悄然攀升,由53.02%提高到62.64%。

(二)全球发电结构多元化

曾几何时,人类社会依靠微弱的烛光与自然的恩赐,如今发电站如巨人般矗立于大地之上,风车旋转、水坝轰鸣、核能静默而强大,共同编织着一张覆盖全球的电力网络,将大自然的力量转化为照亮每一个角落的光芒。这不仅是技术的进步,更是人类智慧的结晶。

目前,可再生能源逐渐成为主角。这些"绿色"电力来源不仅减少了碳足迹,

---

[1] 1太瓦·时=10亿千瓦·时。

而且预示着一种与自然和谐共存的生活方式正在全球范围内生根发芽。全球发电结构日益多元化，代表着人类生活质量的提升、经济结构的优化和气候、生态环境意识的觉醒。

在2022年至2023年期间，全球发电量由29 188.1太瓦·时增长至29 924.8太瓦·时。

在此期间，全球化石能源发电量由17 735.9太瓦·时微升至17 957.4太瓦·时；在全球发电量中的占比则悄然发生变化，由60.76%降至60.01%。

与此同时，全球非化石能源发电量由11 452.2太瓦·时增长至11 967.4太瓦·时；在全球发电量中的占比由39.24%升至39.99%，彰显了其日益重要的地位。

（三）智能电网建设持续推进

从点亮夜空的星火，到点亮世界的灯火辉煌，全球电网建设还在不断发展。

随着可再生能源发电的大量接入和分布式能源的快速发展，电网的稳定性和可靠性面临着前所未有的严峻挑战。传统电网以集中式发电为主，而可再生能源发电具有间歇性和波动性等特点，这给电力调度带来了巨大困难。因此，电网系统需要进行全面改造升级，构建一个更加灵活可靠的系统，以适应电力来源持续变化的需求。

在全球范围内，电网建设和改造正在朝着清洁、高效和智能化的方向发展，新能源技术研发成为推动电网建设和运行的关键力量，世界各国正加强互联电网的建设与优化，以提高电力传输效率和稳定性。

智能电网是一种现代化的高效电网结构，它利用先进的信息技术、控制技术和电力电子技术对传统电网进行升级改造，使其具备更高的智能化水平。与传统电网相比，智能电网具有更高的灵活性和自适应性，能够更好地应对能源的多样性和波动性。智能电网技术引领着电网建设和运营的未来，其重要性愈发凸显。

智能电网建设进一步提高了电力系统的可靠性和经济性；大数据、云计算和物联网等技术的应用，为电力系统提供了更加精准的数据支持和运营决策依据，实现了电力供需的实时监控和调度；虚拟电厂、需求侧管理等新兴业务模式为电力市场注入了活力。

在智能电网建设和改造过程中，微电网的概念应运而生，如同电网中的一个个小型独立王国，在自然灾害或区域故障时展现出独特的价值。微电网能够在主电网断开的情况下，仍然保持稳定运行，为关键设施提供持续可靠的电力供应。

智能电表的普及为电力的精细化管理提供了有力支撑。智能电表能够实时采集用户的用电数据，为电力公司提供准确的用户用电行为分析报告，从而实现对电力需求侧的精准管理。智能电表还具备远程抄表功能，有效降低人工成本和时间成本，提高电力公司的运营效率。

电网变革也催生了新的业态和商业模式。电动汽车的普及推动了清洁能源需求的增长，可再生能源发电技术与储能技术的结合为电力系统提供了更加灵活可靠的解决方案。储能技术在电力需求高峰期提供充足的电力支持，而在低谷期则将其储存起来以备不时之需，确保电网的平衡和稳定运行。

全球智能电网建设，大大推动了全球储能产业的飞速发展。

在 2013 年至 2023 年期间，全球电网规模电池储能系统（BESS）容量由 0.4 吉瓦❶飞升到 55.8 吉瓦。

在此期间，发达国家电网规模电池储能系统容量由 0.3 吉瓦升至 26.8 吉瓦；然而，在全球电网规模电池储能系统容量中的占比则发生了微妙变化，由 75.00% 降至 48.11%。

与此同时，发展中国家电网规模电池储能系统容量由 0.1 吉瓦升至 29.0 吉瓦，增速堪称奇迹；在全球电网规模电池储能系统容量中的占比也发生了变化，由 25.00% 稳步攀升至 51.09%，市场地位显著提升。

三、全球电力产业的发展趋势

在时代的洪流中，电力产业作为工业的血液和文明的基石，未来发展轨迹将如同巨人的脚步，踏碎旧有的秩序，带来全新的可能。

（一）清洁电力将成为电力主体

应对全球气候变化，回望过去百年，不难发现，电力产业的每一步发展都伴随着能源利用方式的革命。

煤炭、石油和天然气等传统化石能源发电曾一度占据电力产业的主导地位，但它们燃烧后排放的二氧化碳等温室气体，像一把无形的利剑，悬在人类文明的头顶。

可再生能源发电既不会排放温室气体和其他有害气体，也不会破坏气候、生态

---

❶ 1吉瓦=100万千瓦。

环境。随着科技的进步和环保意识的增强,清洁电力开始崭露头角。以太阳能、风能和水能等为代表的可再生能源,以其无尽的潜力和清洁的特性,逐渐成为新时代电力产业的宠儿。

时至今日,伴随着能源转型步伐加快,清洁电力的诞生地已经变成了人类能源利用的新希望。在阳光明媚的沙漠或高原,巨大的太阳能电池板像向日葵一样跟踪太阳,将光能转化为电能;在风起云涌的海边或山岭,高耸的风力发电机像风帆一样迎风旋转,将风能转化为机械能,再转化为电能。

随着技术不断进步,清洁电力的成本还将逐渐降低,效率逐渐提高,使其在电力市场中的竞争力不断增强。大力发展清洁电力,不仅是一种能源替代的过程,而且是一场深刻的工业革命和社会变革,打破了传统化石能源的垄断地位,促进了能源结构的多元化发展。

清洁电力持续快速崛起,也必然推动相关产业的快速发展和能源技术的持续创新。从太阳能电池板的制造到风力发电机的研发,再到新能源电池和储能技术的突破,这些新兴产业的发展必将为经济增长注入新的动力。

展望未来,随着技术的进步和气候、生态环境意识的增强,清洁电力将扮演更加重要的角色,不仅是解决能源短缺、环境污染和气候变化问题的关键所在,更是引领人类走向绿色、低碳、可持续发展的一面旗帜,人类将迎来一个更加壮丽的电力新时代。

(二)智能电网建设和改造将重塑电力系统

智能电网作为电力系统的神经中枢,正逐步取代传统的输配电模式,开启电力传输的新纪元。

传统电网如同一个庞大而笨拙的机器,虽然能够完成基本的输电任务,但是在面对复杂多变的时代需求时却显得有些"力不从心"。而智能电网的出现,就像为电力产业注入了灵魂和智慧,使其变得更加灵活和高效。

智能电网利用先进的通信技术,实现设备之间的实时互联和数据共享,使得电力系统能够快速响应各种变化,从而保障电力供应的稳定性和可靠性。同时,智能电网还通过数据分析和预测技术,优化电力调度和管理,提高能源利用效率。

更为引人注目的是,智能电网也支持分布式能源的接入和管理。过去,分布式能源往往被视为一种补充,难以与传统电网形成有效协同。但是,智能电网的出现使得分布式能源得以充分发挥其独特的优势，如就近消纳和减少传输损耗等。智能电网不仅可以提高能源利用效率，而且可以为可再生能源的发展提供更加广阔的空间。

智能电网还将有助于持续推动电动汽车的普及和应用。电动汽车通过与智能电网的无缝对接，可以实现快速充电和有序充电等功能，从而缓解充电设施建设滞后带来的充电难题。同时，电动汽车的普及也将促进可再生能源电力的消纳，推动交通领域的绿色转型。

展望未来，随着技术的不断进步和市场需求的不断增长，智能电网将迎来更加广阔的发展前景。在不久的将来，一个更加智能、高效、绿色的电力系统将呈现在世人面前。

（三）新型储能系统将成为电力系统的关键组成部分

在全球电力产业的发展历程中，储能技术一直扮演着举足轻重的角色。从最初的蓄电池储能技术，到抽水蓄能技术，再到如今的各种新型储能技术，每一次技术突破都为电力的稳定供应和合理利用提供了有力保障。

然而，传统储能技术虽然已经成熟且广泛使用，但局限性也日益凸显。例如，抽水蓄能虽然容量大、寿命长，但受地理位置的限制较大；电池储能则受到能量密度和成本的限制。因此，新型储能技术的研发和应用已经成为未来电力产业发展的重大课题之一。

新型储能系统的发展，将为未来电力产业的发展带来革命性的影响。

首先，新型储能系统可以提高电力系统的稳定性和可靠性。在电网峰谷差较大或突发事件发生时，新型储能技术可以迅速提供所需电力，避免电力短缺或中断。

其次，新型储能系统可以促进可再生能源的消纳利用。太阳能和风能具有间歇性和波动性的特点，新型储能技术可以平滑其能量输出，提高可再生能源的利用效率和市场竞争力。

最后，新型储能系统可以推动能源结构的转型升级和经济社会的绿色发展，有助于减少化石能源消耗和温室气体排放，助力全球碳中和目标的实现。

可以预见，随着科技的不断进步和创新能力的提升，未来世界各国将持续快速地推动新型储能技术创新，并且会逐渐取得显著突破。压缩空气储能、飞轮储能和超级电容器储能等技术在能量密度、响应速度和循环寿命等方面都将取得突破性进展。

6 全球能源技术创新：
应对全球气候变化，聚焦清洁能源技术

> 技术不嫌障路，追新如履薄冰。转型能海入涛宏，聚力控排东风。降碳偏逢雨雾，减污难遇芳容。清洁转化创新中，不与陈规同步。

清洁能源技术，尤其是可再生能源领域，正站在创新前沿，犹如璀璨星辰般引领着全球能源转型步伐。清洁能源技术的研发与迭代，如同春日里不断绽放的花朵，推动人类社会迈向低碳、绿色和可持续发展的未来。

一、应对气候变化和实现碳中和目标引领全球能源技术创新方向

科技决定未来，科技创造未来，这是人类文明演进的历史规律。

长期以来，全球能源技术创新主要集中在化石能源领域，重点在于化石能源的勘探、开发、加工、转化、输送、储备和利用等环节。

从历史上来看，蒸汽机的发明成就了以煤炭为主导的第一次能源转型，而内燃机的发明推动了以石油为主导的第二次能源转型，页岩技术革命导致美国大规模开发页岩油气，让美国实现了能源独立，从而改变了全球能源格局。

基于历史经验，能源发展历史表明，能源科技决定着能源的未来，技术创新创造着未来的能源发展，这是全球能源发展历史实践所证明的客观规律。然而，随着应对全球气候变化成为主流，能源转型正在加速推进，世界各国能源技术创新的重点和重心开始逐渐转移，逐步由传统技术向高新技术过渡，由化石能源领域转向非化石能源领域，尤其是向清洁能源技术研发领域转移。

众所周知，与气候变化相伴相随的关键词之一是碳中和，或净零碳排放。为了应对全球气候变化，实施能源转型战略，实现碳中和目标，除了投入巨额资金以外，

还需要实现重大的技术突破，客观上引领全球能源技术全新的创新趋势。

应对全球气候变化，核心就是实现碳中和，事关人类生死存亡，涉及众多行业或领域，不是一个国别问题，而是一个重大的国际议题，没有哪一个国家可以独善其身。为了实现碳中和，人类社会必须强化相关技术创新。

与碳中和相关的技术有很多，有些技术已经比较成熟，但还有许多技术尚未成熟，或者尚未完全成熟，客观上需要世界各国持续加大创新力度，既需要各国之间的国际合作，也需要庞大的资金投入和技术研发投入，还需要强有力的政策引导和支持。

根据国际能源署的报告，为实现2050年全球碳中和或净零排放，人类社会还必须持续在关键技术上实现突破，尽管已经有些成熟的关键技术，但总体上技术成熟度还不够高，目前约50%的技术尚未成熟，可见全球能源技术创新任重道远。

可以预见，在实现全球碳中和目标的过程中，人类必然面临各种各样的障碍和阻力，但是人类社会不可能畏缩不前，而肯定是砥砺前行，在前进中应对挑战。

二、清洁能源技术逐渐成为全球能源技术创新的重心

由于清洁能源在应对气候变化和实现能源转型过程中占据关键地位，因此清洁能源科技创新已经成为世界各国能源科技创新的重心。

（一）发达国家制定清洁能源技术创新战略和政策

战略决定方向，政策引导行为。

面对全球气候变化的挑战，能源技术革新已然迈入崭新的篇章。世界各国已纷纷将创新的焦点投向清洁能源技术，那些发达经济体更是制定了相关的战略和政策，大力推动清洁能源技术的研发，以期实现碳中和的目标。

尽管美国关于应对全球气候变化和能源转型的争议长久不息，但在战略和政策层面上，其总体态度却基本上保持积极，以"科学与能源"为主轴，积极推动先进核能、可再生能源的开发和利用，以及常规油气勘探开发等技术的研发。

在应对全球气候变化和清洁能源技术创新领域，欧盟始终以世界领袖自居，绿色发展和气候主义理念深入人心，技术创新战略与政策表现尤为突出，明确将可再生能源置于能源供应体系的主体地位，提出了构建碳中和经济体的战略目标，大幅提升能源技术创新的地位，并制定了能源技术研发和示范的框架计划。

在可再生能源技术研发方面，日本也走在世界前列，为未来能源技术创新设定了 2030 年和 2050 年的目标，强调要重点研发可再生能源技术。

综合观察美国、欧盟和日本的能源科技战略演变，可以看到，这些战略的主要目标在于优化和调整能源结构，实施能源转型战略，核心在于研发清洁能源技术，尤其是可再生能源技术，这无疑是走向绿色未来的关键一步。

（二）全球清洁能源技术投入持续增加

人类进入 21 世纪以来，便面临着一场全球性的气候与生态危机，环境问题日益严重，能源转型的呼声在全球范围内高涨，清洁能源技术创新与投入也在持续增长。

如今，全球能源研发投入结构正在经历一场深刻变革，世界各国更加强调清洁能源技术研发，尤其是可再生能源技术研发，这是一个明显的能源技术创新趋势。

根据国际能源署的数据，在 2001 年至 2009 年期间，该组织成员国清洁能源科技投入预算增长迅速，并在 2009 年达到了 246 亿美元。这是一个清晰的信号，表明全球正朝着净零排放的长期目标前进，推动低碳能源技术创新。

回首过去，国际能源署成员国曾经长期专注于化石能源技术研发，其投入比重在 1990 年甚至达到了 13%。然而，自 20 世纪 90 年代之后，清洁能源研发投入开始逐步提高，成员国开始调整技术研发重点，化石能源技术研发投入比重开始下降。到 2020 年，这一比重已降至 7%。

全球清洁能源技术创新趋势正在转变，从以往过度聚焦于化石能源领域逐渐转向可再生能源和核能领域，并强调两者之间的协调发展。

从数据上看，1974 年国际能源署成员国核能研发投入比重高达 75%，而可再生能源研发投入比重仅为 3%。然而，到 2020 年，这个格局已发生了显著变化，核能技术研发投入比重下降到 21%，而可再生能源技术（包括氢能技术）研发投入比重提高到 20%。

（三）全球清洁能源技术创新成果十分显著

在全球科研论文产出方面，清洁能源领域论文发表数量快速增长。在 2001 年至 2020 年期间，清洁能源领域的论文产量呈爆炸式增长，从 40 万篇跃升至 160 万篇，在全球的舞台上，比重由 1% 增长至 5%；其中，可再生能源领域的论文比重由 5% 迅速攀升到 11%，而核能领域的论文比重则从 8% 下降到 1%，全球科研焦点正在转移。

在专利领域，全球可再生能源也展现出强大的生命力，2021年全球可再生能源领域的欧洲专利局（EPO）专利申请数达到了948 385件，是2009年的四倍。

全球清洁能源科技创新，让世人看到了技术创新的巨大力量，也看到了未来能源转型的希望。

三、清洁能源技术研发重点更加聚焦

未来全球能源技术创新将聚焦前瞻性和颠覆性技术，包括碳减排和碳吸纳技术、核聚变能技术、太阳能光伏发电技术、海上风电技术、绿色氢能技术和新型储能技术等。

（一）碳减排和碳吸纳技术

能源转型是实现碳净零排放的关键，意味着需要降低化石能源的比重，大力发展非化石能源，构建以非化石能源为主体的能源体系。

为了实现碳中和，需要从两个方向着手：一方面是推动碳减排，另一方面是寻求碳吸纳，两者殊途同归，重要性等同。

对于碳减排技术研发路径，需要采用多元化技术手段，而不是单一依赖。非化石能源技术创新，尤其是可再生能源技术的研发，无疑是关键的一环。为减少二氧化碳排放，必须在重点产业实现降碳，加大降碳技术的创新力度，增加技术研发的资金投入，实现技术突破。

同样，实现碳吸纳也需要技术多元化，核心在于技术固碳和生态固碳等。在全球范围内，技术固碳和生态固碳等技术正在快速发展，但总体来看，碳吸纳技术仍处在初期发展阶段。人工碳吸纳技术中备受全球关注的碳捕集与封存（CCS）技术和碳捕集利用与封存（CCUS）技术仍在示范阶段，成本高，规模小，经济性弱，但与产业化和商业化的距离正在缩短，对技术创新突破的需求更大。

（二）核聚变能技术

人类利用核能的方式主要包括两种：核裂变与核聚变。

顾名思义，核裂变是指用一个中子去撞击一个重核原子，使其分裂成两个较轻的原子，同时释放出大量的能量。目前，核裂变电站不但建造成本和维护成本高昂，而且还会产生长期存在的放射性物质，有可能造成放射性污染，甚至还有可能爆发难以承受的核灾难，因此人们谈"核"色变，有些国家已经宣布放弃核电。

但核聚变不仅可以释放巨大的能量，而且不会产生任何放射性污染物，从核安全角度来看，更加符合人类发展的现实和未来。与核裂变恰好相反，核聚变是指融合两个较轻的原子核，形成一个较重的原子核，并且在此过程中释放出规模巨大的能量。

从能量释放角度来看，核聚变释放的能量远远大于核裂变释放的能量，因为核聚变释放能量的过程与太阳释放巨大能量的过程一致。

太阳释放出令人难以想象的巨大能量，其基本原理就是核聚变释放能量，也就是说，在太阳内部，每时每刻都在发生剧烈的核聚变反应，进而释放出能量。太阳释放出来的能量之大，确实难以想象，因为到达地球表面的能量，也不过大约相当于其释放能量的十亿分之一。即便如此，到达地球表面的能量也能够让地球万物繁衍生息，能量规模之大令人无法想象，令人感到无比诧异。

与核裂变一样，核聚变当然也需要原料，而氘和氚是主要的核聚变原料。那么，人类何以获取这些原料呢？大海中蕴藏着大量的氘，人类可以从浩瀚的大海中提取氘元素，而氚可以从锂中提取，因此原料资源不是根本性难题。

根据科学家测算，如果按照目前人类能源消耗量来计算，那么核聚变能可以为人类提供可使用一千五百亿年的能源。因此，人们将核聚变能称为人造太阳，也有人将核聚变能看作人类社会的终极能源，让人类充满无尽的遐想和无穷的期待。

目前，世界主要发达国家和新兴经济体都在加大核聚变技术研发力度，而且已经取得某些阶段性突破，美国、欧盟、日本、中国和俄罗斯等走在前沿。然而，直到今天，人类尚未攻克核聚变能关键技术，但是人类正在以坚韧的毅力和无畏的勇气，加大投入力度，希望有朝一日取得重大突破。

从理性思维来看，核聚变或许就是人类对能源渴求的未来希望所在，一旦实现重大技术突破，那么人类就有可能彻底摆脱能源危机。

（三）太阳能光伏技术

阳光，那无垠的能量海洋，如果被人类轻轻地揽入掌心，那么便可化作难以估量的电能。太阳能光伏技术创新，如同泉水涌动，源源不断。

晶硅技术长期占据90%以上的主导地位，具有庞大的价值链，从上至下，将晶硅生产、铸锭、硅片生产、太阳能电池片生产和光伏组件生产串联在一起。

硅片的形状及厚度，从圆柱状、厚尺寸转向半类方形、薄尺寸。组件的尺寸、功率及容纳电池数量表现出增大的趋势。

电池技术将是光伏发电的核心，研发路线将是持续不断地提升光电转换效率。

在2009年至2021年期间，全球光伏发电技术产品在欧洲专利局的专利申请数量增加了30.9万件，在全球可再生能源领域专利总数的比重由30.4%提高到40%，这不仅是过去的辉煌，也是未来的期待。

（四）海上风电技术

随着全球加快构建清洁低碳能源体系，风电作为清洁能源，在世界能源发展中扮演着越来越重要的角色。

一缕缕风中潜藏着清洁的梦想，那是海洋深处那蔚蓝的绿色光环，便是风力带来的能源——海上风电。随着全球迈向清洁低碳能源体系转型的步伐加快，海上风电犹如一颗绿色的明珠，在世界能源舞台上绽放光芒。

1991年，丹麦海域诞生了世界首个真正意义上的海上风电场，不仅象征着突破，更开启了全球海上风电之路。近年来，随着全球气候变化、碳中和目标和能源转型，海上风电产业加速发展，从试验阶段迈向商业化运营阶段，规模化发展道路逐渐清晰。

全球海上风电产业技术创新活动日益活跃，英国、德国和荷兰等领头羊在海上风电技术领域崭露头角，中国也不甘落后，逐渐显露锋芒。

影响风力发电产业发展的因素主要包括资源、技术和成本，但这三个因素对陆上风电和海上风电的影响存在较大区别。对于海上风电来说，海上风能资源十分丰富，其能量效益是陆地风电的20%～40%，并且具有风速高和运行稳定等特点，因此自然成为风电产业发展的重心。不过，海上风电技术创新并非易事，需要世界各国加大研发投入，恰如耕耘风中的田地，需要精耕细作，以期收获更多果实。

在2010年至2019年期间，世界上有90个国家加入海上风电研发联盟，通过携手合作，推动海上风电技术创新向前发展，全球海上风电技术论文累计发表数从756篇增加到1777篇。

除了学术论文快速增长外，全球海上风电国际专利获批数量也稳步增长。技术不断进步，推动发电成本持续下降，已开始接近化石燃料发电成本，经济性显著提升，前景更加广阔。

（五）绿色氢能技术

氢能技术内涵广泛，并非单一技术，涉及氢气制备、存储、运输和利用等方面，其中氢气制备是氢能技术创新的核心。

1. 在未来氢能发展中，制氢技术创新是关键

按照氢气制备过程中产生碳排放由高到低的顺序，可以将氢气划分为三类：一是灰氢，即由化石能源直接制氢；二是蓝氢，即由化石能源制氢，并通过碳捕集与封存（CCS）技术去碳；三是绿氢，即利用可再生能源电解水制氢。

很显然，在全球零碳目标背景下，灰氢不是制氢的发展方向，蓝氢也必然受到碳捕集与封存（CCS）技术和成本的约束，而绿氢才是未来制氢的发展方向。

大规模发展绿氢已经成为共识，绿氢技术已经成为世界各国能源技术创新的战略制高点，是未来能源技术博弈的焦点。绿氢技术研发也带动其他相关氢能技术的不断更新和迭代，既要降低技术成本，也要提高技术水平，更要实现技术的商业化利用。

可以预见，绿氢时代正在到来，但其规模化与商业化发展道路依然面临诸多技术挑战，因此主要发达国家都制定了氢能源技术创新战略，积极布局氢能产业。随着氢能技术不断突破，未来全球绿氢商业化和规模化发展必将取得进展，绿氢成本有望逐渐下降，绿氢产业发展将很快驶入快车道。

2. 从未来氢能技术研发趋势来看，氢气储输也是技术创新的重点领域

在氢气储输过程中，液氢转换技术成熟度较低，需要以氨为载体来储输氢气，在技术上相对成熟。

在氢氨转化过程中，一部分氨气可以被用户直接使用，但是大部分氨气需要在客户端转换回氢气，整个转换过程大约会损失掉30%以上的能量。

3. 未来氢能发展，需要持续拓展氢能利用场景

对于氢能产业的发展来说，未来技术创新将重点拓宽氢能的应用场景，这是全球氢能产业发展的关键。

氢燃料电池技术仍然是氢能在交通运输领域应用的主要技术，不过氢气直接作为燃料在发动机中燃烧也是备受关注的技术领域。

在航空领域，氢能具有潜在的发展前景，未来氢能替代航空煤油作为动力也是技术研发的重点方向之一。

总体而言，未来在制氢、氢储运、工业应用、交通运输、航空、基础设施等技术领域的创新仍将是推进氢气商业化应用的主要驱动力。

（六）新型储能技术

可再生能源最大的特点是具有不稳定性，也就是与天气紧密相关，难以人为控制，为了保障能源体系平稳运行，必须建设储能系统。

在全球范围内，储能产业正在悄然变化，以其独特角色影响未来能源格局，尤其引人注目的是新型储能技术研发，它是构建储能系统的关键环节。

电池储能技术将能量储存在每一次电力的转换之间，以高能量密度、长循环寿命和低自放电等优势吸引了能源界人士的目光。

盐蓄热储能技术和热泵储能技术，利用热量传递和转化来实现能量储存和释放，以其高效、稳定和安全的特点，提供稳定的能源供应。

机械储能技术则以压缩空气储能和飞轮储能等方式展现，将机械能转化为电能储存起来，具有高效、安全和长寿命等特点。

新型储能技术创新方向已然清晰，将重点聚焦于不断提高能量密度、降低成本、提高安全性、实现可持续发展、减少对环境的影响等领域。与此同时，新型储能技术需要与数字技术融合，以实现智能化应用，提高储能设备的自主控制和管理能力。

7 全球能源安全：
概念内涵不断延伸，关注重点深刻改变

> 概念轻轻厘定，安全淡淡梳成。油荒气断撼天宁，通道频生不静。交易权柄不硬，有能何似无能。危机过后梦难醒，深怨地缘纷政。

在历史长河中，全球能源安全的脉络主要描绘在化石能源的舞台上，其背后是资源分布的不均衡，石油、天然气安全尤为关键。未来，全球能源安全版图将被重新绘制，昔日化石能源的安全角色可能在几十年后逐渐淡出舞台，取而代之的是对非化石能源产业发展所需的关键矿产资源安全的关注。

一、如何认识能源安全

全球化石能源资源分布极度不平衡，富足的资源国能源过剩，而消费国却难以满足需求，唯有通过国际贸易才能实现平衡。一旦贸易受阻，能源安全问题便随之产生。具体而言，能源安全的内涵主要包括以下几个方面。

（一）能源供应安全

人无远虑，必有近忧。能源之魂，关乎国家之安危，实质上是对能源供应的保障。能源供应安全，蕴含于能源资产、基础设施、产业链供应链，乃至贸易通道的深厚底蕴之中。

在风云变幻之际，国家能否游刃有余地保障能源供应，进而为国家经济繁荣和社会和谐护航？这便是能源供应安全问题。构建国家能源供应安全体系，目的在于解决能源供需矛盾，维护能源价格稳定，防患于未然，防止因能源供应中断或严重短缺而对经济社会发展产生重大危害。

（二）能源获取安全

能源供应安全主要关注能源的来源问题，比如能源自产或进口等。如果国内自产不足而需要进口，那么从哪里进口，对方是否能为你提供能源等。而能源获取安全主要关注能源的获取能力问题，与能源供应安全存在本质的区别，两者不可混淆。

相对于能源供应安全而言，能源获取安全更加重要，也是能源安全的关键要素之一。如果某个国家需要进口能源，而且进口市场也没有问题，这并不意味着就可以获取能源，可能还要受到政治、金融、贸易和通道等因素的限制而无法真正获得需要的能源，比如受到贸易制裁、金融制裁或封锁通道等无法实现国际贸易的情况。

（三）能源应急安全

防患于未然，关键在于应急反应。任何一个国家，都需要建立应对能源安全威胁的应急反应机制，包括国内机制和国际机制，目的是在能源供应中断或能源市场价格异常波动状态下做出迅速的反应，以维持能源供应的稳定性，确保经济运行健康平稳。

对于一个国家来说，能源供应中断、严重短缺或价格暴涨暴跌等情况一旦出现，势必会对其经济发展和社会运行产生直接的损害，而损害程度的大小主要取决于这个国家能源安全保障能力的强弱，尤其是取决于这个国家能源安全应急反应体系是否健全。

当然，由于世界各国国情不同，传统能源政策取向、能源资源禀赋、能源结构和经济发展阶段存在差异，因此在面对能源短缺问题时，采取的应急政策和措施不尽一致，但是没有哪个国家可以躺平，放任能源短缺而不顾。

（四）能源投资安全

只要有投资，就肯定有风险。在能源世界，投资安全犹如一把金钥匙，开启投资者的安全之门。海外能源投资，不仅是商业行为，而且是政治行为，不仅要追求经济效益，也要注重安全风险，需要在投资回报与风险防控中寻求平衡。

能源安全离不开能源投资安全，能源投资国需要通过政治、经济和外交等手段，与能源东道国建立紧密的合作关系，构建和谐稳定的投资环境和商业环境，防范对外能源投资风险，确保对外能源投资有一定的回报。

二、能源安全内涵持续演变

人类文明离不开能源,而能源是推动人类文明不断进步的重要催化剂之一,是人类社会赖以生存和发展的关键要素。人类通过能源发展来征服和改造世界,通过能源开发和利用不断地获取财富、创造财富、利用财富。

能源安全的概念和内涵正在发生重大改变。

(一)化石能源安全关注度下降

能源安全关注度始终是全球焦点。

所谓能源安全,本质上就是能源"政治化",导致国际能源市场与市场经济法则背离,能源价格被政治因素影响而扭曲,不能真实地反映市场供求关系,进而对全球能源产业链供应链的安全稳定构成破坏或威胁。

以往能源安全概念简单而纯粹,然而随着全球能源形势日益复杂化,能源安全的内涵远远超出了能源供应安全的范畴,逐步向能源贸易、金融、运输、消费和技术等领域扩展。

与传统能源安全聚焦于能源供应的稳定性和连续性不同,现代能源安全着眼于更加广阔的领域,既要稳定能源供应的源头,也要保障能源贸易的畅通,还要保障能源消费市场的稳定,更要确保能源基础设施的运行安全。

长期以来,化石能源作为重要的战略资源,影响全球经济的运转和战略安全。石油和天然气的国际贸易量最大,油气安全一直是世界各国关注的能源安全问题。

在过去十几年,美国凭借页岩革命和经济转型,实现了能源独立的战略目标,由以往的能源进口大国转变为能源出口大国,这无疑降低了国家对能源供应安全的关注程度。

20世纪90年代中后期,欧盟实行能源多元化战略,传统化石能源消费需求逐渐放缓,这无疑也降低了对化石能源供应安全的关注程度。

与化石能源关注度的降低形成鲜明对比的是,美国和欧盟将应对全球气候变化和减少温室气体排放作为全球能源治理的首要目标,似乎将化石能源安全置于次要位置。

然而,在可预见的未来,化石能源仍将在全球范围内扮演主要能源的角色。随着全球经济继续增长,世界对化石能源的消费需求还将不断增加,全球化石能源安全问题还将继续存在，不会在短期内得到根本性解决。

（二）非化石能源安全关注度上升

以往能源安全的核心是化石能源安全，从一定程度上来说，所谓的能源安全其实就是油气安全，世界各国关注的重点就是如何保障本国油气供应安全。

时代在变化，全球能源发展格局也在改变，这是客观现实。在应对全球气候变化的严峻挑战中，全球能源转型步伐已无法阻挡。世界各国都已将非化石能源产业发展视为未来的必然选择，这是无法回避的事实。

未来能源安全的概念和内涵将随着非化石能源的崛起而改变。非化石能源将成为全球能源安全的重心，全球能源合作的焦点将逐渐转向这个领域。能源科技创新、技术转移、矿产资源勘探、开发、加工、投资、金融和贸易等各方面的国际合作，都将重点围绕非化石能源安全这个新兴领域展开。

或许，在不远的未来，一个以非化石能源为主导的全球能源安全体系将逐渐形成，化石能源的重要性将在几十年后逐渐降低，对化石能源安全的关注也将转向对非化石能源产业发展所需的矿产资源安全的关注，这一转变将带来国际能源合作的根本性改变。

（三）能源安全与气候博弈交织

能源与气候、安全与博弈，这些都是时代的特征。

时至今日，能源与气候、生态环境之间的关系日益紧密。能源生产和消费难以摆脱气候、生态环境等因素的制约。在获取能源资源的同时，需要与应对气候变化、避免生态失衡和减少环境污染等紧密结合。

在应对全球气候变化及日益错综复杂的国际环境的背景下，全球能源格局正在发生深刻的变化，与其相伴随的能源安全格局也正在加速演变，能源安全将与全球气候博弈相融合。

从长期趋势来看，为应对全球气候变化，能源转型势在必行，世界各国将更加重视非化石能源产业发展，尤其是高度重视可再生能源发展，提高可再生能源消费比重，逐渐摆脱对传统化石能源的依赖，彻底改变以化石能源为主体的能源结构，这也可以看作是解决自身能源安全问题的重要途径之一。

在此背景下，世界上许多国家都陆续制定了实现碳中和目标的时间表，出台了相关能源转型政策，比如美国、日本、英国和韩国等积极推动能源转型，此外，包括印度和巴西等新兴经济体也相继宣布可再生能源发展目标。

任何事物都不可能一帆风顺，出现波折在所难免。如果出现特定时期的短暂或局部波折，便否定未来的趋势，显然没有科学性和逻辑性，当然也不符合辩证法的基本哲学思维。

任何产业的发展都离不开政策支持，在能源转型政策的有力推动下，全球能源低碳转型保持强劲增长势头，尤其是太阳能和风能发电装机容量保持了稳步增长态势。

展望未来，全球能源转型势在必行，且不可逆转。可以预见，发展低碳经济之路，实现能源转型的决心不可改变，能源转型的步伐将依然坚定前行，没有回转的可能。

能源博弈或许与气候博弈高度融合，比如发达国家可能以应对全球气候变化之名来制约发展中国家的能源发展，进而加剧全球能源博弈的复杂程度。为了保障全球能源安全，世界各国应该抵制能源问题政治化的潮流，反对将气候议题与政治挂钩，反对滥用能源贸易制裁，反对将能源武器化，通过合作来解决能源短缺问题，利用合作对话来共同应对能源危机。

三、全球能源安全博弈将持续加剧

全球能源安全，犹如风雨前的夜色，不容乐观。安全博弈，早已跃升至全球层面，动态而持久，充满未知，挑战重重。

（一）复杂多变的地缘政治环境凸显能源安全问题

进入21世纪，由于多重复杂因素的作用，能源安全再次成为牵动世界神经的敏感问题。围绕能源所进行的博弈在国际舞台上愈演愈烈，能源问题与地缘政治和经济利益交织在一起。大国之间的能源地缘政治博弈和资源争夺持续，有时候还进入白热化阶段，并导致重大国际矛盾和冲突，进而引发区域性或全球性的能源危机。

2022年2月，俄乌冲突爆发后，美西方对俄罗斯实施能源制裁，能源政治化表现得更加突出，国际化石能源市场秩序遭到严重破坏，能源自由贸易受到制约，化石能源价格的不确定性成为国际能源市场格局演变的重要特征之一。

为了支持乌克兰，欧盟对俄罗斯实施了石油禁令，并且对俄罗斯石油出口实施价格限制。从对俄实施能源制裁来说，西方政治力量介入国际能源市场表现得淋漓尽致，在一定程度上终结了长期形成的国际石油市场，传统意义上的国际石油市场或许不复存在，取而代之的是一个被政治化严重冲击和影响的分裂的市场。

俄乌冲突可能是一段特殊历史时期，也可以说是一段非常态时期，但是特殊时期恰恰可以用来说明能源安全或能源危机问题，因为能源安全或能源危机问题也不是常态化的问题，而是在特定历史时期和特定条件下产生的。

西方国家对俄罗斯实施能源制裁，在很大程度上超越了以往由资源国主导的能源禁运等制裁行为，成为影响国际能源供应链和产业链安全稳定的重要因素，导致欧洲爆发了能源危机，让世界不得不将能源安全问题再度摆在桌面上，这迫使许多国家重新思考或关注自身能源安全问题。比如，欧洲国家不得不采取非常态政策和措施，某些国家被迫重新启动煤炭发电、推迟核电退出时间表、提高天然气储备规模、为居民提供大规模价格补贴等。

对于新兴经济体来说，不希望全球能源治理体系走向政治化，一方面需要强化与能源资源国之间的战略合作，另一方面需要与能源消费国保持合作关系，还需要在维护能源贸易和投资自由化方面发挥作用。

在未来国际能源合作演进过程中，预计石油输出国组织（OPEC）、国际能源署和能源宪章等国际组织仍将是重要的合作力量。乐观地判断，未来全球能源安全对话不至于中断，能源合作不会中止。世界各国还将继续建立、调整和完善能源合作机制，持续推进全球能源合作朝范围更广、程度更深的方向发展。

（二）争夺全球能源治理主导权已成为能源安全博弈的重心

全球能源治理体系正在持续演变。

20世纪70年代至80年代，世界曾经爆发多次能源危机，促使国际社会不得不更加重视和关注全球能源治理体系问题，建立国际能源署和能源宪章等国际组织便是证明。

自20世纪90年代以来，能源资源国与能源消费国彼此之间的能源相互依赖程度进一步加深，全球能源治理问题备受关注，有力地推动了能源全球化和市场化。

在俄乌冲突爆发之后，西方国家对俄罗斯实施能源制裁，而且制裁力度不断加大，表明长期以来国际社会标榜的"能源自由贸易"面临"终结"，国际能源合作出现了"阵营化"趋势，全球能源治理体系的公平性出现了"倒退"的局面。

在此背景之下，能源资源国与消费国之间缺乏有效的协调合作，能源供给侧与消费侧之间的隔阂增大，供需关系出现明显的割裂。现有国际能源组织和机构各自为战，缺乏强有力的协调能力，难以平衡能源资源国与能源消费国之间的利益关系。具体而言，无论是国际能源署释放石油储备，还是"欧佩克+"机制限制石油产量以稳定国际油价，这些举措的作用似乎越来越小，国际石油市场的波动性明显加剧。

全球能源治理体系公平性倒退，既是逆全球化潮流涌动背景下全球治理体系需要重构的客观反映，也是能源转型加速背景下西方发达国家尤其是美国对传统化石能源安全保障需求逐渐下降的反映。

在此背景之下，经济民族主义"死灰复燃"，逆全球化思潮泛滥，开始出现国际能源合作"碎片化"趋势，这与过去几十年来人们津津乐道的全球化趋势严重背离。所谓国际能源合作"碎片化"，是指在某个区域或集团内出现了具有排他性的"次区域或集团化"能源合作体系，"小圈子"合作代替了"大圈子"合作。

世界力量格局正在重塑，新兴经济体快速发展，逐渐打破了以往由发达国家主导的全球能源治理体系，国际能源市场力量平衡被打破，需要重塑全球能源治理体系，其中，新兴经济体的作用应该加强。

从互利合作角度来看，客观上更加需要世界各国强化能源安全意识，持续推动国际能源合作，完善全球能源治理体系，健全国际能源合作机制，包括单边合作和多边合作机制，维系全球能源自由贸易的基本格局，抵制绿色贸易保护主义，减少能源贸易和投资壁垒。

主要世界大国为了维护自身能源利益，保障国家能源安全，积极参与重塑全球能源治理体系，这是体现国家综合实力和全球竞争力的重要途径之一，也是占据全球能源合作制高点的战略需要。美国、中国、欧盟、日本、俄罗斯和印度等将是全球能源治理体系演进中的关键经济体，可能维系或完善以往的双边或多边能源安全对话和合作机制。

（三）区域化能源合作将成为全球能源安全的重要特征

在日益相互依赖的世界中，能源安全越来越取决于国际合作关系，取决于一个国家如何管理与其他国家之间的外交关系。国际能源合作是指各个国家的政府或者相关能源公司，为了保障本国能源安全与稳定，与其他国家政府或公司在能源领域进行的合作，需要协调利益，做到资源优势互补，实现共同发展。

尽管目前经济全球化正在遭遇挑战，但是国际经济合作趋势难以逆转，尤其是区域化趋势可能成为主流方向。随着世界经济发展对能源需求的不断增长，大国能源博弈还将持续，区域能源竞争与合作将是未来博弈的重点。

随着未来经济发展区域化趋势加强，能源资源配置有可能走向区域化。比如在"一带一路"区域，欧亚大陆作为世界能源经济的心脏地带，沿线国家有可能建立合作机制。

无论全球经济如何发展，还是大国博弈如何激烈，全球能源资源分布失衡的状况难以发生根本性改变，世界各国在能源合作中维护互利共赢的基本态势也不可能改变，因此通过双边合作或多边合作机制来协调解决能源供需矛盾难以避免。

也就是说，国际能源合作有可能从保障国别能源安全走向集体能源安全，这是由能源资源国和消费国之间存在的利益关系所决定的必然趋势。

（四）关键能源转型矿物将成为全球能源安全博弈的焦点

从历史上来看，在矿产资源市场中，能源转型所需矿产资源长期以来不占有重要地位，或者说，只占矿产资源市场的很小部分，甚至不为大众所知悉。

在应对全球气候变化议题上，人们对可再生能源津津乐道，尤其是可以细数其诸多优势，比如低碳、绿色、资源丰富、分布均衡、循环利用、取之不尽用之不竭、边际成本低、具有可持续性、符合人类伦理道德和文明演进潮流等。

然而，人们可能忽视了可再生能源发展的"软肋"，那就是地球上是否存在足够的相关矿物来支撑未来庞大的可再生能源体系。若人类无法解决矿物供给的安全稳定问题，碳中和目标将变得可望而不可及。

实际上，关键能源转型矿物，如同化石能源一般，是自然界的产物，存在于地下岩石之中，是支持可再生能源技术的理想材料，然而分布并不均匀，多数资源掌握在少数国家手中，提取技术和产业也高度集中。

在全球能源转型背景下，清洁能源爆发式增长带动了与清洁能源发展密切相关的关键矿物需求的增长。根据国际能源署的数据，在2017年至2022年期间，全球对锂的需求增长了三倍，镍的需求增长了40%，钴的需求增长了70%。为了实现全球二氧化碳净零排放的目标，未来几十年内，全球关键矿物的市场需求将增加至六倍以上。

随着全球能源转型的加速，新能源的发展推动了能源企业在关键能源转型矿物领域的投资增加，市场竞争日益激烈。为了抢占先机，世界各国纷纷制定能源转型矿产资源战略，重视能源转型矿物供应安全，制定相关政策以保障国家未来能源安全。例如，美国在《通胀削减法案》中详细分类了重点行业发展中需要的原材料，并制定了干预或限制措施；欧盟则强调关键原材料的战略自主能力，出台了《关键原材料法案》。对于关键能源转型矿物资源国，如澳大利亚、印度尼西亚和纳米比亚等国也开始对关键矿物出口制定了限制政策。

在未来几十年的能源转型过程中，关键能源转型矿物资源将在全球采矿业和金属业中占据重要地位，谁掌握了关键能源转型矿物资源及开发和利用的技术，谁就将掌握能源发展和能源安全的主动权。

CHAPTER TWO

第二篇

分类篇

8 全球石油产业：
回顾历史成也交通，展望未来败也交通

> 日日交通冷暖，朝朝路婉街欢。石油且舞且开怀，情怀无悔无怨。经历几多煌梦，黄昏衰败徐来。如今转型亦安然，怎奈未来巨变。

石油作为交通燃料，在人类文明长河中发挥了不可或缺的作用。时至今日，这种古老而又神秘的矿物仍在全球能源体系的中心闪耀，依然扮演着重要角色。然而，随着全球能源转型步伐加快，人类文明持续演变，石油在能源体系中的地位将逐步下降。

一、石油是一种典型的化石燃料

石油早已融入生活的每一处，这是社会现实。尽管人类对石油开发和利用的历史虽短，但其源头可以追溯到遥远的地质时代。

在文献记载中，石油并非一个实际的研究对象，而是一个历史产物，其历史可以追溯到远古。从古代开始，世界上的许多民族就已通过地面"油苗"的现象发现了石油，但它在当时并未被视为现代意义上的能源。

谈到石油，中国占据了重要的历史地位。作为最早发现石油、开采石油与利用石油的国家之一，中国古代的石油被广泛应用于照明、润滑、医药、军事和制墨等领域。早在《易经》中就有"泽中有火""上火下泽"的描述，"泽"即指湖泊池沼，"泽中有火"即指对沼气在湖泊池沼水面上起火现象的描述。

如今，在科学日益发展的现代社会，人们对石油早已熟悉，几乎每个人都知道这个世界上有一种名为"石油"的奇妙能源。

从科学的角度看，石油是典型的化石燃料。由于来源和形成过程的差异，石油

的颜色和物理、化学特性各不相同。人们普遍接受的理论是：石油是由古代海洋或湖泊中的生物经过地质演化形成的化石能源。

石油因产地和形成过程的不同而具有不同的密度和化学特性。无论是黄色、褐色还是黑色，石油都是可以燃烧的液态碳氢化合物的混合物，有的黏稠、流动性差，有的稀薄、流动性强，凝固点和沸点的差别也很大。

总的来说，石油早已融入生活，既是历史的产物，也是现代科学的果实，以其独特的性质和功能，继续在生活中发挥着重要的作用。

二、石油造就了现代人类社会文明

石油是一种由碳和氢原子组成的化石能源，用途十分广泛，可以在诸多领域和诸多产业造福人类现代文明。它既可以用作燃料动力，比如直接燃烧发电、取暖或做饭，也可以用来驱动交通工具，还可以作为化工原料生产产品，也可以作为化学工业原料，比如加工成乙烯、合成橡胶、合成纤维、合成塑料、溶液、化肥、杀虫剂和农药等。

通常而言，石油不会被人类直接利用，而是通过物理加热或化学反应等方式加工成各种石油产品，比如汽油、柴油、煤油、燃料油、液化石油气、石脑油、润滑油、沥青和石蜡等，以及经过石油化工产业生产出来的成千上万种化工品。

正是因为石油可以燃烧产生能量，因此被称为工业的"血液"，甚至也有人将石油称为"黑色的金子"或"黑金"。人类进入工业文明之后，不断渴望提高生活质量，对衣食住行的需求愈来愈大，而石油的大规模开发和利用在很大程度上满足了人类的需求，尤其在出行方式方面，石油在其中发挥了巨大的作用，目前大约有三分之二的石油被用于交通运输领域，极大地改变了人类的交通状况和出行质量。人类发明内燃机以后，交通运输业以惊人的力量推动石油走向能源核心地位，石油作为燃料动力逐步取代煤炭成为全球能源体系中比重最大的能源。

随着世界人口的不断增长和经济的快速发展，交通行业成了全球最重要的领域之一，而在这个领域，石油一直是最主要的动力来源之一，地上跑的、水上行的、空中飞的，无一例外都高度依赖石油作为动力。现代交通文明的最大动力是基于石油，逐渐形成了以石油为主的发展方式。可以这样说，是交通行业成就了石油的伟业，可谓石油成也交通，败也交通。

在交通领域，汽油主要用于驱动小型轿车，柴油主要用于驱动卡车、大型轿车、轮船、拖拉机等，航空煤油主要用于驱动航空器，重质燃料油和船用柴油用于驱动轮船。在现实中，石油主要用于为汽车、卡车、船舶和飞机提供驱动力，而且燃料一次加注可以实现远距离行驶，这是石油在交通运输行业被利用的主要优势之一。

在石油化工领域，石油是重要的化工原料，比如生产乙烯，再转化为合成树脂、合成纤维和合成橡胶等，再继续转化为五花八门的化工品，延伸到诸多行业。

在电力领域，石油可以直接燃烧或通过燃烧燃料油来发电。

在纺织领域，合成纤维可以用来生产服装面料等。

在汽车领域，石油作为原料，用来生产轮胎、内饰、涂料等。

在农业领域，石油作为原料，可以用来生产化肥、农药；其衍生品如柴油、燃料油可驱动发电机来灌溉等。

在材料领域，石油可以用来生产塑料、树脂等。

在建筑领域，石油沥青可以用来铺路、防水，还可以用石油生产涂料等。

在医药领域，石油可以作为药品原料，用于生产维生素、药用油等。

由此可见，石油的历史地位确实不容否定和忽视，石油对于人类文明有多么重要，对于世界经济发展具有多么大的贡献，至少没有人可以否定石油在人类文明演变过程中的巨大贡献和历史地位。

三、全球探明石油储量分布严重失衡

资源分布失衡，是全球石油资源的重要特征之一。

回首过去，石油资源分布失衡，使得石油问题变得敏感，让石油与经济、金融和政治等交织在一起。每隔十年到十五年，全球石油供需格局都会发生改变，引人深思。在历史长河中，石油危机的爆发让人惊心动魄。石油供需失衡的严重状况，石油资源枯竭论的不断演绎，经常引发全球恐慌与焦虑。

但是，石油勘探开发技术的不断进步和对地球石油资源潜力的持续理解，让世人一次又一次地看到石油产业发展的神奇魅力和希望之光。石油资源枯竭论终究只是推测和猜想，真正的主角始终是那些令人尊敬、勇往直前的科研人员，他们用科学研究去指导实践，再用实践去验证科学真理，持续用人类的智慧去解答石油领域的各种疑问。

在 2010 年至 2020 年期间，全球探明石油储量缓缓增长，由 16 369 亿桶逐渐攀升到 17 324 亿桶，稳固而持久，为世界石油产业发展提供了坚实的物质基础。

在此期间，发达国家探明石油储量由 2 385 亿桶增加到 2 600 亿桶；在全球探明石油储量中的比重由 14.57% 提高到 15.01%，基本维持稳定，资源潜力有限。

与此同时，发展中国家探明石油储量基本保持稳定或缓慢增长，由 13 984 亿桶增加到 14 724 亿桶；在全球探明石油储量中的比重由 85.43% 下降到 84.99%，地位比较高而稳定。

在全球石油资源分布中，石油输出国组织的地位显得尤为突出。

在 2010 年至 2020 年期间，石油输出国组织成员国探明石油储量稳定地支撑着全球石油资源的地位，其储量由 11 377 亿桶增加到 12 147 亿桶；在全球探明石油储量中的比重也相应提升，由 69.5% 提升至 70.12%。

在此期间，非石油输出国组织国家石油探明储量由 4 991 亿桶增加到 5 177 亿桶，虽然增长速度较慢，却也保持稳健；在全球探明石油储量中的比重也逐渐下降，由 30.5% 下降到 29.88%。

四、全球石油生产格局分化特征明显

在过去较长时间内，全球石油生产集中度不断高低交错演变，全球石油供应格局不断发生改变。

在 20 世纪 20 年代至 40 年代，美国石油产量的全球占比超过 60%。

在 20 世纪 50 年代至 70 年代，随着中东油田的崛起，石油生产中心转到了中东，石油生产中心逐渐从北美地区移到了中东地区。

在 20 世纪 70 年代中期到 80 年代中期，全球石油生产格局再次出现了转折，中东地区石油产量骤然下降，而北美、苏联和欧洲等地石油产量迎来了大爆发，全球石油供应格局再度掀起了巨大的波澜。

在 20 世纪 80 年代中期到 21 世纪初，北美地区和独联体地区石油产量开始回落，而中东石油产量却再度大幅度提高，全球石油生产格局再次发生了逆转。尽管全球石油产量缓慢增长，但石油生产格局依然呈现出高度集中的状态。

在 2013 年至 2023 年期间，全球石油产量较快增长，由 41.26 亿吨攀升到 45.08 亿吨。

在此期间，发达国家石油产量平稳增加，由 10.09 亿吨稳步上升至 14.11 亿吨；在全球石油产量中的占比亦由 24.45% 升至 31.30%。

与此同时，发展中国家石油产量由 31.17 亿吨微幅滑落至 30.97 亿吨；在全球石油产量中的占比亦随之下降，由 75.55% 缓缓降至 68.70%，但依然在全球石油生产格局中占据主导地位。

五、全球石油消费格局持续演变

从历史经验来看，全球石油消费增长速度与全球经济增长速度基本一致。长期以来，全球石油消费量总体上呈现不断增长的态势，可以说，石油消费增长支撑了全球经济发展的需要，两者之间关联度非常大。

全球石油消费格局，在时间的流转中悄然演变，呈现出两大趋势：一是石油消费形成的轨迹由西方转向东方，石油消费重心由欧美地区转向亚太地区；二是在石油消费这片浩瀚的星空中，亚洲的星光逐渐由日本转向中国和印度。

近年来，全球石油消费格局持续演变，消费地位发生了重大改变，发达国家的地位愈发暗淡，而发展中国家的地位愈发显著，两大类国家的地位呈现出平分秋色的格局。

在 2013 年至 2023 年期间，全球石油消费量由 178.75 艾焦增加到 196.44 艾焦；在全球一次能源消费中的比重由 33.26% 降至 31.70%，既展现了石油地位逐渐式微，也说明新能源正在悄然崛起。

在此期间，发达国家石油消费量由 88.83 艾焦缩减至 87.15 艾焦；在全球石油消费量中的占比亦随之下降，由 49.70% 降至 44.37%。

与此同时，发展中国家石油消费量从 89.92 艾焦增加到 109.29 艾焦；在全球石油消费量中的占比由 50.30% 跃升至 55.63%，预示其市场地位逐渐增强。

六、全球石油发电格局加速演变

在浩瀚的能源宇宙中，石油不仅是工业革命的动力之源，也是全球电力供应的重要一环。回溯历史长河，当蒸汽机的轰鸣第一次唤醒了沉睡的大地，石油便与电力结下了不解之缘。从小型工厂到巨型发电站，石油作为燃料，驱动着发电机昼夜不息地旋转，将化学能转化为电能，点亮了城市的霓虹，也温暖了无数家庭的灯火。

在2022年至2023年期间，全球石油发电量由1 084.0太瓦·时逐渐滑落至698.1太瓦·时；在全球发电量中的占比由4.62%降至2.33%，预示电力版图的重绘。

在此期间，发达国家石油发电量由339.1太瓦·时下降到150.5太瓦·时；在全球石油发电量中的占比也由31.28%降至21.55%。

与此同时，发展中国家石油发电量由744.9太瓦·时缓慢下降到547.6太瓦·时；在全球石油发电量中的占比由68.72%攀升至78.45%，市场份额上升。

七、全球石油贸易格局加速演变

放眼全球，中东、独联体和非洲是石油的主要出口地，而欧洲与亚太地区则是主要的石油进口地，石油贸易版图在苏伊士运河的两边划分开来，一边是大西洋贸易平衡格局的壮丽，一边是东西流向石油贸易平衡的温情。

在大西洋石油贸易中，主要表现在北美、中南美的石油生产与欧洲的石油消费之间的和谐共处，石油贸易在此区域内自然流动。而在东西流向的石油贸易中，则是以亚太地区为石油进口主导，与中东石油产地形成主要的石油贸易关系，并与美洲、独联体和西北非等地区形成石油贸易的辅助关系。

过去几十年，全球石油贸易格局演变的最大特征是石油贸易重心东移，关键因素在于全球石油消费重心由西向东转移。

在20世纪50年代至70年代，欧美地区是全球最主要的石油消费区域，全球石油贸易主要集中在大西洋区域。中东石油主要出口到欧洲，还有部分出口到美国。

在20世纪70年代初，虽然中东地区向日本出口石油快速增长，但西欧仍然是中东地区石油的主要出口地。

在20世纪90年代以后，中东石油主要出口区域开始逐渐由欧美转向亚太地区，并且随着亚太经济的高速发展，尤其是到20世纪90年代中期以后，中东地区石油出口到亚太地区的份额超过了一半。

在此之后，随着中国经济快速发展，亚太地区石油消费持续攀升，中东地区出口到亚太地区的石油市场份额提高到70%以上，而且非洲、中南美洲和独联体地区出口到亚太地区的石油市场份额也开始快速增长。

在俄乌冲突爆发后，全球石油贸易格局再度变化，主要原因是西方国家对俄罗斯实施了异常严厉的能源制裁，俄罗斯不得不调整石油出口流向，减少向西方国家出口，增加向亚太地区出口。

八、全球石油未来发展趋势

认识和分析任何问题，都应该有前瞻性思维。从未来趋势来看，能源转型是大势所趋，石油在全球能源体系中的地位必然下降。

（一）从近中期来看，石油在全球能源体系中仍将占据主导地位

国家安全至关重要，国家安全是底线，如果没有国家安全，那么任何发展都不可能。时至今日，能源之于国计民生，恰如基石之于大厦，其重要性无以复加。经济发展和社会繁荣都离不开石油。在国民经济和社会发展中，石油依然发挥着重要作用。

相比于非化石能源，石油以其成熟的开发利用技术，早已形成了完备的系统，在生产、消费和基础设施建设等领域，其标准化程度之高、优势之明显，非其他能源所能比拟。石油安全问题，如果盲目地推行"去石油化"，无疑将影响能源安全，甚至可能引发社会混乱。

世界正在经历百年未有之大变局，国际政治经济格局复杂多变，全球地缘政治博弈愈演愈烈，能源安全问题再次成为大国博弈的焦点，石油再度引起关注，也变得更加敏感。对于任何一个国家来说，能源安全都是底线。失去了能源安全，国民经济和社会发展必将遭受重创，经济和社会便无法正常运转。因此，每个国家的政府都必须坚守这一基本底线。

俄乌冲突使得全球能源价格暴涨，欧洲陷入能源危机，世界各国再次将目光聚焦于石油，在短期内石油安全问题不可能消失。在全球一次能源消费结构中，石油的主导地位在现阶段及未来较长一段时期内还是难以撼动。

在未来一段时间内，在全球范围内，电动车彻底替代燃油车尚需一定的时间，石油仍将是交通工具的主要燃料之一。然而，石油发展势头将逐渐趋缓，但仍然有一定的发展空间和增长潜力。

（二）从长期来看，能源转型势在必行

挑战，或是天意；机遇，皆是幸运。虽然石油在交通行业仍然占据重要地位，但是随着能源地缘政治日益复杂，生态环境和气候问题日益严重，应对全球气候变化成为时代潮流，世界各国都在努力寻找解决问题的方案，其中用更加低碳、环保

和具有可持续性的动力来替代燃料动力便是必然选择，石油转型趋势确实难以逆转。

1. 全球能源地缘政治博弈加剧，势必成为推动石油转型的驱动力之一

过去几十年，全球能源地缘政治格局日益复杂多变，石油安全问题长期牵动人类社会的敏感神经，促使世界各国高度重视这一问题。

石油作为化石能源，具有不可再生性。虽然石油资源在地球上仍然存在巨大潜力，但是石油资源不可能是无限的。而随着全球经济和社会发展，人类对能源资源的需求不断增加，以有限的资源来满足无限的需求，这显然不符合逻辑。

能源地缘政治事件毕竟是现实问题，而代表不了未来趋势。在人类漫长的演变历史中，地缘政治事件或许只是一个小小的插曲而已，因此不能将其看作决定人类发展趋势的关键因素，更不能将其看作阻碍全球能源转型的根本障碍。尽管地缘政治事件频发，客观上导致世界许多国家反思石油安全问题，甚至导致部分国家延缓了能源转型步伐，但这并不能影响人类能源转型的大趋势。

或许正是因为地缘政治事件导致全球能源市场动荡和国际能源价格异常波动，让世界各国更加清晰地看到石油供应安全问题日益加剧的复杂性和脆弱性，反而让人们更加重视石油转型的重要意义和迫切性，进而推动未来石油转型加快步伐。

2. 应对全球气候变化是构成石油转型的根本动力

人类观察任何事物，关键是观察事物的本质，而不是事物的表象。

能源发展必须考虑生态环境问题，这无疑是对生态环境的一种挑战。自从人类踏入工业文明，石油以其独特的能量塑造了世界，同时也带来了环境污染，打破了生态平衡，引发了无法忽视的气候变化。这就是事实，人类必须正视。

石油燃烧会产生二氧化碳和其他温室气体，这是无法回避的现实，人类必须积极应对，采取措施减少二氧化碳排放，这是当今世界最紧迫的任务。面对气候变化挑战，包括石油在内的全球能源转型势在必行，且根本无法逆转。

未来全球石油发展，虽然还有一定的空间，但不能忽视气候变化带来的威胁。这是人类生存的重大考验，应对全球气候变化已经超越了科学范畴，上升到了人类道德伦理的高度。

3. 新能源汽车快速崛起，成为石油消费转型的直接动力

"成也萧何，败也萧何"，这句名言可以用在石油上。从历史上看，石油成也交通；而从未来看，石油败也交通。

在历史长河中，石油曾经如一曲优美的乐章，演奏了现代汽车工业的优美旋律。然而，时至今日，在汽车工业深沉的韵律中，一股变革力量已经兴起，这股力量便是新能源汽车产业，它作为应对全球气候变化的利剑之一，正在以新生的力量替代石油的脉动，以此来回应人类社会对未来世界经济和社会发展的期待。

新能源汽车不仅降低了交通运输和物流成本，也减轻了大众出行的负担，无疑是对传统燃油汽车的巨大挑战。

科学思维与现实实践，正在时间的长河中交织在一起。新能源汽车将替代传统燃油汽车，不仅可以减少温室气体排放，还可以减少污染物对生态环境的破坏，既解决当下问题，也为未来铺就道路。

4. 石油具有原料属性，为石油转型提供了方向

石油产业未来发展定位十分重要，因为定位决定着发展方向。

从产业发展角度来看，石油产业并非所谓的"夕阳产业"，因为世界上没有夕阳产业，只有夕阳技术，关键是产业发展的技术路径，核心是转型发展。石油不仅具有能源属性，也具有原料属性，它既可以作为能源，也可以作为化工原料。

从趋势上看，石油未来将逐渐从能源领域转向原料领域，这是大势所趋，难以逆转。石油界人士必须看到这种大趋势，要顺势而为，不能逆势而动。这就是对石油产业发展的未来展望：一个在转型中成长、在挑战中前行的产业。它将以新的姿态和新的价值，继续在经济和社会发展中发挥重要作用。

9 全球天然气产业：
低碳特征十分明显，终究难逃过渡角色

> 婉转今夕春色，情牵明朝秋光。低排神往渡桥梁，幸得绵长路畅。昨夜风华路好，今宵雾嶂何妨。转型之路遇沧桑，怎奈暮年终降。

天然气，纯净的灵动之源，是优质、低碳、高效、清洁的象征，燃烧时产生的二氧化碳排放量相对较少，对于应对全球气候变化具有重要意义。不过，从长期趋势来看，天然气毕竟是化石能源，终究还是难以摆脱转型过渡的角色。

一、天然气是一种相对清洁的化石能源

天然气是一种典型的化石能源，其成分以碳氢化合物为主，含有少量非碳氢化合物。

目前，天然气仍然为人类所青睐，原因是这种可以燃烧的气态能源在燃烧过程中碳排放量相对于煤炭和石油来说较少，俗称"蓝色的金子"或"蓝金"。与煤炭和石油相比，天然气燃烧的热值更高，二氧化碳排放量较少，对环境的污染也比较小，因此被归入"清洁能源"之列。

根据百度百科，"天然气是指天然蕴藏于地层中的碳氢化合物（烃类）和非碳氢化合物（非烃类）气体的混合物"，不过这种定义比较狭义。从分布范围来看，天然气既应该包括在大气圈和水圈中自然存在的各种可燃气体，也应该包括在地下岩石圈中经过自然过程形成的各种可燃气体。

在石油地质学中，天然气通常是指油田气和气田气。从类别来看，天然气应该包括油田生产中产生的伴生气和由天然气气田生产的天然气，当然也应该包括煤田中生产的煤层气、泥火山气和生物质生成气等。

不过由于来源不同，天然气的成分也不可能完全相同，但最主要的成分都是甲烷，在整个成分中，甲烷含量大约为85%。

在天然气的整体构成成分中，一般还有乙烷、丙烷、氮气和丁烷等物质，各自的比重分别大约为9%、3%、2%和1%，但这些数据并不绝对。在天然气成分中，也可能含有其他少量气体，比如二氧化碳、一氧化碳、水汽和硫化氢等，部分天然气中，也可能含有微量的氦气和氩气等稀有气体。在天然气中，还可能存在某些杂质成分，比如有机硫化物，还有可能存在硫化氢等这类有毒物质可能比较常见。

与煤炭和石油一样，天然气具有燃料和化工原料两种用途，其中主要用途是作为燃料，当然也可以作为原料来生产其他产品。

在储存和运输方面，天然气被世界各国列为易燃易爆物品。若以人工建筑设施存放天然气，那么在遭到外力破坏，比如地震和火灾时，极易产生危险，因此必须通过专门的天然气管道进行运输，也可以被压缩成压缩天然气（CNG）或液化成液化天然气（LNG）进行储存和运输。

如果天然气不完全燃烧，可产生有毒气体，如一氧化碳等，可能导致人体中毒，严重时可能致人死亡。

二、天然气历史悠久，对人类文明演进具有重要贡献

谈到天然气，不禁让人想起那篇诞生于战国时期的散文《山海经·南山经》。虽无从考证其作者，但其中一段"令丘之山，无草木，多火"，短小精悍，却意蕴深远。这段文字描绘的是名为"令丘"的山，无草木却多火，似乎违背常理。然而，这火并非寻常之火，可能是指天然气。可见天然气作为自然现象的历史悠久，回味无穷，富有浪漫色彩。

回望人类利用天然气的历史，中国人似乎走在世界前列。古人凭借智慧，凿井取气煮盐，使中国成为世界上最早发现和利用天然气的国家。《华阳国志》中描述的临邛县"火井"，映照夜空，如雷声震，火焰通耀数十里。

英国于1668年开始使用天然气，虽然欧洲最早使用天然气的国家是英国，但这相比于中国使用天然气却晚了1000多年。随后在18世纪末至19世纪初，天然气开始在英国和美国被用于燃烧照明，逐渐形成商业行为。而在美国，20世纪初出现了天然气矿井，有一定规模的商业运作，到了20世纪20年代至30年代，天然气产

业进入现代天然气开采和利用阶段。进入 21 世纪后，世界天然气产业进入高速发展时期，天然气供需分布持续失衡，天然气国际贸易快速发展。

天然气作为低碳特征明显的能源，在全球能源转型过程中将担当过渡角色，未来还将具有较大的发展空间。无论世界如何变迁，天然气始终是全球范围内优先发展的能源，依然是全球能源格局中的重要组成部分。

在俄乌冲突的影响下，世界经济和国际秩序发生了变化，全球天然气市场的不确定性增强。然而，随着人类社会对生态环境和气候问题的关注日益加深，控制温室气体排放成为关键议题之一，天然气在未来将继续发挥重要作用。

三、全球天然气探明储量分布严重失衡

在全球能源版图中，天然气作为清洁、高效的化石燃料，战略地位日益凸显。然而，令人忧虑的是，全球天然气储量分布呈现出严重的不均衡态势，这不仅影响着各国的能源安全与可持续发展，也对全球能源市场稳定构成了挑战。

在 2010 年至 2020 年期间，全球天然气探明储量由 179.9 万亿立方米增加到 188.1 万亿立方米。在此期间，发达国家探明天然气储量由 17.6 万亿立方米增加到 20.3 万亿立方米；在全球探明天然气储量中的占比由 9.78% 升至 10.79%。

与此同时，发展中国家探明天然气储量展现稳健的增长趋势，由 162.3 万亿立方米增加到 167.8 万亿立方米；在全球探明天然气储量中的占比由 90.22% 降至 89.21%。

四、全球天然气生产格局严重失衡

在全球能源转型的浪潮中，天然气作为过渡性能源的重要性日益凸显。然而，全球天然气生产格局却面临着前所未有的挑战与失衡。

中东、北非及俄罗斯等传统天然气供应中心，因资源国政策调整、基础设施老化及国际政治环境的变化，供应稳定性受到威胁。特别是俄罗斯与乌克兰之间的能源争端，不仅影响了欧洲市场的天然气供应，也加剧了全球天然气市场的波动。

美国、澳大利亚及部分亚洲国家正成为天然气生产新的增长点，尤其是美国通过"页岩气革命"大幅提升了产量，试图重塑全球天然气贸易流向。然而，这些新兴天然气产区的快速发展也伴随着成本上升、环境压力增大等问题。

中国、印度等国经济快速增长带动了对天然气消费需求的激增，而传统供应渠道的不足使得亚洲地区高度依赖液化天然气（LNG）进口，进一步推高了天然气国际市场价格，加剧了全球范围内的天然气供需失衡。

近年来，面对全球气候变化的挑战与能源转型的迫切需求，天然气凭借其显著的低碳排放优势，在全球范围内赢得了广泛的青睐，产量也随之迎来了稳健的增长态势，成为连接现代与未来的绿色纽带。

在 2013 年至 2023 年期间，全球天然气产量由 33 661 亿立方米增长至 40 593 亿立方米，增长虽缓，却稳健而持续。

在此期间，发达国家天然气产量由 11 972 亿立方米跃升至 16 325 亿立方米；在全球天然气产量中的占比亦悄然攀升，由 35.57% 提升到 40.22%，彰显出天然气在能源转型中的重要性日益提升。

与此同时，发展中国家天然气产量由 21 689 亿立方米增加到 24 268 亿立方米；在全球天然气产量中的占比也由 64.43% 逐渐下降到 59.78%，其地位虽然有所降低，但仍然是不容小觑的力量。

五、全球天然气消费规模稳步提升

近年来，全球天然气消费规模呈现出稳步提升的趋势。

首先，全球经济的持续增长推动了能源需求的增加。各国为了保障经济发展，加大了对天然气等清洁能源的利用力度。天然气作为重要的工业原料和民用燃料，其需求量也随之增加。

其次，气候、生态环境意识的提高，使得天然气在能源结构中的地位逐渐上升。与煤炭和石油相比，天然气燃烧产生的温室气体和污染物较少，更加符合绿色低碳发展的要求。各国政府纷纷出台政策，鼓励天然气等清洁能源的推广和使用。

最后，技术进步和基础设施建设也推动全球天然气消费规模的扩大。随着天然气开采、储存、运输技术的不断进步，天然气的供应能力不断提升。同时，跨国天然气管道、液化天然气（LNG）接收站等基础设施的建设，为天然气国际贸易提供了便利。

在 2013 年至 2023 年期间，全球天然气消费量由 121.4 艾焦悄然增加到 144.35 艾焦；在全球一次能源消费量中的占比由 22.59% 稳步上升至 23.29%，增幅虽小，却彰显了不可小觑的增长力量。

在此期间，发达国家天然气消费量由 58.21 艾焦升至 63.25 艾焦；在全球天然气消费量中的占比由 47.95% 逐渐下降到 43.81%。

与此同时，发展中国家天然气消费量由 63.19 艾焦跃升至 81.10 艾焦；在全球天然气消费量中的占比由 52.05% 提升到 56.19%。

六、全球天然气发电格局持续演变

天然气以清洁、高效的特性，在发电领域扮演着愈发重要的角色，成了连接过去与未来、照亮地球夜晚的一盏明灯。

天然气发电已成为全球电力生产中不可或缺的一环，不仅是许多国家和地区的主要电力来源之一，更是推动能源结构转型的关键力量。尤其是在欧洲和北美，随着环境保护意识的增强和可再生能源占比的提高，天然气作为过渡能源的角色愈发重要。

面对全球气候变化的挑战，天然气发电的未来并非一片坦途，需要在减少碳足迹的同时，与太阳能、风能等可再生能源协同发展，共同构建一个多元化、低碳化的能源体系。在这个过程中，天然气可能不再是主角，而是成为支持可再生能源消纳、平衡电网的"灵活电源"，或是作为氢能生产的重要原料，开启一个全新的能源时代。

在 2013 年至 2023 年期间，全球天然气发电量由 5 136.1 太瓦·时逐渐升至 6 746.3 太瓦·时，彰显了天然气发电在全球电力生产中的地位日益提升；在全球发电量中的占比由 21.89% 逐渐攀升到 22.54%。

在此期间，发达国家天然气发电量由 2 713.1 太瓦·时攀升至 3 463.5 太瓦·时；在全球天然气发电量中的占比由 52.82% 微降至 51.34%。

与此同时，发展中国家天然气发电量由 2 423.0 太瓦·时跃升至 3 282.8 太瓦·时；在全球天然气发电量中的占比由 47.18% 升至 48.66%。

七、全球天然气贸易格局加速演变

当前，在全球天然气贸易舞台正上演着一场深刻变革，亚洲地区的天然气需求持续增长，尤以中国、韩国、日本等国为甚。

从地理视角审视，全球天然气流转轨迹正悄然改变。俄罗斯天然气，昔日西行欧陆，北赴北美，如今则如东方之龙般蜿蜒东进，汇入亚洲的怀抱，见证了东西方能源流动的一次华丽转身。

在全球天然气出口方面，北美地区正以不可阻挡之势崛起，其天然气出口能力日渐增强。

在过去十多年，美国经历了一场名为"页岩革命"的能源变革，不仅催生了天然气产量的迅猛增长，也逐步增强了液化天然气的出口能力，向欧洲输送液化天然气的规模亦随之扩大，进而提升了液化天然气资源国的市场地位。

与此同时，在北美广袤的土地上，加拿大与墨西哥作为举足轻重的油气资源国，其天然气产量亦呈现上升趋势。两国不仅积极投身于液化天然气基础设施的建设中，更在不断提升自身的出口能力，展现出勃勃生机与无限潜力。

在国际天然气贸易舞台上，长期以来，由于天然气与错综复杂的输送网络及储存设施紧密相连，交易模式自然而然地倾向于构建稳固而长远的契约关系，长期合约成为主导性的交易方式，稳健而持久。相比之下，即期现货贸易犹如岸边的浪花，虽灵动而多变，却未能汇聚成流，数量上显得较为稀少。

近年来，随着液化天然气（LNG）运输技术的飞速发展，全球天然气贸易版图正悄然发生变化。曾经，长期合约作为主导的贸易模式，如今正逐渐与即期现货市场并肩而立。或许，在不久的将来，长期合约贸易将落下帷幕，成为历史的注脚，而一个更加灵活多变、瞬息万变的天然气现货交易时代正徐徐展开。

在国际天然气贸易运输方式方面，可以划分为两类：液化天然气贸易和管输天然气贸易。长期以来，天然气贸易的输送脉络主要依赖于绵延不绝的管道网络，如同大地的脉络，静静地输送着这份清洁的能源；而天然气液化运输则扮演着辅助与补充的角色，犹如夜空中的繁星，虽不若白日阳光般耀眼，却也不可或缺地点缀着这能源流转的星空。

在悠长的时光里，欧洲天然气进口主要依赖蜿蜒的管道网络，从俄罗斯汲取无尽的能量。然而，命运的风帆在波涛中摇曳，一场突如其来的俄乌冲突，让欧洲在能源制裁的天平上摇摆，与俄罗斯的能源纽带逐渐断裂。于是，欧洲开始寻觅新的能源，逐步转向液化天然气的海洋。

时至今日，全球天然气贸易的运输版图正经历一场静悄悄的革命。液化天然气贸易运输方式正逐步从边缘走向中心舞台，逐步替代传统的管道运输。液化天然气贸易规模持续稳步攀升，增长速度亦日益加快。

在2013年至2023年期间，全球天然气贸易量由7 859亿立方米攀升至9 369亿立方米。其中，全球液化天然气贸易发展迅速，由3 268亿立方米跃升至5 492亿立方米；在全球天然气贸易中的占比由41.58%升至58.62%，成为推动全球天然气贸易增长的关键力量。

八、全球天然气未来发展存在争议，但应该具有较大发展空间

洞察未来，是人类智慧的独特展现，也是人类与生俱来的独特能力，更是人类与其他生物区分开来的重要特征。对于天然气的未来，需要人类具备前瞻性的敏锐感知，唯有如此，方能把握未来全球天然气产业发展的方向。

（一）对全球天然气未来发展仍然存在较大争议

目前，在世界范围内，关于天然气未来发展趋势存在较大争议，观点各异，争论连连。

对于未来几十年天然气发展趋势，人们的判断如同冰火两重天，这是自然且合理的。人们应以客观态度看待天然气发展，以理性思维去解读未来趋势，任何争论、争吵和辩论也许能带来短暂的火花，但并非未来发展的决定性因素。

或许可以这样描绘：近中期天然气产业发展值得期待，而长期发展趋势虽不失为一种挑战，但并不如预期那般乐观。

（二）从近中期来看，天然气仍将处于黄金发展期

在全球新旧能源体系转化过程中，天然气具有很强的过渡作用，可以预见在未来较长的时间内，天然气的中间过渡作用将日益凸显。

从近中期来看，由于天然气具有低碳特征，因此可以作为转型过渡角色而得到发展，可以在应对全球气候变化中替代煤炭，进而减少温室气体排放。

在全球能源转型过程中，以煤炭为主的火力发电肯定要受到异常严格的限制，煤炭发电退出历史舞台只是一个时间问题，而非化石能源发电，尤其是可再生能源发电，势必逐步取代化石能源发电。

世界各国需要应对全球气候变化，能源转型势必要持续加快。作为相对低碳清洁的能源，天然气在转型过渡期间发挥重要作用。世界各国为了降低碳排放，或许

可以继续保持较高的天然气消费需求。

对于可再生能源发电来说，由于受到天气和气候的约束和影响，尤其是面对可能发生的极端天气和气候的影响，其间歇性特征难以去除，因此必须大力发展储能和灵活性电源。其中，作为碳排放最少的化石能源，天然气发电可能成为重要选项之一。

资本的本质，其实就是趋利，企业家以挣钱为根本动力。基于市场趋利等因素，预计大量资金还有可能进入天然气产业链的各个环节，市场竞争将继续加剧，发展空间有望继续扩大，在一次能源消费结构中的比重可能继续提升。

综上所述，从近中期来看，应对全球气候变化将带动各国能源政策向清洁能源利用倾斜，全球性碳排放约束将愈发严格，这可能为天然气消费提供较大的增长空间。

（三）从长期趋势来看，天然气发展不容乐观

现实归现实，未来归未来。今天的优势会被明天的趋势代替，人类社会需要客观地判断趋势，正确地驾驭未来，如此才可不断推进文明的演进。

从长期趋势来看，在全球应对气候变化的大背景下，能源转型势在必行，本质上是一场能源革命，核心是革化石能源的命，化石能源势必承受巨大的挑战和压力，这是历史趋势和时代潮流，恐怕难以阻挡。作为化石能源之一，天然气产业也势必受到影响和冲击，全球碳排放压力、能源转型进展和速度、全球甲烷行动进程、经济发展和基础设施建设等依然具有较大的不确定性，进而制约天然气产业的发展。

如果不能有效地减少温室气体排放，那么天然气产业的发展便难以持续。实现碳中和目标是未来趋势，也是制约天然气产业发展的关键约束条件。

除了二氧化碳排放之外，天然气发展还将受到全球甲烷排放控制的直接制约。在天然气产业链中，从上游开采和处理，到中游储运，再到下游城市燃气和终端用户，每个环节都会产生甲烷排放。在《联合国气候变化框架公约》缔约方大会第二十六次会议上，与会各国发起了"全球甲烷减排承诺"，以2020年数据为基准，承诺到2030年全球甲烷排放量至少减少30%。随着全球日益关注甲烷减排问题，天然气产业发展中的甲烷减排将提速，天然气产业能否健康发展，在一定程度上取决于甲烷减排的成效。

从未来长期趋势来看，全球碳中和目标必将制约天然气产业的发展，随着应对

全球气候变化和全球能源转型不断提速，世界各国可能不断提高对天然气产业的减排要求。面对日益紧迫的碳排放约束的外部环境，天然气具有的碳排放特征将逐渐获得全球的普遍关注，天然气生产商将竞相添加脱碳标签，通过交付碳中和天然气以增强市场竞争力，并不断提升企业自身的社会形象和影响力。显而易见，面对脱碳要求，天然气进入碳交易市场，必将增加企业成本，并将成本分摊到各个环节，买卖双方都将面临成本分摊、认证标准、碳计量、碳交易等多种问题。从长期趋势来看，天然气产业发展并不容乐观。

10 全球煤炭产业：人类实现碳中和目标，将决定煤炭由繁荣辉煌逐步走向衰落暗淡

> 哀乐衰文互荡，冰弦冷曲相闻。愁云霾雾漫天陈，怎奈悠然惆怅。纵有辉煌志炜，而今气变失魂。全球降碳遍天鸿，万众煤人沮丧。

煤炭在人类建立工业文明过程中曾经经历过繁荣和辉煌，目前煤炭在全球能源体系中仍然是主导能源之一，在世界能源消费结构中占据主导地位。但是，随着应对全球气候变化进程的推进，煤炭在全球能源体系中的地位将日渐衰落和暗淡。

一、煤炭是一种富有诗情画意的古生物化石

煤炭属于化石能源，也就是说具有古生物化石的特征。

从外观上看，煤炭看起来很平常，恰似黑色的石头，没有金子那样耀眼，没有银子那样的光辉，也没有钻石那样的高贵，更谈不上珍珠那样的晶莹和翡翠那样的璀璨，有的仅仅是人们十分熟悉的特征，那就是可以燃烧、烧火、做饭和取暖等。

煤炭虽然诞生于黑暗，但是这种东西一旦接触到火焰，便会燃起熊熊烈火，可以发光，也可以发热，从而造福人类社会，推动人类社会的文明发展，曾经并且长期成为人类衣食住行不可或缺的能源。

纵观人类社会历史演变，煤炭确实大大造福了人类，为人类文明的演变做出了巨大贡献，值得人类敬畏，人类没有理由对其亵渎。为了人类文明，为了人类社会，煤炭的贡献实在是大得出奇，粉身碎骨，任劳任怨，从不索取，从不抱怨，具有自我牺牲的精神。煤炭在高温中燃烧，释放出巨大能量，给地球带来了光明，给人类带来了美丽的风景，让居住在地球上的人类倍感温暖和希望。

在过去几百年里，煤炭作为有形的财富，给人类带来了温暖，带来了力量，更

为人类文明的演变增添了动力,极大地提高了人类社会的文明程度。

煤炭资源十分丰富,全球分布广泛,有"黑色金子"之美誉。

煤炭的形成过程非常复杂。由于剧烈的地壳运动,在地球上茂盛生长的古植物大量被埋于地下,在适宜的地质环境里,这些古植物经过了十分漫长的演变过程,逐渐形成了煤炭。煤炭是大自然赋予人类的宝贵资源和财富,这种奇特的矿物,不会在高温下逃跑,而是面对考验而不畏艰难困苦。

谈到煤炭,突然想起明代于谦曾经为赞美煤炭而写下的一首诗,名曰《咏煤炭》,笔录如下:"凿开混沌得乌金,藏蓄阳和意最深。爝火燃回春浩浩,洪炉照破夜沉沉。鼎彝元赖生成力,铁石犹存死后心。但愿苍生俱饱暖,不辞辛苦出山林。"

二、煤炭在历史上成就了人类工业文明

煤炭与文明,难舍难分,人类文明演变与能源开发利用息息相关。

如果用现代时髦的语言,煤炭确实值得人类的"点赞",因为煤炭曾经为人类工业文明做出了巨大贡献。

在漫长的人类文明演变历史上,薪柴长期扮演着能源提供者的重要角色,即人类能源发展曾长期处于薪柴时代。

在 18 世纪,欧洲爆发了工业革命,煤炭成为经济发展的主要动力来源,逐步在世界范围内流动,国际煤炭贸易逐步兴起和发展。但是由于当时煤炭开采技术较低,煤炭生产和运输能力也比较有限,因此国际煤炭贸易范围比较有限,主要贸易地理方向集中在北美洲、中美洲、西印度群岛和部分欧洲地区。

1885 年,世界能源发展步入一个全新的时代,也就是人们常说的煤炭时代,其标志就是煤炭取代薪柴成为当时世界第一大能源。可以说,人类社会进入工业文明,催生了能源发展进入煤炭时代,工业文明与煤炭时代相互推动、相互促进,难以割舍。

工业文明,非常重要的标志就是大机器工业的建立,人类的智慧火花被点燃,煤炭开始被人类社会大规模开发和利用,地球上便出现了前所未有的壮丽景观。煤炭作为最重要的能源,开始被人类利用。于是,煤炭便被人类从地下开采出来,成为漫长时期的人类财富,成为驱动人类文明车轮一路前行的动力来源。

在世界各地,在东南西北,在城市或乡村,在煤田或旷野,乌黑发亮的石头或

矿石，不停地从矿山开采出来。然后，这些石头装上火车或卡车，步入征程，走在平原，闯过沙漠，穿过丘陵，越过崇山，踏遍峻岭，涉过大河，蹚过小溪，经过长途运输，包括公路、铁路和水路，走进众多的工厂、单位或社区，进入千家万户。在城市和乡村，煤炭化作熊熊之火，为人类烧水、做饭、御寒、取暖、炼钢、发电，驱动机器运转，甚至那些燃烧剩下的煤渣，也被用来铺路和制砖。

煤炭燃烧释放的热能可以被直接使用，也可以用来将水加热成蒸汽，而蒸汽作为动力驱动涡轮机，进而将动能转化为电能，也就是发电。从煤炭利用方式来看，大约有四分之三的煤炭用于发电，其余四分之一的煤炭则直接用于工业加热、供暖和冶炼等。

在人类工业文明社会初期，经济发展和社会进步的最大动力都是基于煤炭，煤炭逐渐在全球能源体系中占据主导地位，进而形成了全新的经济发展方式。可以这样评价煤炭的历史地位：如果没有煤炭，那么人类现代文明或许就不会产生；没有煤炭的利用，就没有现代工业文明的发展。

在20世纪之前，煤炭是全球消耗量最大的能源品种，在20世纪初一度占一次能源消费比重的95%。但是随着世界各国应对全球气候变化，全球能源转型步伐加快，煤炭在全球能源体系中的地位开始下降，其格局开始出现深度调整和重构。

自20世纪70年代以来，由于世界经济发展和技术进步，劳动生产率成倍提升，煤炭开采成本明显下降，生产条件大幅改善，全球煤炭产量快速增长，尤其是发达国家煤炭生产持续发力，有力地支撑了全球经济发展对能源不断增长的需求。发展中国家煤炭产量的变化趋势与世界煤炭总产量基本相同，呈现不断增长的态势，其全球比重逐渐超过发达国家，而发达国家煤炭产量的全球比重则一直呈现下降趋势。

在20世纪50年代至80年代，西方发达国家是煤炭的主要消费群体，但是煤炭消费的全球比重呈现缓慢下降的趋势。发展中国家煤炭消费持续增加，全球煤炭消费比重逐渐提高。美国和澳大利亚成为全球主要煤炭出口国，两国每年合计煤炭出口量占全球比重曾高达90%。日本和德国是全球主要煤炭进口国，两国每年合计煤炭进口量占全球比重曾高达90%。

进入21世纪，全球煤炭消费格局持续演变，消费中心不断向东转移。

总体来看，全球煤炭贸易主要发生在亚太、欧洲、北美和南美，印度尼西亚和澳大利亚将煤炭出口到中国、印度、日本和韩国等亚太国家，南非将煤炭出口到欧洲，哥伦比亚将煤炭出口到欧洲和北美，而俄罗斯将煤炭出口到欧洲和东亚。全球主要煤炭出口国为印度尼西亚、澳大利亚、俄罗斯和美国，而全球主要煤炭进口国为中国、印度、日本和韩国等。

俄乌冲突爆发以后，全球煤炭贸易格局再度重塑，由于欧盟、美国、日本和韩国等对俄罗斯实施煤炭禁运，俄罗斯将煤炭出口转向中国和印度，而欧盟也开始在亚太地区寻求煤炭进口资源。

时至今日，由于生态环境问题日益凸显，再加上应对全球气候变化问题成为全球发展的主流，能源转型正在提速，去煤化成为重要方向，全球煤炭供需分布持续失衡，国际煤炭贸易快速发展，产业链供应链变长，运输成本上升，包括煤炭供应、消费和贸易在内的全球煤炭格局正在发生深刻演变。

三、全球煤炭资源分布相对均衡

对于人类社会来说，资源是最重要的发展基础，没有资源就没有发展。煤炭蕴藏在地球的地层之下，是古老而神秘的黑色宝藏。煤炭不仅是人类历史进程中的"工业粮食"，更是驱动工业革命、塑造现代文明的黑色火种。

煤炭是典型的化石能源，由远古植物遗骸在地球深处经过亿万年的高压、高温转化而形成，其形成过程本身就是一部关于时间的史诗。在地质年代的漫漫长河中，茂密的森林覆盖着原始大地，这些植物在死亡后，被泥土、砂石层层覆盖，逐渐转化为泥炭、褐煤、烟煤直至无烟煤。每一块煤炭，都是时间的印记，记录着地球生命的演变与气候的变迁。

煤炭分布不仅与地质构造有关，还受到地形、气候等多重因素的影响。山脉的形成往往伴随着煤层的沉积，而河流的冲刷与沉积作用也为煤炭的聚集创造了条件。然而，自然条件也为煤炭开采带来了挑战：复杂的地形、恶劣的环境及日益严格的环保法规，使得一些地区的煤炭开采成本高昂且难度加大。

全球煤炭资源并非均匀分布，而是遵循着大自然古老的规律，形成了若干富集区，包括亚洲煤炭带、北美煤炭带、非洲煤炭带和欧洲煤炭带等。

（1）亚洲煤炭带：全球最大的煤炭集中地，覆盖了从俄罗斯远东到印度尼西亚的广阔区域。中国作为煤炭生产与消费大国，煤炭资源遍布全国，尤其是山西、陕西、新疆等地。此外，印度的煤炭资源也极为丰富，主要分布在东部和中部地区。

（2）北美煤炭带：美国、加拿大和墨西哥分布着一条重要的煤炭资源带。美国的阿巴拉契亚煤田是世界上最大的煤田之一，储量巨大，煤质优良，对全球煤炭市场有着重要影响。

（3）非洲煤炭带：尽管非洲的煤炭开发相对较晚，但一些国家如南非、尼日利亚和博茨瓦纳等，却拥有可观的煤炭储量。南非的威特沃特斯兰德盆地是世界上最大的钻石矿所在地，同时也是重要的煤炭产区。

（4）欧洲煤炭带：虽然欧洲的煤炭资源总量不如上述地区丰富，但东欧的波兰、捷克及南欧的意大利等国仍有一定规模的煤炭储备，特别是在工业革命时期，这些国家的煤炭资源为欧洲的经济腾飞提供了重要支撑。

全球近80个国家，皆怀抱煤炭之馈赠，聚煤盆地逾2 900个，蕴藏着庞大的煤炭储量。截至2020年底，全球已探明的煤炭储量为10 741.08亿吨。其中，发达国家探明的煤炭储量为5 084.33亿吨，占全球探明煤炭储量的47.33%；发展中国家探明的煤炭储量为5 656.75亿吨，占全球探明煤炭储量的52.67%。

四、全球煤炭生产缓慢增长，但增量主要来自发展中国家

当第一缕阳光穿透薄雾，照亮广袤的煤矿区，全球煤炭生产的序幕便悄然拉开。从澳大利亚的巨型露天煤矿到中国的深井开采，从南非的金沙煤矿到美国中部的心脏地带，煤炭被源源不断地开采出来，运往世界各地，成为驱动经济发展的强大引擎。煤炭不仅支撑着全球的电力供应，也为钢铁、化工等重工业提供了不可或缺的能量源泉。

煤炭产业的辉煌背后，隐藏着不可忽视的阴影。随着工业化的加速，煤炭燃烧产生的二氧化碳等温室气体和二氧化硫等污染物，成为环境污染和气候变化的罪魁祸首之一。森林砍伐、水源污染和矿工的安全风险，都是对自然与生命的无情掠夺，人类社会不得不面对煤炭带来的气候、生态环境等代价。

从总体上来看，全球煤炭生产正在缓慢增长，其中发展中国家煤炭增产较快，而发达国家煤炭生产则处于缓慢减少的趋势，说明发达国家更加重视能源转型。

在2013年至2023年期间，全球煤炭产量由82.58亿吨增长至90.95亿吨。

在此期间，发达国家煤炭产量由21.11亿吨滑落至14.18亿吨，在全球煤炭产量中的占比亦由25.56%下降到15.59%。

与此同时，发展中国家煤炭产量由 61.47 亿吨攀升至 76.77 亿吨，在全球煤炭产量中的占比亦由 74.44% 攀升至 84.41%。

五、全球煤炭消费持续演变，消费比重缓慢下降

目前，气候变化已成为全球性问题，减少碳排放、遏制全球变暖已成为国际社会的共识。煤炭，这个曾经推动世界前进的能源，如今却成了实现这一目标的最大障碍之一。

面对挑战，世界各国正在探索一条既保障经济发展又减少环境影响的道路：一方面，技术创新，如碳捕集与封存（CCS）技术研发和清洁能源替代方案等正在逐步推进；另一方面，政策层面的调整至关重要，许多国家都制定了实现碳中和的目标，旨在逐步减少对煤炭的依赖，转向更加清洁、可持续的能源体系。

煤炭不仅是物质的存在，更是历史的见证者，承载着人类社会对于力量、进步和牺牲的复杂情感。正如诗人所言：在煤的深处，藏着地球未了的梦。煤炭燃烧是对人类社会过往的致敬，也是对未来发展的深刻反思。人类需要在煤炭的光与影中找寻平衡，既要铭记用煤炭铸就的辉煌历史，也要勇敢地迈向一个由清洁能源照亮的未来。

时至今日，尽管煤炭在全球能源消费中的占比有所下降，但仍占据重要地位。对于全球煤炭消费来说，其与全球经济发展和世界各国所处的经济发展水平和发展阶段密切相关。从总体上来看，煤炭消费正处于缓慢增长阶段，其中发达国家煤炭消费趋于下降，而发展中国家煤炭消费仍然处于增长阶段，这种情况符合经济发展规律。

从区域来看，自 20 世纪 90 年代以来，北美和欧洲地区煤炭消费量都有所下降。然而，亚太地区自 2000 年以来煤炭消费量激增，在全球煤炭消费中居于主导地位。中国是煤炭消费量最大的国家，其次是印度和美国。2023 年，印度煤炭消费量首次超过了欧洲和北美煤炭消费量的总和，增长势头明显。

在 2013 年至 2023 年期间，全球煤炭消费量由 160.95 艾焦增加到 164.03 艾焦；在全球一次能源消费量中的占比由 29.95% 逐渐下降到 26.47%。

在此期间，发达国家煤炭消费量由 43.69 艾焦滑落至 25.15 艾焦；在全球煤炭消费量中的占比亦发生了显著变化，由 27.14% 降至 15.33%。

与此同时，发展中国家煤炭消费量由 117.26 艾焦增加到 138.88 艾焦；在全球煤

炭消费量中的占比由 72.86% 提升到 84.67%。

六、全球煤炭发电格局的演变

在漫长的历史长河中，煤炭以丰富的储量和相对较高的能量密度，成为工业革命以来电力生产最为依赖的能源之一，塑造了现代工业文明的轮廓。

在 19 世纪末至 20 世纪初，蒸汽机的轰鸣响彻天际，煤炭作为不可或缺的燃料，被源源不断地开采出来，转化为电能，点亮无数座城市的灯火，驱动纺织机和炼铁炉等，也催生了一个又一个庞大的工业帝国。煤炭产量成为衡量一个国家工业化程度的重要标志。英国、美国和德国等国凭借丰富的煤炭资源和先进的发电技术，迅速崛起为世界强国。

时至今日，全球煤炭发电量依然占据主导地位。尤其是发展中国家，其经济快速发展导致电力需求激增，煤炭发电仍是满足电力需求的重要手段。

在 2013 年至 2023 年期间，全球煤炭发电量由 9 583.6 太瓦·时逐渐增加到 10 513.0 太瓦·时，展现了煤炭发电的持久活力与不可忽视的地位；然而，在全球发电量中的占比却由 40.84% 下滑至 35.13%。

在此期间，发达国家煤炭发电量由 3 542.1 太瓦·时滑落至 1 904.5 太瓦·时；在全球煤炭发电量中的占比由 36.96% 降至 18.12%。

与此同时，发展中国家煤炭发电量由 6 041.5 太瓦·时增加到 8 608.6 太瓦·时；在全球煤炭发电量中的占比也由 63.04% 跃升到 81.88%，这预示着未来能源转型步伐的艰难。

七、煤炭未来地位将逐渐衰落

煤炭仍然在全球能源体系中占据重要地位，无论是生产、消费还是贸易，规模都十分庞大。不过从长期趋势来看，世界各国为应对全球气候变化，必然实施能源转型战略，其中去煤化将是必然的选择。

（一）近中期来看，为确保能源安全，全球去煤化任重道远

时至今日，全球电力来源依然高度依赖煤炭发电，非化石能源发电在全部发电量中的比重还比较小，尚未形成明显的市场地位。随着非化石能源发电量不断增长，煤炭发电有下降趋势，但在电源结构中的比重仍然很大。

煤炭在全球能源体系中仍然保持较高地位，究其原因是煤炭在开发和利用方面的技术比较成熟，已经系统化和标准化，在成本和经济性方面有较大优势。

众所周知，俄乌冲突在很大程度上影响了全球能源安全格局，尤其是由于能源制裁导致欧洲能源危机，迫使部分欧洲国家重新启动煤炭发电，使得许多国家不得不再次将焦点集中到煤炭等化石能源之上。

目前，发达国家煤炭消费在一次能源消费结构中的比重明显小于发展中国家，去煤炭化的步伐正在加快，尤其是欧盟，煤炭消费比重较小，去煤炭化的效果明显，而发展中国家煤炭消费比重仍然较大，未来去煤炭化的压力巨大。

能源安全事关国家安全，事关国家经济运行安全，如果没有能源安全保障，那么国民经济和社会发展必将遭受沉重打击，因此，任何一个国家都必须守住能源安全这一基本底线，在能源转型过程中必须重视煤炭的能源保障作用，减缓去煤炭化的步伐。

可以预见，在未来几年或较长时期，煤炭仍然是全球能源地缘政治博弈的重点。为确保国家能源安全，在全球发电领域，煤炭发电还将保持较高地位，很难在短期内淘汰煤炭发电，尤其在广大发展中国家。

（二）长期来看，为应对全球气候变化，全球去煤化难以避免

煤炭具有的高碳特征，决定了煤炭发展的未来命运，尽管煤炭界人士可能难以接受这一说法，或刻意抵制、无法接受煤炭作为能源终究被历史淘汰的大趋势。

从构成元素来看，煤炭的主要构成元素是碳和氢，但也存在氧元素。含碳量一般为 46%～97%。碳元素、氢元素和氧元素是主体元素，其含量一般超过 95%，而且随着煤化程度的提高，碳元素的含量越来越高，而氢元素和氧元素的含量越来越低。碳和氢是煤炭燃烧过程中产生热量的元素，但燃烧会产生大量的二氧化碳气体。而氧是助燃元素，如果没有氧，那么就不会产生燃烧。

在煤炭元素构成中，也存在硫元素、磷元素、氟元素、氯元素和砷元素等有害成分，其中以硫元素的有害性最强，在燃烧过程中产生的有毒物质最为明显，这正是人们对煤炭存在"诟病"的重要原因，人们才将其称为"脏能源"。煤炭中的无机物质一般含量很少，主要有水分和矿物质，这些无机物质的含量多少也决定着煤炭的利用价值和质量。

在煤炭的燃烧过程中，绝大部分的硫元素与氧元素发生了化学反应，产生了一

种有害物质二氧化硫，导致大气环境污染，对生产设备、管道等设施造成腐蚀。如果企业利用含硫量高的煤炭生产用于冶金的焦炭，可能直接影响焦炭质量，进而间接影响冶金生产的钢铁质量。

或许上述问题可以归结到煤炭对生态环境的影响，或许人类还可以通过技术进步等手段来解决，但是人类无法消除煤炭在燃烧过程中排放的大量二氧化碳，这个问题直接影响到人类应对全球气候变化的能力，这是决定煤炭未来命运的核心要素。

由于煤炭在燃烧时排放大量二氧化碳，因此目前其使用受到限制，逐渐成为人类摒弃的能源，因为人类正面临由二氧化碳等温室气体排放导致的气候变化的巨大挑战，不得不逐步减少对这种能源的过度依赖。

面对能源转型大趋势，世界各国需要转变思路，不断调整和优化能源结构，调整能源发展步伐，确保未来的发展不会影响低碳转型的有序推进，尤其是要加快非化石能源的发展，这是必然趋势，不可能有任何回旋余地。

人类需要不断延伸思维触角，跨越固化思维而找到正确思路。

煤炭既具有能源属性，也具有原料属性。也就是说，一部分煤炭并没有作为能源来利用，而是作为化工原料，因此煤炭转型存在较大的空间。煤炭并非变成完全无用的物质，而是转变其未来在经济发展中的功能和作用。

从长期趋势来看，尽管目前全球煤炭消费和生产仍然占据重要地位，但并不意味着煤炭可以长期保持稳固的地位，而全球去煤化趋势在所难免。能源企业和投资机构必须在化石能源和非化石能源产业发展中寻求一种动态平衡，既要把握未来转型的大趋势，也要注重现实的经济利益。总有那么一天，当非化石能源在能源结构中占据主导地位，尤其是非化石能源发电在电力系统中占据主导地位之时，便是煤炭完成彻底转型或其作为能源地位终结之日。

11 全球核能产业：
应对全球能源转型，核能再度备受关注

> 核子悠然无虑，岂知世上多愁。核堆取电情悠悠，功成人间生秀。怎奈纷争记得，频生世故疑由。气变应对复风流，难以舍去依旧。

随着全球气候变暖逐渐成为国际社会共识，各国开始致力于应对全球气候变化。为重塑全球能源体系，非化石能源产业发展被赋予前所未有的重要性，其中核能再次成为关注的焦点，未来发展空间和潜力增大。

一、核能，通过核反应而释放出来的能量

核能，也称为原子能，是原子核的核子（中子或质子）过程中释放出的巨大能量，具有转化效率高和可持续性强的特点。

从物理学角度看，核能可以通过三种核反应释放，包括核裂变、核聚变和核衰变。其中，核裂变是指通过较重的原子核分裂过程而释放的能量；核聚变是指通过较轻的原子核聚合过程而释放的能量；核衰变是指原子核自发衰变过程中释放的能量。

对于人类社会来说，目前核裂变能量和核聚变能量都已经被利用，而核衰变能量尚未得到人工利用，其中核裂变能在军事和民用领域均有利用，比如在军事领域制造原子弹和在民用领域建设核电站等，而核聚变能仅仅在军事领域得到利用，比如用来制造氢弹，但是在民用领域尚未取得突破。

核裂变的能量来源于铀原子核分裂成更小的原子核，释放出中子，进一步引发链式反应，并在此过程中释放出越来越多的热量。在核能利用方面，核心应用场景是发电，这是目前核裂变能利用的最主要方式。

核裂变释放出巨大的热能，可以用于将水加热至沸腾产生蒸汽，而蒸汽实际上是动能，这些庞大的动能用来驱动涡轮机转动，进而产生大量的电能。核裂变发电，关键在于反应过程可控，而控制的技术手段是利用控制棒，可见控制棒的作用至关重要。

由于核裂变能利用具有明显的劣势，比如核安全性的存在受到关注，历史上曾多次发生重大的核事故，导致放射性泄漏，对生态和人类健康造成危害等，因此世界许多国家对核电发展心存忌惮，进而在很大程度上限制了核电的发展。

人类利用核能的另一种方式是核聚变，但目前仅应用于核武器领域。核聚变反应与太阳中发生的反应类似，不过目前仍处于实验阶段，在民用领域的技术上尚未取得重大突破，商业化的核聚变核电站尚未投入使用。

与核裂变相比，核聚变具有明显的优势，比如无碳排放、运行中放射性较低、核废料很少及基本上无限的燃料供应等。自20世纪40年代以来，科学家一直在研究核聚变的利用，但是尚未设计出能够持续稳定反应数分钟或输出能量超过输入能量的商业反应堆。

核能是人类历史上的一项伟大科学发现和技术发明，无论在当下还是未来，均对人类社会文明产生极其重大的影响。随着人类科学技术的不断进步，人类逐渐将核能运用于军事、能源、工业和航天等领域，吸引了世界上众多国家的科学家，发达国家和发展中国家的科学家都在积极开展核能研发和利用。

从未来长期趋势来看，世界各国科学家都已经将核聚变能开发作为关键方向，其中美国、欧洲、日本、俄罗斯、中国和以色列等走在了科研技术前沿，核聚变能开发是事关人类社会发展和全球能源系统重构的关键问题。

国际原子能机构（IAEA）已经实施先进核燃料计划，世界主要大国正在加速核聚变技术研发，推动核聚变能的远期商业应用。如果人类攻克了核聚变能的关键核心技术，那么人类能源问题就可能变得不那么重要和敏感，人类就可以打开"无限能源"之门。对于一个国家来说，只要率先攻克了核聚变能技术，那么就能够取得难以想象的能源战略优势。

二、全球核能发电稳步增长，但发达国家和发展中国家出现明显差异

全球核能发电版图已颇具规模。从北美到亚洲，从欧洲到非洲，数十个国家纷

纷建立了核能发电体系。法国作为核能利用的先驱，其核能发电量占全部发电量的比例高达75%；日本、印度等国也不甘落后，积极发展核能发电网络，力求在能源自给自足与环境保护之间找到最佳平衡点；中国作为世界上最大的能源消费国之一，近年来核电机组数量迅速增长，展现出巨大的发展潜力。

核能发电之路并非坦途。安全始终是核电发展道路上最受人关注的话题。切尔诺贝利事故与福岛事故提醒世人核能的风险与挑战，促使全球范围内对核安全标准实现了前所未有的提升。国际原子能机构、世界核电运营者协会等机构对核能产业实施严格的监管措施，共同编织一张保护人类免受核威胁的安全网。

面对全球气候变化带来的紧迫挑战，核能作为低碳、高效的能源形式，重要性愈发凸显。小堆技术、浮动核电站和第四代反应堆等创新技术的研发，正逐步克服传统核能发电的局限性，提高效率与安全性。同时，核能与可再生能源的互补利用，展现了更加灵活、可持续的能源未来。

在2002年至2012年期间，全球核能发电量由2 695.9 太瓦·时下降到2 470.6 太瓦·时；在全球发电量中的占比由16.48%下降到10.82%，市场地位有所下降。

在此期间，发达国家核能发电量由2 330.7 太瓦·时滑落至1 961.9 太瓦·时；在全球核能发电量中的占比由86.45%下降到79.41%。

与此同时，发展中国家核能发电量由365.2 太瓦·时升至508.7 太瓦·时；在全球核能发电量中的占比由13.55%提升到20.59%，发电地位出现了明显提升。

在2013年至2023年期间，全球核能发电量由2 490.3 太瓦·时增加到2 737.7 太瓦·时；在全球发电量中的占比由10.61%下降到9.15%。

在此期间，发达国家核能发电量由1 975.7 太瓦·时降至1 831.7 太瓦·时；在全球核能发电量中的占比由79.34%降至66.91%。

与此同时，发展中国家核能发电量由514.6 太瓦·时升至906.0 太瓦·时；在全球核能发电量中的占比由20.66%升至33.09%，在全球核电格局中的地位明显跃升。

截至2024年1月，全球在运核电反应堆413座，净装机容量达到了371 510 兆瓦，核电发电量占全球总发电量的比重约为10%；在建核电反应堆58座，其中加压轻水反应堆49座，为主要堆型，其他还有快中子增殖反应堆、加压重水反应堆和沸腾水反应堆，总净装机容量达到了59 867 兆瓦。从运行时间来看，全球在运核电反应堆一半以上处于"高寿"阶段，平均运行时间达到31.8年，其中有262座核电反应堆已经运行 31～50 年。

三、全球核能消费由稳步下降转向低速增长

随着科技的进步和全球对清洁、高效能源需求的增长，核能产业在全球范围内迅速发展。核能以其近乎无限的发电能力、几乎为零的碳排放等优势，成为应对全球气候变化和实现可持续发展目标的重要手段。

全球核能消费是一场关于科技、伦理与未来的深刻对话，核能既是人类智慧的结晶，也是对未来负责的行动宣言。在充满挑战与机遇的道路上，人类需要更多的理性思考、技术创新与国际合作，以确保核能能够真正照亮人类的未来，而不是成为毁灭的导火索。

在 2002 年至 2012 年期间，全球核能消费量由 27.18 艾焦下降到 23.40 艾焦。

在此期间，发达国家核能消费量由 23.50 艾焦减少到 18.58 艾焦；在全球核能消费量中的占比由 86.46% 下降到 79.40%。

与此同时，发展中国家核能消费量由 3.68 艾焦跃升至 4.82 艾焦；在全球核能消费量中的占比由 13.54% 逐渐提升到 20.60%。

在 2013 年至 2023 年期间，全球核能消费量由 23.45 艾焦增至 24.57 艾焦，增长速度明显低于上一个十年。

在此期间，发达国家核能消费量由 18.60 艾焦降至 16.44 艾焦；在全球核能消费量中的占比由 79.32% 下降到 66.91%。

与此同时，发展中国家核能消费量由 4.85 艾焦增加到 8.13 艾焦；在全球核能消费量中的占比由 20.68% 提升到 33.09%，持续展现着不可阻挡的增长力量。

四、全球核能未来还有较大发展空间

时至今日，核能不仅成为全球电力供应的重要支柱，更在全球能源转型的浪潮中扮演着愈发重要的角色。在应对气候变化、实现能源转型和经济社会可持续发展的道路上，未来核能无疑将是世界能源发展中不可或缺的力量。

（一）全球核能争议可能会长期存在

回望过去，核能从最初的梦想变为现实；展望未来，核能将在全球能源转型中扮演更加重要的角色。虽然前路充满挑战与未知，但人类从未停止探索的脚步。尽

管全球核能发展呈现出蓬勃态势,但挑战依然严峻。安全问题是首要考量,任何微小的失误都可能带来灾难性的后果。此外,资金和技术投入的巨大压力也是制约因素之一。

切尔诺贝利与福岛等事故,让核能安全成为全球关注焦点,引发争议与讨论。一方面,核能以几乎不产生温室气体、能量密度高等优势,被视为解决气候变化问题的关键;另一方面,对核事故的风险、核废料的处理及核扩散的担忧,又让不少人对其望而却步。

在此背景下,全球核能发展呈现出复杂多变的趋势。一方面,中国、印度等国大力建设核电站,以应对能源需求增长和环境保护的双重压力;另一方面,德国则因安全顾虑而选择减少或放弃核电项目。

新兴经济体很少有放弃核能发展的政策,尤其是中国和俄罗斯等,正在不断通过核电技术的应用加快发展核能产业,在建核电机组占全球在建核电机组的70%以上,在全球核能格局中的地位不断提升。

俄乌冲突爆发以来,世界许多国家或经济体,包括美国、欧盟、英国、日本、韩国和俄罗斯等再度调整核能发展战略,将核能发电提升到国家能源安全战略的核心地位。

美国启动了"核能信贷计划",推进技术创新,延长核反应堆寿命,支持先进核电项目发展,积极拓展海外核电市场。在国际核能合作领域,美国正在持续加强与七国集团成员的合作,在核能领域建立不受俄罗斯影响的全球核能产业链和先进核电技术体系。

欧盟已经形成了以核电立场为界的二元核能地缘格局,法国和大部分东欧国家是"拥核"派,而德国和部分西北欧国家则是坚定的"弃核"派。在俄乌冲突爆发背景下,能源安全问题凸显,欧盟内部的"拥核"派再度占据上风,已经将核电确认为实现气候目标和确保能源安全的重要工具,将核电列为"绿色能源",将先进核电技术纳入"净零技术"范畴。

英国在《民用核能2050路线图》中,明确了核电的战略意义,核电被定位为当前唯一可大规模部署的可靠、安全、低碳的电力类型,是实现净零排放的关键。此外,在《英国绿色分类法》中,英国将核电归为"环境可持续"一类,与可再生能源地位相同。

2023年，日本内阁会议通过了《绿色转型基本方针》，提出要最大限度地利用可再生能源和核能，以及研发并建设更安全的新一代核电反应堆，替代已报废的核电反应堆，日本基本上摆脱了2011年福岛核事故发生后对本国核能发展产生的阴影。

韩国在核能发展领域，过去曾出现过倒退，不过目前已经改变了逐步淘汰核电的政策，将核电作为主要电力来源，重启本土核电项目建设。

展望未来，核能将在全球能源版图中扮演更加重要的角色。随着技术的不断进步和全球对低碳转型的共识加深，尽管核能争议还将持续下去，但也很有可能不再是世界各国争议的焦点，而是成为实现碳中和目标不可或缺的一部分。

（二）核能技术创新：人类未来核能发展的驱动力

由于核能技术不断进步，核电站安全性、核废物处理等难题逐渐得到有效解决，推动了许多国家继续发展核能产业，中国、部分欧盟国家、日本和美国等正在建设新一代核电站，尤其是中国核能产业处于快速增长阶段。

科技创新是核能发展的核心动力。无论是新型反应堆的研发、核废料处理技术的突破，还是与可再生能源的融合探索，都离不开科技的支撑。人工智能、大数据、物联网等先进技术的应用，将进一步提升核能系统的安全性、经济性和灵活性。

面对挑战与机遇并存的局面，全球核能界致力于技术创新与升级。第四代核技术应运而生，旨在提高安全性、经济性和可持续性，减少核废料的产生，甚至实现核燃料的循环利用。核电新技术，包括高温气冷堆、熔盐堆等，不仅能够有效降低事故风险，还能大幅延长核电站的使用寿命，减少对环境的影响。

在核电技术领域，俄罗斯在世界上处于先进水平，尤其是在小型模块化反应堆（SMR）技术领域。2023年，俄罗斯进一步细化了核电发展规划，包括新建核电项目，以及谋划、推动远东和北极核电项目发展等措施。俄罗斯推进先进核电技术、先进核燃料和乏燃料处理工艺等，与中国加强在快中子反应堆和核燃料闭式循环等领域的合作，与沙特阿拉伯、吉尔吉斯斯坦、印度和缅甸，以及其他中东、东南亚和非洲地区国家进行核电合作。

核废料处理一直是核能发展的瓶颈之一。高放射性废料具有长期甚至永久的危险性，其安全处置成为一大难题。然而，随着科技进步，一些国家开始探索核废料再处理技术（如日本的ALPS计划），力求实现废料的减容和再利用。虽然这些技术尚处于试验阶段，但无疑为核能的可持续发展提供了新的希望。

在应对全球气候变化的背景下，各国纷纷提出碳中和目标，而核电以其低排放、高能效的特点成为重要选项。法国、芬兰、瑞典等国通过新建和扩建核电站，将核能作为实现碳中和的重要路径。此外，小型模块化反应堆（SMR）技术的兴起，为核电的灵活性和经济性带来了新希望。新型反应堆体积小、建设周期短、运维成本低，成为未来核电发展的新趋势。

（三）核能与可再生能源的融合：人类社会互补共生的未来

在可再生能源快速发展的今天，核能与风、光等清洁能源的互补性愈发显著。核能具有连续稳定供电的特点，能够在可再生能源不稳定时提供有效补充。一些国家开始探索"核电+风光"的综合能源系统，力求实现能源结构的优化和经济效益的最大化，这不仅有助于提升能源系统的稳定性，也为全球能源转型提供了新路径。

在追求更加安全、高效的同时，核能与可再生能源的结合也成为探索方向。通过智能电网和储能技术，核能可以与风能、太阳能等间歇性能源互补，实现能源供应的稳定与高效。"核+X"模式正在全球多个地区试点实施，预示着未来能源结构将更加多元和灵活。

（四）核能国际合作：是人类共筑核能和平与安全的保障

在探索核能的道路上，人类社会不仅要面对挑战与风险，更要怀揣希望与梦想。国际合作将成为推动核能发展的重要力量。面对气候变化这一全球性挑战，各国需要加强沟通与合作，共享核能科技成果，共同构建安全、清洁、高效的全球能源体系。但愿全球核能在安全、高效、绿色的道路上不断前行，为人类带来更加光明的未来。

面对全球性挑战，国际合作显得尤为重要。国际原子能机构等国际组织在推动核能安全、技术交流和人才培养等方面发挥了重要作用。各国应加强合作与交流，共同应对核能发展中的难题和挑战。

12 全球水能产业：
肩负能源转型重任，水能发展仍具潜力

> 漫游千山形急水，辗转万野成湍溪。蜿蜒崎岖赋仙境，转转弯弯吟古诗。
> 岸边倒影舞雅趣，碧波荡漾弄娇姿。紫烟飞舞在天池，银花坠落令人痴。

水能是一种可再生能源，目前人类利用水能最普遍的方式就是水力发电。水能发电具有连续性、纯净无污染且无碳排放的特性，未来发展潜力很大。

一、水能，来源于水体的动能、势能等

水润落，万物生，水覆山野，草木悠盈。水不仅养育人类，而且滋润万物。动物的生命源于水，无水则无生命；植物亦如此，遇水而滋茂，离水必枯槁。生命之源在于水，如果没有水，那么就没有生命。

水，更是一种能源，而且是一种清洁的绿色能源。所谓水能，就是水体的动能和势能等，可以通过能量转化为人类社会发展提供能量，以满足人类发展的需要。

对于水力能源发展来说，在人类历史上已经拥有数百年历史，人们长期利用水力来驱动水轮转动，执行研磨和抽水等机械任务，而目前水力发电已成为水能利用的主要场景，成为电力来源的一部分。水力发电，其实就是从水流中获取能量的过程，本质上属于能量转化过程，即水流势能转化为电能的过程。从科学原理上来看，水力发电原理其实也很简单，首先是利用高位水流的势能或重力能，通过水位的落差将势能转换为动能；其次是利用动能驱动水轮转动；最后是将动能转化为电能。

世界上存在的任何事物，其实都存在正负两面性，这符合唯物辩证法。

从正面来看，水力发电具有明显的清洁绿色特征，人类开发水力发电对于应对全球气候变化具有重大意义，可以助力实现全球碳中和目标，推动全球能源转型，

加快能源结构调整，强化生态环境治理，促进世界经济和社会发展。

不过，对于水力发电来说，也存在负面影响。在世界上某些国家，尤其是部分发达国家，长期以来一直存在着某些争议，其中最大的争议在于水力发电可能对生态环境造成负面影响。

由于部分国家存在争议，导致这些国家对水力发电发展采取比较消极的政策，这也是全球范围内水力发电并没有得到快速发展的根本原因。

二、全球水能发电由热趋冷，增速明显下降

全球水能发电，这一古老而又现代的智慧结晶，正是人类利用自然之力，实现可持续发展梦想的重要途径，引领人类步入一个更加绿色、和谐的未来。

在全球气候变化和能源危机的双重挑战下，全球水能发电以其清洁、可再生的特性，成为实现碳中和目标的关键路径之一。它不仅是技术的革新，更是对人类生活方式的一次深刻反思，提醒人类社会珍惜每一滴水背后的能量，学会与自然和谐共处。

在2002年至2012年期间，全球水能发电量由2626.3太瓦·时逐渐增加到3641.8太瓦·时；在全球发电量中的占比由16.06%逐渐下降到15.95%。

在此期间，发达国家水能发电量由1322.6太瓦·时升至1448.6太瓦·时；在全球水能发电量中的占比由50.36%降至39.78%。

与此同时，发展中国家水能发电量由1303.7太瓦·时跃升至2193.2太瓦·时，与发达国家形成了鲜明对比，彰显了蓬勃发展势头；在全球水能发电量中的占比由49.64%攀升至60.22%，这象征着能源转型的勃勃生机。

从发达国家和发展中国家的角度来看，发达国家环保主义成为重要政治议题，对水能发电项目的生态环境影响日益重视，水能发电呈现明显下降的趋势；而发展中国家为了满足经济发展对电力增长的需求，水能发电则呈现明显增长态势。

在2013年至2023年期间，全球水能发电量由3787.9太瓦·时稳步上升到4240.2太瓦·时，增长速度十分缓慢；在全球发电量中的占比由16.14%下降到14.17%，下降趋势也比较平稳。

在此期间，发达国家水能发电量由1466.0太瓦·时降至1385.5太瓦·时；在全球水能发电量中的占比由38.70%降到32.68%，地位有所下降。

与此同时，发展中国家水能发电量由 2 321.9 太瓦·时升至 2 854.7 太瓦·时；在全球水能发电量中的占比由 61.30% 升至 67.32%。

三、全球水能消费由稳步增长到稳定，电力消费比重逐渐下降

态度决定动机，动机决定行为，行为决定效果。发达国家和发展中国家在水力发电发展方面存在明显差异，发展中国家保持了较快的发展势头，而发达国家出现明显的下降趋势，说明发展中国家和发达国家对水能发电发展的政策存在差异。

在发展中国家中，亚太地区发展中经济体对全球水力发电增长的贡献最大，实现了大规模快速增长，这与发展中国家开始重视能源转型有关。在亚太地区，中国的贡献最大，在全球水力发电发展和扩张中，有大约三分之二的发电量发生在中国，表现十分突出。除了亚太发展中经济体水力发电发展较快之外，独联体和非洲地区的水能发电和消费也有比较平稳的增长。

在 2002 年至 2012 年期间，全球水能消费量由 27.60 艾焦增加到 35.95 艾焦；在全球一次能源消费结构中的占比由 6.73% 提高到 6.81%，消费地位有所上升。

在此期间，发达国家水能消费量由 13.90 艾焦缓缓攀升至 14.30 艾焦；在全球水能消费量中的占比由 50.36% 降至 39.78%，展现出能源消费版图的新变化。

与此同时，发展中国家水能消费量由 13.70 艾焦升至 21.65 艾焦；在全球水能消费量中的占比由 49.64% 提升到 60.22%，引领全球水能利用的新格局。

在 2013 年至 2023 年期间，全球水能消费量由 37.17 艾焦升高到 39.65 艾焦；在全球一次能源消费量中的占比由 9.07% 下降到 7.51%。

在此期间，发达国家水能消费量呈现出一种缓缓下降的趋势，由 14.38 艾焦降至 12.96 艾焦；在全球水能消费量中的占比由 38.69% 降至 32.69%，其地位明显下降。

与此同时，发展中国家水能消费量由 22.79 艾焦攀升至 26.69 艾焦；在全球水能消费量中的占比由 61.31% 提升到 67.31%。

四、未来全球水能发展仍有一定程度的增长态势

从总体上来看，尽管目前全球水能发展处于较为审慎的态势，但是预期仍将保持一定程度的增长势头，因为发展水能符合人类应对全球气候变化的大潮流，至少是人类实现能源转型目标的手段之一。

（一）水能优势：助力人类社会实现碳中和

在可再生能源中，目前水能技术最成熟、利用效率高、经济效益好，因此在世界范围内应用最为广泛，对于应对全球气候变化具有重要意义。随着人类文明的进步，尤其是在全球能源转型的大背景下，水能产业迎来了前所未有的发展机遇。

目前，许多国家的政府和企业都在寻求更加环保、可持续的能源解决方案。水能作为一种低碳排放的能源，符合这一发展趋势。许多国家都将水能作为优先发展的能源，投入大量资金和技术力量进行研究和开发。

水能是一种清洁的可再生能源。与煤炭、石油等传统能源相比，水能不会产生有害气体和污染物，它的开发和利用不会对环境造成破坏，反而能够有效地减少温室气体的排放，为地球母亲减轻负担。在水能发电过程中，水的势能转化为电能，这一过程几乎不排放污染物，为改善空气质量、保护生态环境贡献了一份力量。

水能具有稳定可靠的特性，与传统能源受天气和环境因素影响较大不同，水能资源的利用受季节和天气变化的影响相对较小。只要水量充沛，水电站就能持续稳定地输出电能，为电网提供可靠的电力保障。这种稳定性使得水能在能源结构中占据重要地位，成为保障国家能源安全的重要力量。

水能具有较高的经济效益，水电站建设周期相对较短，投资回报率较高。水能资源开发还可以带动相关产业的发展，如水利工程、设备制造等，为经济增长注入新的活力。

（二）水能发展：需要与生态环境相协调

由于水力发电发展可能对生态环境造成一定的负面影响，因此有些国家对其发展存在质疑，尤其是在发达国家，质疑之声长期不绝于耳，导致部分发达国家不再优先发展水能发电，这是全球水能发电发展速度比较平稳的主要原因。

尽管水能产业前景广阔，但也面临着某些挑战，如环境影响的评估与控制、移民安置与生态保护等问题都需要认真对待和解决。在追求经济发展和能源开发的同时，环境保护已成为水能产业不可或缺的一部分。水能开发必须与生态环境保护相协调，确保生态系统的健康和稳定，这已经成为全球范围内水能产业发展的共识。

在水电开发过程中，需要对项目可能产生的环境影响进行全面评估，并采取相应的保护措施。例如，通过建设鱼道、恢复湿地等措施，维护河流生态系统的完整性；采用先进的环保技术，减少水电开发对周边环境的影响。

加强环境监测和管理，也是确保水电产业可持续发展的重要手段。通过建立完善的环境监测体系，可以实时掌握水电开发过程中的环境状况，及时发现和解决问题。

在地理位置和地质条件适宜的地区，水电资源已得到较为充分的开发。因此，未来水电开发将更加注重复杂地形和条件下的技术突破，需要政府、企业和科研机构的共同努力，推动水能发展与生态环境相协调。

此外，公众对水能开发的认知和接受程度也对产业的发展产生影响，因此，加强公众宣传和教育，提高公众对水能开发和环境保护的认识，也是推动水能产业发展的重要任务。

（三）水能技术创新：引领水能产业发展

技术创新，无疑是推动水能产业发展的重要引擎。随着科技进步，水能发电技术不断革新和优化，从传统的筑坝蓄水发电，到如今更加灵活高效的水轮机和水电站设计，每一次技术的飞跃都为水能产业注入了新的活力。

未来，全球水能产业将更加注重技术创新，包括水能资源的勘探技术、水电站的建设技术及水能利用效率的提升等方面。随着科技的发展，水能发电技术将不断取得突破，使得水能发电成本进一步降低，效率更高。

智能电网技术的发展，也为水能产业带来了新的机遇。通过智能电网，可以实现对水能发电的实时监控和管理，提高电力系统的稳定性和效率。此外，储能技术创新也为水能利用提供了更多可能性。通过储能设备，可以将多余的电能储存起来，在电力需求高峰时释放，从而平衡电力供需。

随着科技的迅猛发展，水能产业作为绿色能源的重要支柱，正站在一个新的历史起点上，引领着全球能源结构的转型与升级。

（四）水能国际合作：共谋全球水能产业繁荣

在全球化的今天，水能产业的开发利用需要各国之间的紧密合作与交流。国际合作已成为水能产业发展的重要趋势，许多国家纷纷加强在水电开发、环境保护等方面的交流与合作，共同推动水能产业的繁荣与发展。未来，各国将在水能资源的共享、技术创新、市场拓展等方面开展更加广泛的合作与交流，进而实现资源的最优配置和技术水平的共同提升。

跨国河流水电开发是国际合作的一个重点领域。通过签订合作协议、建立合作机制等方式，各国可以分享水电开发的成果，实现互利共赢。国际组织和非政府组织也在推动水能产业发展方面发挥着重要作用，通过提供技术支持、资金援助等方式，帮助发展中国家开展水电开发项目，促进全球水能产业均衡发展。

全球水能能否持续发展，除了要看相关国家对待水能发电的态度和政策之外，关键还是要看全球水能资源的分布和开发条件。如果没有足够的水流、适合的地理和气候条件，那么谈论水能开发便是"纸上谈兵"。由于受到自然地理和气候条件的限制，世界各地降雨量和径流量必然存在很大差异，因此，水能开发和利用的基础条件存在差异，各地在发展上应该因地制宜。

13 全球风能产业：
应对全球气候变化，风能地位持续提升

> 风重山川力展，情牵世道难分。谁说风颂吟无魂，当赋古今梦韵。气变人间冷落，风车取电天门。碳排可控绿光陈，却看风矛利钝。

风能，轻拂着地球的每一寸土地，既没有带来污染的阴影，也没有引发温室气体的累积，静静地存在于各个角落，悄然改变着能源世界，拥有难以想象的发展空间。

一、风能，其实就是流动的空气

风，如诗如画，引发无尽的遐想。古今中外的文人墨客，皆对风寄予深情，创作出无数动人心弦的诗篇与佳作。宋玉在《风赋》中如此描绘：夫风者，天地之气，溥畅而至，不择贵贱高下而加焉。以此说明风的普遍性与包容性。

从科学视角来看，风不过是一种流动的空气，简单而又直接。风能，乃是源自流动空气的动能，与万物运动中蕴藏的能量息息相关。

为何风会流动呢？这需要科学解读。太阳能在陆地、海洋和山脉上的分布不均，导致高压区和低压区的形成。温压差的存在，使得空气流动，以实现不同区域间的平衡，这是自然界的科学规律。温压差越大，风力越强；反之，风力越弱。温压差大小不同，进而形成微风、弱风、中风、大风和强风等不同强度的风。若无温压差，则无空气流动，无流动产生的动能，亦无风能可言。

风，是大自然的奇景，而风能则是上天赐予人类的宝贵资源。风能，作为自然界赋予人类的能量来源之一，是人类文明得以持续演进的"天赐之物"。

人类智慧无比卓越，具有高度智力特征和自我调节能力。从人类社会发展和文明演进的过程来看，人类始终在迎接各种挑战中砥砺前行，无畏无惧，充满自信。人类从未停止探索与利用风能，自古以来，人们便开始利用风能驱动风车、风帆等工具，用于农业灌溉和水上航行等。随着科技进步，人类更是将风能转化为机械能，再将机械能转化为电能，这就是风力发电，也是人类目前利用风能的最主要方式。

风能是全球能源转型的加速器，是人类应对全球气候变化的坚定守护者。人类一直都在倾听风能的故事，感受风能的力量。风能具有明显的清洁优势，对于应对气候变化具有重要意义。

在全球范围内，各国普遍青睐风能，并在过去几十年中大力发展风能产业，尤其是风力发电的增长势头令人瞩目。总体而言，风能是自然界赋予人类的宝贵礼物，是人类文明得以持续演进的重要推动力。人类应当充分利用这一自然资源，为未来创造更美好的可能。

二、全球风电装机呈现高速增长态势

在蔚蓝的天空下，广袤的大地上，有一种力量在悄然生长，它无形却强大，古老而又新颖——那就是风能。而全球风电装机记录着人类社会对清洁能源不懈追求的足迹。

在丹麦的浅滩、中国的大草原、美国的荒凉山脊，乃至非洲的撒哈拉沙漠边缘，一座座风力发电机如同巨人的手指，直指云霄。风力发电机不仅是冰冷的钢铁构造，更是人类对未来的期许与承诺。每当夜幕降临，星辰之下，这些高耸的"风车"缓缓转动，将风的轻拂转化为照亮城市的电能，让夜晚不再黑暗，让梦想有了翅膀。

从最初的木质风车到如今的巨型涡轮机，从固定叶片到可调节叶片的智能设计，技术的进步让风力发电更加高效和稳定。如今，海上风电的兴起，更是开辟了全新的领域。巨大的浮式平台将风力发电机带到了更广阔的海域，那里风力更强，更加稳定，预示着风电产业的无限可能。

全球风电装机不仅是技术的革新，更是人类文明的进步。未来，当更多风能转化为清洁电能时，我们或许能更加深刻地感受到那句古老的谚语：风虽无形，却能推动世界。人类社会需要携手逐风，共同编织一个更加绿色、可持续的地球梦。

在过去的几十年里，由于世界各国高度重视应对全球气候变化，加速能源转型，全球风能产业得到了高速发展，尤其是风力发电装机容量。

在2002年至2012年期间，全球风电装机容量经历了激增历程，增速和增幅均令世人吃惊，由30 733兆瓦❶跃升到267 289兆瓦。

在2013年至2023年期间，全球风电装机容量继续一路飙升，由299 914兆瓦跃升至1 017 199兆瓦，增长幅度和速度延续了上一个十年的高速增长态势，令人瞩目。

三、全球风力发电高速增长，表现十分强劲

在全球能源转型浪潮中，风力发电产业持续高速发展，彰显出无比强大的生机和活力。在这场变革中，风力发电以其独有的魅力，带来了一场前所未有的绿色革命。

风力发电，看似简单的概念，实则蕴含着改变世界的潜力。高耸入云的风力发电机，如同现代版的"风车"，在蓝天白云下旋转，将无形的风转化为电能，照亮了千家万户，也照亮了人类走向可持续未来的道路。

随着科技的进步，智能控制技术、大型化趋势、海上风电的兴起等，每一项创新都像是为风力发电插上了一双翅膀，使其飞得更高、更远。随着全球对碳中和目标的共识，风力发电无疑正在成为推动全球能源转型、实现可持续发展目标的关键力量。

在全球风力发电的浪潮中，人类不仅是见证者，更是参与者。让世界各国携手前行，在这股绿色的旋律中，共同书写人与自然和谐共生的新篇章。风，将继续吹拂，而世界将在一缕缕清风中变得更加清新和美好。

在2002年至2012年期间，全球风力发电量呈现出"井喷式"增长，由52.4太瓦·时一路飙升至530.5太瓦·时；在全球发电量中的占比也由0.32%提高到2.32%，显示出强大的增长潜力。

在此期间，发达国家风力发电量由48.7太瓦·时跃升到384.1太瓦·时；但在全球风力发电量中的占比却由92.94%降至72.40%。

与此同时，发展中国家风力发电量由3.7太瓦·时攀升至146.4太瓦·时；在全

---

❶ 1兆瓦=1 000千瓦。

球风力发电量中的占比由 7.06% 提高到 27.60%。

在 2013 年至 2023 年期间，全球风力发电量由 635.5 太瓦·时升至 2 325.3 太瓦·时；在全球发电量中的比重也悄然提升，由 2.71% 一路攀升到 7.77%。

在此期间，发达国家风力发电量快速增长，由 444.3 太瓦·时增至 1 149.4 太瓦·时；然而，其在全球风力发电量中的占比由 69.91% 降至 49.43%。

与此同时，发展中国家风力发电量以前所未有的速度实现了飞跃，由 191.2 太瓦·时跃升至 1 175.9 太瓦·时；在全球风力发电量中的占比由 30.09% 升至 50.57%。

四、全球风能消费持续高速增长

在全球范围内，风能的消费正以前所未有的速度增长。总体来看，发达国家风能消费规模增长表现强劲，但是在消费比重上呈现比较明显的下降趋势，说明发展中国家正在奋起直追。

在 2001 年至 2011 年期间，全球风能消费量由 0.41 艾焦升至 4.38 艾焦；在全球一次能源消费量中的比重由 0.10% 升至 0.84%。

在此期间，发达国家风能消费量由 0.37 艾焦增至 3.30 艾焦，展现出前所未有的激增态势；但在全球风能消费量中的占比由 90.24% 降至 75.34%。

与此同时，发展中国家风能消费量以惊人的"井喷式"增速，由 0.04 艾焦跃至 1.08 艾焦；在全球风能消费量中的占比也由 9.76% 攀升至 24.66%。

在 2012 年至 2022 年期间，全球风能消费量继续猛增，由 5.24 艾焦升至 19.76 艾焦；在全球一次能源消费中的占比也由 0.99% 稳步上升到 3.27%，引领全球能源转型浪潮。

在此期间，发达国家风能消费量显著增长，由 3.79 艾焦跃升至 10.26 艾焦；然而，在全球风能消费量中的占比由 72.33% 降至 51.92%，市场地位出现了明显下降。

与此同时，发展中国家风能消费量经历了迅猛的增长，由 1.45 艾焦跃升至 9.50 艾焦；在全球风能消费量中的占比亦显著攀升，由 27.67% 提升到 48.08%，彰显出更加蓬勃的发展潜力。

五、全球风能产业未来发展潜力巨大

人类发展,需要把握大势,更要顺应大势,顺势而为方可立于不败之地。

为了应对全球气候变化,人类加速能源转型,以替代旧有能源体系,并大力发展风能。风能发展领域争议甚少,因为世界各国都明白,减少对高碳排放的煤炭和石油的依赖,是生存和发展的重大使命和担当。

(一)资源优势:让风能成为未来全球能源转型的主导力量之一

随着全球气候变化和环境问题日益严峻,风能作为一种清洁、可再生的能源,正站在历史的前沿,展现出前所未有的发展潜力。时至今日,人类将风能转化为现代能源,所带来的不仅仅是清洁能源的供给,更是一场关乎人类未来能源发展的深刻变革。

全球风能资源丰富,几乎无处不在。从广袤的海洋到辽阔的草原,从巍峨的山脉到广袤的沙漠,只要有风,就有风能的存在。这种普遍存在的特性使得风能在全球范围内具有广阔的应用前景。特别是在一些风力资源丰富的地区,如欧洲、北美和中国的一些沿海省份,风能已经成为当地重要的能源支柱。

(二)技术创新:让风能未来发展持续插上腾飞的翅膀

风能的发展离不开科技的支持。在风的呼啸声中,隐藏着无穷无尽的智慧与创新。现代科技为风能的开发和利用插上了翅膀,使其在能源领域大放异彩。在未来岁月里,风能技术将以稳健的步伐,向着成熟的境地持续迈进。

风能技术创新,带着无尽生机和活力,在全球范围内掀起一股强劲的风能发展浪潮,将形成巨大的风电装机规模和发电量,以强大的力量推动人类向非化石能源替代化石能源的第三次能源革命迈进。

风力发电机组的不断升级换代,是风能发展的重要动力。从最初的简单机械装置,到如今的高度智能化系统,风力发电机组的效率不断提升,成本不断降低。智能化的控制系统能够实时监测风速、风向等参数,确保发电机组始终处于最佳状态。

大数据和人工智能技术为风能产业带来革命性的变革。通过对海量数据的分析与挖掘,能够更准确地预测风能资源的分布情况,从而优化风电场的布局设计。同时,人工智能技术还能应用于风电场的运维管理,实现故障预测和智能化维护计划的制定。

储能技术为风能的稳定供应提供了有力保障。风能的不稳定性对电网的稳定运行提出了挑战。由于风力变化无常，可能导致风电场出力的波动，从而影响电网的电能质量。因此，如何平衡风能与电网之间的关系是亟待解决的问题。通过将多余的电能储存起来，并在需要时释放使用，储能技术有效缓解了风能间歇性带来的供电不稳定性问题。随着电动汽车的普及和智能电网的建设，风能将在储能和分布式发电领域发挥更加重要的作用。电动汽车的大规模充电需求和智能电网的灵活调度能力，将为风能大规模消纳能力提升提供强有力的支撑。

海上风电技术为风能的发展提供了巨大的空间。随着海上风电技术的不断成熟和成本的逐渐降低，海上风电将成为未来风能发展的一个重要方向。海上风能资源丰富、不受地形限制等优点使得海上风电场具有更高的发电效率和更大的发展潜力。

未来，大规模开发海上风电，将吸引越来越多的投资，海上风电时代即将全面来临，将引领风电产业进入大规模快速发展的新时代。

风光水火储一体化技术研发将持续推进，风能将与太阳能、水电、火电等多种能源形式形成互补效应，共同构建稳定可靠的清洁能源供应体系。

（三）政府政策：持续引领风能未来发展方向

风能不仅可以有效减少温室气体排放，还能为各国社会、政治、经济发展提供重要驱动力，同时对保障能源安全、改善生态环境及增加就业等具有重大意义。

世界各国目前正在加大对可再生能源的投入，可再生能源的增长势头强劲，正迈入高速发展的新阶段。风能作为可再生能源的重点领域，不仅是各国能源体系的重要组成部分，更是未来全球经济和社会发展的重要增长点之一。

根据各种机构分析，由于世界各国政策支持，预计未来风能产业还将持续快速发展，风力发电装机规模和发电量还将持续增大，无论是发达国家还是发展中国家，风能都将是未来能源发展的重点领域，成为全球能源转型的关键驱动力。

过去几十年，美国、日本等发达国家在风能发展方面保持了高度一致的态度，都将风能发展战略作为国家能源战略的核心内容，并不断出台优惠政策扶持风能产业的技术发展和市场开拓。总体而言，发达国家在风能开发和利用方面拥有技术优势，这是客观现实，也是这些国家普遍重视风能发展的关键因素之一。

对于发展中国家来说，在风能发展领域确实存在某些劣势，比如技术创新能力明显不足，资金实力十分有限，人力资源竞争力较弱，但是未来风能市场的潜力巨大，这是发展中国家的最大优势。以中国、印度、巴西、南非和俄罗斯为代表的新兴经济体，正在以惊人的速度成为世界经济体系中的重要力量，势必也将成为未来全球能源发展的重要力量，风能发展也势必成为能源转型的主流方向之一。

可以预见，全球未来风能发展具有巨大的发展潜力。风能必将在未来全球能源体系中扮演极其重要的角色，为应对全球气候变化和人类文明的演进提供强大动力，对于经济可持续发展和提升人类社会文明程度均具有重大的现实意义和深远影响。

14 全球太阳能产业：
人类终极能源，全球转型关键

> 朝起山海东岸，暮移市井西端。光伏发电众多藩，普度众生所愿。能量增生千举，徐徐碳减颜容。转型应变千万关，力断人间祸变。

太阳能资源丰富，分布广泛，跨越国界，生生不息，无须运输，是未来的希望之光，更是绿色清洁的象征，未来发展空间无可限量。

一、太阳能，来自太阳内部核聚变而释放出来的巨大能量

太阳不仅是一个天体，也是人类历史的见证者和古老的图腾，更是力量与智慧的象征，对人类社会的重要性无可替代。太阳更是一个无尽的能源宝库，其能量深不见底，被誉为人类的终极能源。

在科学的光芒中，科学家看到了太阳的奥秘：这种源自核聚变的能量，以光热辐射的形式显现，也就是人们熟知的太阳之光。它洒向大地，化为世界之光，温暖生活。

人类对太阳，乃至对太阳能的探索和利用的历史，其实就是一部人类文明的发展史。在能源世界，太阳的身影无处不在，煤炭、石油和天然气等化石能源，都源于古代生物通过光合作用储存的太阳能；而非化石能源，如风能、生物质能等，同样是太阳的馈赠。

太阳是无尽的力量，是永恒的生命源泉。自从生命在地球上诞生，尤其是人类诞生以来，地球上的所有生物都离不开太阳。生物的生存和人类的繁衍，都离不开那无处不在的光热辐射。没有太阳，世界将失去色彩，生物将失去生命，人类将失去希望。

太阳能以两种独特的方式，存在于人类社会中：一种是光热转换，以太阳的热情为引，将光热转化为生活的温暖，例如太阳能热水器，是日常生活的亲密伙伴；另一种是光电转换，以太阳的光辉为媒，将光能转化为电能，比如光伏发电，照亮了未来的道路。

人类智慧如海，科技创新如潮。在世界汹涌澎湃的创新浪潮之中，太阳能技术正在不断地取得重大突破，开发和利用成本持续下降，为太阳能产业发展注入了强大生命力和勃勃生机，呈现持续高速发展的态势。

二、全球光伏发电装机发展势头迅猛

在全球范围内，太阳能以其独特魅力成为能源界新秀，正以一种前所未有的速度播撒着希望的光芒。这是一场静默而壮丽的革命，光伏发电装机容量正以惊人的速度扩大，将自然之力转化为点亮世界的明灯。

全球光伏发电是人类智慧与自然和谐共处的生动实践。每一块光伏板，都是人类对传统能源的挑战，也是人类对未来能源的承诺。光伏板不仅吸收了太阳的光辉，更坚定了人类对于改变自身命运的信念。

在能源绿色转型浪潮中，每一个国家、每一个城市，甚至每一个家庭都在以自己的方式参与其中。光伏发电以其独有的魅力，正逐步改变着世界能源的面貌，让后代子孙能够享受更加清澈的天空和更加绿色的家园。

在 2002 年至 2012 年期间，全球光伏发电装机容量高速增长，由 1 437 兆瓦攀升到 104 212 兆瓦。

在 2013 年至 2023 年期间，全球光伏发电装机容量延续了上一个十年高速增长的态势，由 141 412 兆瓦攀升到 1 418 969 兆瓦。

三、全球光伏发电量强劲增长

光伏发电量是太阳能产业发展的真实体现，与装机容量相比，具有更强的说服力，因为装机容量只代表发电能力，而发电量才真实地展现发电实力。

总体来看，过去几十年，全球光伏发电量以惊人的速度增长，发展趋势强劲。这不仅吹响了能源转型的号角，更是人与自然和谐共生的美好探索。

曾经沉默的山川，如今被一块块光亮的太阳能电池板覆盖，仿佛是大地的耳朵，静静聆听着太阳的私语，将温暖与光明转化为清洁的电能，滋养着城市的脉络，点亮了万家灯火。光伏发电的快速增长，是无声却壮丽的转型，从依赖化石燃料到拥抱太阳能的华丽转身。

在沙漠之中，在屋顶之上，甚至在移动的汽车上，光伏发电正在以千姿百态的形式融入人类社会的生活，成为连接传统能源与未来能源的桥梁。光伏发电的高速增长，不仅是能源技术的飞跃，也是人类心灵的觉醒，更是人类社会加速能源转型最生动的实践。

光伏发电告诉世人，光明与希望可以如此轻易地源自头顶那片永不落幕的蓝天。当夜幕降临，万家灯火中闪烁的不仅是生活的温馨，也是对明天人类社会发展的无限憧憬。

在2002年至2012年期间，全球光伏发电量由1.8太瓦·时增至101.5太瓦·时。

在此期间，发达国家光伏发电量由1.7太瓦·时升至92.3太瓦·时；但在全球光伏发电量中的占比却由94.44%降至90.94%。

与此同时，发展中国家光伏发电量由0.1太瓦·时升至9.2太瓦·时；在全球光伏发电量中的占比由5.56%升至9.06%，标志着全球光伏发电格局发生了明显变化。

在2013年至2023年期间，全球光伏发电量继续呈增长态势，由138.6太瓦·时增加到1 641.6太瓦·时；在全球发电量中的比重也由0.59%提高到5.49%。

在此期间，发达国家光伏发电量继续迅猛增长，由120.6太瓦·时跃升至755.3太瓦·时；在全球光伏发电量中的占比由87.01%降至46.01%。

发展中国家光伏发电量由18.0太瓦·时攀升到886.3太瓦·时；在全球光伏发电量中的占比由12.99%跃升至53.99%。

四、全球太阳能消费量持续增大

时至今日，太阳能正在改变世界，成为人类社会在能源开发和利用领域中不可或缺的组成部分。

全球太阳能消费量增长幅度和速度均保持持续增长势头，表明世界上许多国家已经将太阳能作为未来能源发展的主流方向，也为实现全球能源转型目标奠定了坚实基础。

在2001年至2011年期间，全球太阳能消费量由0.02艾焦跃升到0.65艾焦。

2011年，全球太阳能消费量在全球一次能源消费量中的占比升至0.12%。

在此期间，发达国家太阳能消费量由0.01艾焦升至0.61艾焦；在全球太阳能消费量中的占比由50.00%提升到93.85%，彰显出崛起之势与蓬勃生机。

与此同时，发展中国家太阳能消费量由0.01艾焦增加到0.04艾焦，预示太阳能发展的生机和希望。

在2012年至2022年期间，全球太阳能消费量由1.00艾焦猛增到12.41艾焦；在全球一次能源消费量中的占比也由0.19%稳步提升到2.05%。

在此期间，发达国家太阳能消费量由0.91艾焦显著攀升至6.18艾焦；但在全球太阳能消费量中的占比却呈现下降趋势，由91.00%锐减至49.80%。

与此同时，发展中国家太阳能消费量由0.09艾焦升至6.23艾焦；在全球太阳能消费量中的占比由9.00%攀升至50.20%。

五、全球太阳能未来发展潜力巨大

在蔚蓝的天幕下，太阳无私地洒下光芒，滋养万物。从趋势来看，全球太阳能产业将以前所未有的速度蓬勃发展，成为未来全球能源转型的重要推动力之一。

（一）技术创新：持续驱动太阳能产业的发展

曾几何时，太阳能技术局限于简单的光伏板与太阳能热水器。未来，高效光伏电池、智能跟踪系统和储能技术等一系列技术创新将极大地提高太阳能的利用效率与经济效益。特别是钙钛矿太阳能电池，其理论转换效率远超现有技术，未来或将成为太阳能领域的颠覆性突破。

尽管太阳能技术创新已取得显著成就，但技术潜力远未被挖掘。未来研发重点将聚焦于如何提高光电转换效率、延长储能时间、降低生产成本等方面。此外，太阳能与风能、储能技术的结合，以及智能电网的建设，将共同构建更加高效、清洁、灵活的能源体系。

未来全球太阳能产业的发展，将在不断攻坚克难中砥砺前行，尤其是在强化太阳能产业链各个环节的关键核心技术创新方面，带动整个太阳能产业链的核心设备和技术全面升级，形成全产业链发展的良性循环。

目前，全球太阳能产业从硅材料生产、硅片加工、电池片和组件的生产，到检测设备和模拟器等，已经孕育出众多丰富而成熟的技术和生产能力。世界各国都在抓紧布局太阳能产业链供应链,持续推动科技创新,为未来发展积蓄力量。

从未来趋势来看,全球太阳能产业将持续飞速发展,在产业链上游、中游和下游的每一环节都将实现技术创新,为世界带来绿色能源发展的奇迹。

在光伏材料革新领域,传统的硅基太阳能电池技术已经相当成熟,但科学家并未停止探索的脚步。钙钛矿太阳能电池因其高效率、低成本和可溶液加工的特性而备受瞩目。此外,有机太阳能电池、染料敏化太阳能电池等新型太阳能电池也展现出巨大的潜力。

在光电转换效率提升领域,提高光电转换效率是太阳能电池研发的核心目标之一。目前,实验室中已有多款高效电池的效率突破25%,甚至更高。尽管商业化应用仍有一段路要走,但这些成果无疑为未来的大规模应用奠定了坚实基础。

在智能跟踪系统领域,智能跟踪系统能够根据太阳的位置自动调整太阳能板的角度,从而最大限度地吸收阳光。

在储能技术领域,太阳能是间歇性能源,如何在夜间或阴天储存能量成为一大挑战。锂离子电池、液流电池、压缩空气储能等技术的快速发展为解决这一问题提供了有效途径。

(二)政府政策:继续引领太阳能产业的发展

政府政策将继续为太阳能产业注入强劲动力。各国政府将持续完善财政补贴政策、税收优惠政策及碳交易机制,鼓励企业和个人安装太阳能设施。世界主要经济体将继续走在前列,庞大的市场需求与政策支持形成良性循环,推动全球太阳能发电装机容量持续攀升。

在太阳能产业繁荣中,世界各国应尊重协同发展的规律。太阳能具有波动性、随机性和间歇性等特点,这为能源系统转型带来了挑战。因此,必须厘清太阳能与传统能源之间的关系。以此为基础,推动太阳能与传统能源协同发展,构建全新的能源体系。

政府应该鼓励和支持太阳能与其他产业融合发展。未来,太阳能产业不应再是孤立的存在,而是应该与建筑、交通和农业等产业实现深度融合。太阳能屋顶、光伏农业大棚和太阳能路灯等跨界应用,不仅可以提升太阳能的普及率,还可以赋予传统行业新的生命力。比如,屋顶光伏不仅美观耐用,还能产生电力,成为家居绿色改造的新宠。

为推动太阳能产业可持续发展，世界各国必须遵循市场的内在规律，持续不断地建立和完善市场竞争体系和机制。未来，世界各国推动太阳能产业发展，必须以市场规律为引导，以市场竞争为动力，以协同发展为目标，走出一条符合时代要求的发展道路。

（三）国际合作：推进太阳能全球布局与可持续发展

在全球气候变化的挑战下，各国需要携手并进，在光芒万丈的旅程中，共同探索更多未知的可能，让太阳的光辉温暖每一片土地，照亮人类的未来。

随着技术的进步与成本的降低，太阳能将逐步从发达地区向欠发达地区扩展，实现全球范围内的均衡布局。非洲、东南亚等地丰富的日照资源，为太阳能产业的发展提供了广阔舞台。在"一带一路"倡议的推动下，太阳能项目将遍地开花，助力当地经济发展与环境改善。

15 全球生物质能产业：
具有循环经济特征，助力未来能源转型

> 众木为生江水，循环四季河湖。万般生物不自孤，季节替交有数。转型浪花升雾，碳排超放当初。生生不息力不疏，躯展减排路轨。

近年来，为应对全球气候变化和加速能源转型，全球生物质能产业发展较快，尤其是生物质能发电受到许多国家的重视，保持稳定增长态势。

一、生物质能是来自生物质的能量

万木为生，四季循环，生物质具有生命现象，年复一年而时节交替，消融冰冻而万物复苏，漫山遍野而生命还阳，树干躯体昂扬向上，草木肢体舒展悠闲。生物质能资源十分丰富，具有可再生性和可循环利用的特性，未来发展潜力巨大。

要理解生物质能，首先要探究生物质的含义，此乃探究生物质能概念的基石。生物质是由光合作用形成的各种有机体，亦即人们所熟知的植物与微生物。

从广义上界定，生物质是包括从阳光中捕获能量并以化学形式储存的任何有机材料，具体包括：农作物秸秆、农业废弃物、森林废弃物、木材废料、油料植物、工业有机废弃物、城市垃圾、水生植物及人畜粪便等。

而从狭义上解读，生物质主要指农林业生产过程中产生的，除粮食与果实之外的有机材料，如农作物秸秆、农产品加工业下脚料、农业废弃物、森林废弃物、木质纤维素，以及畜牧业的禽畜粪便和废弃物等。

生物质能是指以生物质为载体，蕴藏于其中的各种能量。此能量源于光合作用，以化学能形式存在，被生物质以各种形式吸收并储存。换言之，生物质能是太阳能的一种表现形式。

从上述定义来看，生物质能属于可再生能源，也是一种可再生的碳源。它不仅具有可再生性，而且具有循环性，其循环过程与自然界的物质循环过程相吻合。

全球生物质能的发展起源于20世纪70年代，与当时全球范围内爆发的能源危机有着密切的关系，迫使发达国家开始寻找替代石油的能源，促使生物质能开始受到关注，成为一种具有战略意义的替代能源。

1990年以来，欧美等发达国家积极推动生物质能发展，并且取得了明显成效。近年来全球各国为应对气候变化，纷纷加快了能源转型和经济转型的步伐，生物质能日益成为备受全球瞩目的焦点。

生物质能在诸多难以电气化的产业中发挥着重要作用，让人类社会找到了一个帮助解决能源脱碳问题的方案，至少是找到了一个实现碳中和目标的辅助方案。

就全球范围来看，美国、巴西和欧盟等经济体的生物质能产生发展较快，在全球生物质能产业格局中具有重要地位。

若时运不济，应默默蛰伏，以积蓄力量。长期以来，生物质能的开发和利用似乎一直处于低效的徘徊中，规模化发展未能充分实现，商业化脚步也因种种制约而显得迟缓，其真正的发展之路似乎始终未能如愿展开。

二、全球生物质能利用方式

生物质能直接或间接来源于绿色植物的光合作用。从物质存在的形态来看，生物质能可转化为常规的固态、液态和气态等燃料，因而具有多样的形态特征，进而使得其利用场景较多，包括生物质能发电、生物质能燃料和生物质能供热等。

（一）生物质能可以用来发电

生物质发电是一种通过燃烧生物质，展现生命之火光辉的发电方式。

生物质能需要相应的技术来提炼和转化。如今在生物质能领域中，生物质发电似乎已经成为生物质能的巅峰之作。

在世界各地，生物质能发电产业正在如火如荼地发展。然而，尽管规模在不断扩大，但在整体电力结构中所占的比例仍然微小，如同星星之火，尚未能够撼动整个电力原野中熊熊大火的走向。

（二）生物质能可以用来生产燃料

生物质具有循环利用的特点，比如可以加工转化为生物燃料，包括生物柴油、生物航空煤油和乙醇汽油等。

在能源转型进程中，生物质燃料逐渐填补了化石燃料的部分空缺，应用在发电、供热、水泥和钢铁等领域。

在交通领域，生物质能逐渐替代部分化石燃料。以生物天然气和生物甲醇等新型燃料，替代水上交通运输中的部分燃料油；以生物航空煤油替代部分航空煤油；生物乙醇和生物柴油，更是为公路交通运输献上部分"甘甜之酒"。

面对全球气候变化的挑战、化石能源价格的高涨、生态环境保护的重压，许多国家都需要拥抱生物质能。美国燃料乙醇产量占据了全球半壁江山，生物柴油生产也绘出了新的色彩。在南美洲的巴西，这个全球燃料乙醇的生产大国，她的画笔更是以甘蔗为墨，描绘出了一幅又一幅生动的画卷。

（三）生物质能可以用来供热

生物质供热产业在欧洲已经开始崭露头角，尤其是在北欧国家的快速发展中，成了重要供热来源之一。

在全球能源危机的大背景下，丹麦率先迈出了步伐，大力发展秸秆等生物质供热，到2018年，生物质热力消费在全部热力消费中的比重达到了32%。

芬兰生物质能的发展更是引人注目，生物质能在一次能源消费中的比重达到了30%，甚至在可再生能源消费中的比重高达82%，充分展现了这个国家对可持续能源发展的坚定支持。

瑞典则更进一步，将生物质供热与供电相结合，实行热电联产模式，使得热效率提高80%以上。同时，瑞典拥有大小型生物质供热站超过了十万家，这一规模足以证明瑞典在生物质供热领域的实力。

在全球范围内，生物质供热正在发挥越来越重要的作用，而瑞典的做法也为其他国家提供了一个可借鉴的范例。这种将多种能源形式相结合的方式，既提高了能源利用效率，又为环保事业做出了贡献。

三、全球生物质能发电稳步发展

近十几年来，生物质能发电以生物质为燃料，将其转化为电力，为世界带来光明。而在这个过程中，大自然则化身为一位耐心的园丁，不断地浇灌、呵护那些生物质。

从草原上的风力发电,到海洋中的潮汐发电,再到森林中的生物质能发电,人类对大自然的利用越来越精细。这些发电方式不仅提供了清洁能源,也在潜移默化中改变生活方式。可以想象,一个绿色世界正在崛起,那里没有废气,没有污染,只有自然与科技和谐共生。

生物质能发电发展并非一帆风顺,面对环境压力,该如何选择?是坚持传统火电方式,还是转向更环保的生物质能发电?在这场抉择中,我们看到了人类对环保的执着追求和对未来的坚定信念,只有坚持绿色发展,才能让地球更加美好。

在 2013 年至 2021 年期间,全球生物质能发电装机容量的增长速度基本稳定在 5%~10% 之间,增长速度虽然不大,但也预示着积极因素。然而,2019 年是一个转折点,全球生物质能发电装机容量的增长速度明显放缓。不过,自 2020 年起,全球生物质能发电装机容量的增速又呈现出持续增长态势。

四、全球生物质燃料生产快速发展

从世界经济发展和能源安全角度来看,生物质燃料的开发和利用,以其独特的角色,在全球能源发展的宏大篇章中逐渐崭露头角。生物质燃料的价值正在全球范围内被重新认识和重视,在推动能源转型的道路上将发挥重要作用。

在浩瀚的"地球村"中,人类与自然的关系总是微妙而复杂。工业革命以来,科技的飞速发展伴随着化石燃料的过度开采,给地球带来了前所未有的压力。然而,在失望与希望交织的当下,全球生物质燃料生产如同一缕清风,为这个世界带来了新的生机与可能。

生物质燃料逐步成为全球能源转型的重要推手。不同于煤炭、石油等传统化石燃料,生物质燃料来源于植物、动物粪便及农业废弃物等可再生资源,其生产和使用过程中产生的二氧化碳排放量与植物生长吸收的量大致相当,因此被视为一种"碳中和"的能源形式。

从木炭到乙醇,从生物柴油到气化的生物能源,生物质燃料的种类丰富多样,每一种都承载着人类对可持续未来的深切期望。在能源绿色转型时代,生物质燃料不仅是化石燃料的替代品,更是推动全球能源结构变革的关键力量。

在全球范围内,各国政府纷纷出台政策支持生物质燃料产业的发展。欧盟、美国、中国等不仅制定了严格的减排目标,还通过提供补贴、税收优惠等激励措施,鼓励企业和个人投资生物质燃料产业。

在2013年至2023年期间，由于世界更加重视应对全球气候变化，全球生物质能产业发展备受各国青睐，生物质燃料生产继续保持强劲增长势头，由134.2万桶石油当量/日增加到207.2万桶石油当量/日。其中，生物汽油生产稳步增长，由87.9万桶石油当量/日增加到111.2万桶石油当量/日；生物柴油生产增长速度则十分显著，由46.3万桶石油当量/日跃升到96.0万桶石油当量/日。

五、全球生物质燃料消费保持高速增长

随着工业文明的崛起，人类活动对自然环境的破坏日益加剧，应对全球气候变化成为时代浪潮，全球生物质燃料消费正成为一股不可忽视的力量，不仅承载着人类降低对化石燃料依赖和寻求可持续发展的希望，更是一场关于人与自然和谐共生的深刻变革。

正如古老的谚语所言：播种一种行为，收获一种习惯；播种一种习惯，收获一种性格；播种一种性格，收获一种命运。人类社会播下对生物质能追求的种子，势必让人类社会拥有更加多元化的绿色能源消费的美好收获。

全球生物质燃料消费处于高速增长阶段，无论发达国家，还是发展中国家，都十分重视生物质能产业发展，并将其放在优先发展的地位。发展中国家生物质燃料消费规模快速扩大，增长速度明显加快，而发达国家继续保持增长势头，但增长速度相对趋缓。

在2013年至2023年期间，在全球气候变化和能源转型的大背景下，各国对生物质燃料的重视日益加深，全球生物质燃料消费量由132.3万桶石油当量/日增加到212.4万桶石油当量/日，与前10年同期相比，增长速度明显放缓，但消费规模持续增大。其中，全球生物汽油消费量稳步增长，由86.2万桶石油当量/日增加到111.1万桶石油当量/日，增长速度平稳；全球生物柴油消费量则呈现显著增长，由46.1万桶石油当量/日激增到101.3万桶石油当量/日，增长幅度较大。

六、全球生物质能产业未来仍有较大发展空间

任何产业的发展，都需要宏观环境。若时来运转，宜厚积薄发，可进退自如。应对全球气候变化将是一个长期问题，控制温室气体排放和减少化石能源消耗，势

必在未来几十年都处于人类优先选择的大方向，利用生物质能资源替代部分化石能源将是一种必然选择，为生物质能的发展奠定了良好的基础。

（一）时代呼唤：生物质能发展是全球能源转型的必然选择

任何产业的发展，都需要丰富的资源基础。在地球这片神奇的土地上，生物质能资源仿佛取之不尽、用之不竭，彰显出可再生能源与循环经济的独特魅力。

面对全球气候变化和能源危机的双重挑战，寻找替代传统化石燃料的清洁能源已成为全人类共同的任务。生物质能以其可再生、低碳排放、减少温室气体排放等优势，有望成为实现碳中和目标的重要路径之一。

根据国际能源署预测，到2050年，全球生物质能发电量有望增长数倍，成为仅次于太阳能和风能的第三大可再生能源。这不仅是一场能源革命，更是对地球未来的绿色承诺。

无论是发达国家，还是发展中国家，没有哪个国家可以回避气候变化问题，世界各国都将加快能源转型，而发展生物质能是实现能源转型的路径之一，其在转型过程中发挥的作用，绝对不可小觑。

（二）技术创新：生物质能发展需要创新与效率的双重提升

任何产业的发展，也需要技术支撑。技术创新永无止境，而技术进步的步伐更是日新月异。迸发技术火花，为全球生物质能产业的发展铸造了稳固且有力的基石。

在生物质能技术创新的世界，科学家们勇往直前，不断挖掘更深层次的技术，为生物质能开发和利用描绘出更加先进、可行的路径，制订出更多实用方案，渴望打破现状，向着规模化、多元化和商业化的宏伟目标迈进。

技术创新为全球生物质能产业的发展提供了无限可能。先进的厌氧消化技术使得有机废弃物得以高效转化，不仅减少了垃圾填埋产生的甲烷排放，还产生了可用于发电或供暖的生物气。热化学转化技术，如气化、液化等，则将难以直接燃烧的生物质转化为高热值燃料，提高了能量利用效率。生物化学转化技术通过酶解、发酵等手段，将生物质转化为乙醇、生物柴油等生物燃料，为交通运输领域提供了清洁的替代能源。

随着各国技术创新政策的进一步优化、技术能力的不断提升，全球生物质能产业将迎来新的发展机遇，给世界带来更多的惊喜和希望。

（三）政府政策：生物质能发展需要世界各国提供政策支持

任何产业的发展，都需要政策支持。生物质能将逐渐显示出气候、生态环境价值，预计越来越多的国家将持续重视生物质能产业的发展，并制定相应的支持政策。

目前，各国纷纷推出生物质能产业发展计划，诸如美国的能源农场计划、巴西的酒精能源计划、日本的阳光计划和印度的绿色能源工程等，都在鼓励和支持生物质能技术研发，推动技术和装置的商业化和生产经营的规模化。

在政策层面上，可以预见世界各国都将根据自身资源禀赋和国情，因地制宜，出台鼓励和支持生物质能产业发展的相应政策，支持生物质能开发和利用，不断提高生物质能开发和利用的效率，扩大应用场景。

欧盟制定了《可再生能源指令》，设定了到2030年可再生能源占比至少达到40%的目标；美国通过《生物质研究与发展法案》，加大对生物质能技术研发的支持力度；中国将继续优化和调整政策，积极鼓励生物质能产业发展。

生物质能已成为全球能源转型和能源发展中不可或缺的一部分，虽然在未来发展中肯定还会面临困难和挑战，但随着世界各国不断建立和完善政策体系，生物质能未来发展潜力巨大，前景可期。世界各国应该联手，共同构建一个全新的开发和利用体系，需要更有效的技术手段，更坚决地追求效率化、规模化和商业化。

（四）社会参与：让生物质能发展形成从田野到城市的绿色联动

生物质能的发展不仅是技术问题，更是社会参与和生态系统重构的过程。

在广大的农村地区，农民通过收集农业废弃物并将其转化为能源或肥料，实现资源的循环利用和额外收入。在众多大、中、小城市之中，世界各国居民的垃圾分类意识逐步提高，促进了有机垃圾的有效收集与处理，形成了"变废为宝"的良性循环。此外，世界各国生物质能的广泛应用，可以带动相关产业链的发展，如种植能源作物、制造生物燃料设备等，为就业市场创造新的增长点。

展望未来，全球生物质能的发展趋势将更加注重效率、可持续性及环境影响评估。随着科技的进步和政策的完善，生物质能不仅将成为缓解气候变化的重要工具，更将是连接人与自然、促进经济社会可持续发展的桥梁。

16 全球地热能产业：蕴藏于地球深处的庞大能量，令人类无限憧憬的绿色能源

> 能与乾坤共识，量同天地相交。齐心协力挽狂澜，降碳何言年少。浪漫梦遗旧日，风流幻想明朝。庞然地热力冲霄，悠悠能源天道。

在浩瀚的宇宙中，地球宛如一颗璀璨的宝石，内部蕴藏着无尽的能量。地热能，便是这神秘宝库中的一股涓涓细流。随着现代科技飞速发展，人类逐渐揭开地热能的神秘面纱，将其从沉睡中唤醒，并引入可再生能源的大家庭。

一、地热能，地球内部富有诗情画意的能源

地热能，宛如地球深处的呼吸，静默而强大，历经亿万年时光的洗礼，默默地为地球万物提供能量之源。庞大无比的地热能，犹如地球内部的火热之心，自古以来就以其独特的温暖与能量，吸引着人类的目光。

古人云：天地之大德曰生，圣人之大宝曰位。何以守位？曰仁。地热能，正是大自然赋予人类的珍贵礼物，以其无尽的热能，滋养万物生长，见证人类文明的兴衰更迭。

回望历史，地热能开发利用可以追溯至古代文明时期。古人利用温泉水疗愈身心，是对地热能最朴素的认知之一；古罗马人利用温泉进行洗浴，享受着天然热水的恩赐；冰岛人民则巧妙地将地热能转化为生活与生产的动力。

然而，真正意义上的地热能开发利用历史其实很短，直到20世纪初期才逐渐崭露头角，是现代科技不断发展的产物。从最初的温泉利用，到现代的地热发电与供暖系统，人类社会对地热能的开发之路，始终充满着探索与惊喜。

地热能以其稳定、清洁的特性，成为清洁能源大家族中的瑰宝。当阳光洒落大

地，万物生长，世人似乎能看到地热能在其中悄然绽放的身影。在寒冷的冬天，人们依靠地热能为家中带来温暖；在炎热的夏天，人们利用地热制冷，享受清凉的环境。它不仅是一种能源，而且是人类生活的一种态度，更是人类社会对大自然敬畏与尊重的体现。它不仅让生活更加舒适惬意，更让人们在节能减排的同时践行绿色生活的理念。

如今，随着科技的迅猛发展和全球能源转型的持续推进，地热能这一古老而神秘的能源，有望成为人类社会文明演进和能源转型过程中的重要力量。

二、全球地热能产业发展现状

"万物有所生，而独知守其根"，在全球地热能产业战略布局之中，世界各国正携手努力促进全球能源转型和升级。

（一）技术创新不断取得进展

人类社会进入 21 世纪以来，全球地热能产业迎来了前所未有的发展机遇。从冰冷的北极到炎热的赤道，从崇山峻岭到广袤的平原，地热能产业逐渐遍及全球各个角落。

随着全球能源结构的持续调整和优化，可再生能源的需求日益增长，世界各国政府开始加大对地热能产业的技术创新扶持力度，制定了各种优惠政策，推动相关技术的发展。

在技术创新领域，地热技术成为推动地热能产业发展的重要驱动力。

近年来，一批新型高效低耗的地热开发技术应运而生，仿佛神奇的魔法一般，让原本深藏于地下千米深处的地热能得以轻松捕获并加以利用。

增强型地热系统（EGS）技术打破了传统地热开发的地域限制，使得过去难以利用的干热岩地区也能够成为地热能开发的"宝藏之地"。

智能监测与控制系统时刻关注着地热田的每一个细微变化，并迅速做出精准的调控，以确保地热能的稳定高效输出。

地热能技术与物联网技术深度融合，让地热能产业焕发出新的生机与活力，不仅丰富了地热能开发利用的手段和方法，而且为其可持续发展提供了有力保障。

地热发电技术已经取得显著进步。地热能发电是一种利用地球深处地热资源进行能量转换的技术，具有环保、可持续和稳定的特点。目前，高温地热资源丰富的地区依然是地热发电的主要市场，但得益于地热勘探技术的进步，中低温地热资源的开发利用也逐渐兴起。

（二）地热能发电产业发展取得初步成效

随着科技进步，人类开始尝试利用地热能发电。早期的地热电站主要集中在火山活动频繁的地带，如美国加州和意大利的那不勒斯等地区。这些地区地热资源丰富，为地热发电提供了得天独厚的优势。然而，早期地热发电技术还存在诸多限制。首先是地热资源的勘探难度较大，需要投入大量人力、物力；其次是发电设备效率低下，无法充分利用地热能。

尽管如此，早期地热能发电的尝试为后来地热能发电产业的发展奠定了重要基础。在地热能发电领域，一些国家已经走在了世界的前列。

美国作为最早利用和发展地热能的国家之一，凭借雄厚的技术实力和丰富的经验，成为全球最大的地热能发电国之一。美国地热电站主要分布在加利福尼亚州等地，充分利用该地区的高温地热资源。美国还在不断研发新技术，提高地热能发电的效率和安全性。

冰岛凭借其得天独厚的地热资源优势，已经建立了完善的地热能发电系统，为工业生产和居民生活提供了清洁而稳定的电力；新西兰利用其地热资源丰富的优势，大力发展地热能发电，为国内电力供应提供了有力保障；菲律宾凭借其独特的地热资源分布特点，建设了一批具有特色的地热电站。

2013年以来，全球地热能发电累计装机容量呈逐年增长趋势。在2013年至2023年期间，全球地热能发电装机容量由10.79吉瓦上升至16.01吉瓦。但地热能发电量在可再生能源发电量中的占比仍然非常小，基本上处于小众电力来源的地位。

（三）地热能利用场景不断拓展

在供暖和制冷方面，越来越多的国家和地区开始尝试利用地热能作为主要能源之一。中国的一些城市采用地源热泵技术为居民提供舒适的供暖服务，而在欧洲某些地区则通过地热能进行夏季制冷，实现了节能减排的双重目标。地热供暖和地热制冷等应用范围不断拓展，不仅改善了居住环境，也为节能减排事业做出了积极贡献。

除了发电、供暖和制冷之外，地热能利用还延伸到了农业灌溉、工业生产、海水淡化等多个领域。在农业灌溉方面，地热能可以提供稳定的热源，促进作物生长；

在工业生产中，地热能可用于加热和冷却设备，降低能源消耗和生产成本；在海水淡化领域，地热能则可以与其他技术相结合，实现海水的高效淡化。

除了直接利用地热之外，地热能产业链也逐渐拓展到设备制造、安装施工及运营维护等方面，不仅为经济发展注入了新的活力，而且带动相关产业的创新与发展。

三、全球地热能产业的发展趋势

展望未来，从长期趋势来看，全球地热能将在全球能源转型中扮演越来越重要的角色，对于人类能源文明的演进具有深远意义。随着全球气候变化的加剧和传统化石能源的日益枯竭，可再生能源的需求将不断攀升，而地热能以其独特的优势，必将在未来全球能源体系中占据越来越重要的地位。

（一）资源潜力十分雄厚

根据国际能源署的信息，全球地热能基本资源规模是当前全球年度一次能源消费量的 200 万倍以上。在地球这个蓝色星球上，埋藏于地下 5 000 米以内的地热能资源，占地热资源总量的 10% 以上。

地热能源自地球深处的庞大能源，以其丰富的蕴藏、广泛的分布，展现人与自然和谐共生的独特魅力。它不仅是地球内部热能的温柔馈赠，更是绿色低碳、可再生资源的代名词，未来必将以其稳定可靠的特性，推动全球能源转型和发展的进程。

（二）规模化开发与合作趋势加强

随着地热能产业的不断发展壮大，规模化开发将成为未来的重要趋势之一。通过大型地热田的勘探与开发，可以实现更高效、更经济的地热能源的利用。同时，跨国界、跨行业的合作也将日益增多。各国企业将在技术、资金、市场等方面展开合作，加快地热能技术的研发和应用，同时降低生产成本，提高市场竞争力。

（三）技术创新驱动产业升级

技术创新是推动地热能产业发展的核心动力。未来，地热能源的勘探、开发、利用等环节将不断涌现出新技术、新方法和新设备。例如，高精度勘探技术的应用可以提高地热资源的发现率；先进的地热发电技术的推广可以提高地热能源的利用效率；智能化的地热供暖和制冷系统的开发可以提高用户体验和能源利用效率。技术创新将推动地热能产业的升级和发展，并将为全球能源结构的优化调整做出重要贡献。

（四）绿色发展与环境保护并重

在全球范围内，绿色发展和环境保护已成为共识。地热能作为一种清洁、可再生的能源形式，其开发和利用对环境的影响相对较小。随着全球对环境保护意识的不断提高，地热能产业将在绿色发展和环境保护的道路上走得更远。一方面，地热能开发商将更加注重环境保护和生态平衡的维护；另一方面，政府和社会各界也将加强对地热能产业的监管和引导，推动其向更加绿色、可持续的方向发展。

（五）政策支持与市场机制完善

政策支持是地热能产业发展的重要保障。未来，各国政府将继续出台相关政策措施，支持地热能产业的发展。这些政策可能包括财政补贴、税收优惠、贷款优惠等，旨在降低地热能开发成本，提高市场竞争力。

市场机制的完善也将进一步推动地热能产业的发展。地热能价格将逐步市场化，由供需关系决定。这将有助于激发市场活力，促进地热能产业的健康发展。此外，碳排放权交易等市场化手段也将在地热能产业中发挥重要作用，推动企业节能减排和可持续发展。

（六）拓展多元化应用场景

随着地球科学的不断深入研究及新能源科技的持续创新，地热能的开发利用将会更加高效和广泛，应用场景将更加多元化。它不仅会在电力生产领域继续发挥作用，还将进一步拓展到农业灌溉、生物工程等更多领域，创造出更加丰富多样的价值。

除了传统的发电领域外，地热能在供暖、制冷、农业温室气体排放等领域也有着广阔的应用前景。随着相关技术的不断成熟，地热能在这些领域能够发挥更大的作用。地热能还可以应用于农业温室气体排放等领域，为农业生产提供绿色、环保的能源。在地热能的利用下，农作物茁壮成长，提高农作物产量和质量，为人们带来健康、安全的食品。

（七）国际化发展趋势明显

在全球化的背景下，地热能产业的国际化发展趋势日益明显。各国企业将通过跨国合作、技术交流等方式，共同开拓全球市场，加速地热能技术的传播和应用，推动全球能源结构的转型和优化。国际组织的支持和推动作用也不容忽视。例如，国际能源署等机构在地热能产业的国际合作与交流方面发挥了积极作用。

17 全球海洋能产业：
碧波荡漾的能量，如梦如幻的期望

> 潮重观星孤寂，潮轻望月悲凉。波涛汹涌力皆荒，思绪奈何失望。有道转型艰卓，谁料气变彷徨。孤身形影伴千浪，梦想芳华怒放。

地球静静地悬浮在宇宙之中，离不开深邃蔚蓝的海洋。海洋不仅赋予地球旺盛的生命力，更为人类提供源源不断的资源。随着全球能源转型的持续推进，海洋能产业正逐渐崭露头角，必将成为支撑人类未来可持续发展的重要能源之一。

一、海洋能概述

在浩渺的海洋深处，蕴藏着无穷无尽的能源宝藏。从潮汐的涨落到海浪的低吟，从洋流的涌动到海底的炽热，看似平静的海洋现象背后，却蕴藏着巨大的能量。

海洋能包括潮汐能、海浪能、海流能和海底热液能等多种能量形式，这些能量蕴藏在浩瀚的海洋之中，等待着人类的发掘和利用。

潮汐能，这个与月亮息息相关的能源，通过月球的引力作用，使得地球的海水产生周期性的涨落运动，这种看似平常的自然现象，却蕴含着巨大的能量。

海浪能相对于潮汐能的温和稳定，显得更加奔放和多变。每一朵浪花，每一次波涛的拍打，都蕴含着惊人的能量。这些能量，如同大海的呼吸，时刻提醒着它的存在。

海流能主要源于辽阔海洋中的洋流，如同蓝色的血脉，穿梭于各大海域之间，蕴含着惊人的能量，为海洋生物提供了生存的源泉，同时也为人类带来了宝贵的能源资源。

海底热液能是在深海的底部存在一种神秘而奇特的能源，来自地球内部的高温岩浆活动，通过海底裂缝喷薄而出，形成了壮观的热液喷口。在这些喷口周围，生物群落形成了独特的生态系统，依靠热液提供的能量生存繁衍。海底热液能的开发利用极具挑战性。由于深海环境的极端恶劣，如高温、高压、黑暗等，给设备的制造和安装带来巨大困难。同时，海底热液能的开发还需要高精度的探测技术和专业的技术团队作为支撑。

海洋能的开发与利用历史悠久，却并非易事。人类尝试利用海洋的力量，从最初的简单木质船只到现代的高效海上风电场，每一步都凝聚着智慧。

随着科技的迅猛发展，海洋能技术将逐渐成熟。从最初的潮汐能发电，到如今的海洋能利用，每一次技术突破都为人类打开了一扇新的大门。海洋能技术的发展与应用，丰富了能源结构，为全球绿色发展注入了强劲动力。

与传统化石能源相比，海洋能具有可再生、清洁环保和分布广泛等优点。它不会像煤炭、石油等化石能源那样产生大量的二氧化碳和其他有害气体，对气候和环境造成严重影响。同时，海洋能分布广泛，几乎不受地域限制，使得各国都有机会开发这一清洁能源。

二、全球海洋能产业发展现状

海洋能产业是以开发利用海洋能为目的的新兴产业。随着科技的进步和环保意识的增强，人类对海洋能的开发和利用日益重视。各国纷纷出台相关政策，支持海洋能产业的发展，并投入大量资金进行技术研发，潮汐发电和海浪能发电等技术已经取得了一定的突破，海洋能产业正在逐步发展。

（一）潮汐能的开发和利用

潮汐能的开发利用，不仅需要科技的支撑，更需要对自然规律的深刻理解和尊重。从最初的潮汐磨坊，到现代的潮汐发电站，人类对潮汐能的利用经历了漫长的探索和实践过程。

潮汐能作为清洁、可再生的能源，具有独特的优势。首先，它不受地域限制，任何临海地区都可以利用潮汐能进行发电；其次，潮汐能的发电量稳定可靠，不受天气等自然因素的影响；最后，潮汐能还可以存储电量、调节电量，提高电网运行的稳定性。

随着全球能源结构的转型和可持续发展战略的推进，潮汐能正逐渐受到各国的重视。许多沿海国家纷纷开展潮汐能的研究和开发工作，力图将这一绿色能源引入能源体系中。

在欧洲，英国、法国、挪威等国家已经建立了多个潮汐电站。中国也已经建成了多个具有国际先进水平的潮汐电站。

（二）海浪能的开发和利用

海浪能的开发是一项极具挑战性的工程。它需要面对海浪的瞬息万变、环境的恶劣、复杂及技术的高难度要求。然而，正是这些挑战激发了人类不断探索和创新的热情。

如今，随着科技的进步和人类对海洋认识的深入，海浪能的开发利用已经取得了一定的成果。各种海浪发电装置和系统不断涌现，从最初的简单机械装置到现在的复杂系统工程，每一次突破都凝聚了人类的智慧和汗水。

在欧洲，英国、法国、挪威等国家已经建立了多个海浪能发电试验场，成功地将海浪能转化为电能。英国的海浪能研究走在了世界前列，其研发的先进海浪能发电设备已在海上进行了多次试验。中国也已经建成多个具有国际先进水平的海浪能发电站。

（三）海流能的开发和利用

对于海流能的开发与利用，是通过特定的装置和技术手段，可以将海流的动能转化为电能，为人类社会的发展提供源源不断的清洁能源。这种利用方式不仅环保、可持续，而且具有巨大的经济价值和开发潜力。

全球多个国家和地区都在积极研究和探索海流能的开发与利用。从技术层面来看，海流能发电技术已经取得了一定的突破，包括旋转翼式潮流能发电系统、水平轴潮流能发电系统等。这些技术各具特点，有的适用于浅海区域，有的则能够适应深海环境。

挪威的海流能发电项目已经实现了长期稳定运行，为当地居民提供了清洁的电力供应；日本在海流能领域取得了突破性进展，其研发的海流能发电设备已经成功并入电网。

（四）海底热液能的开发和利用

海底热液能的开发利用是一项极具挑战性的工程。由于深海环境的极端恶劣，如高温、高压、黑暗等条件，给设备的制造和安装带来了巨大的困难。同时，海底热液能的开发还需要高精度的探测技术和专业的技术团队作为支撑。

尽管如此，海底热液能作为一种清洁、可再生的海洋能源，具有巨大的潜力和价值。首先，它可以为沿海地区提供稳定可靠的电力供应，缓解能源压力；其次，海底热液能的开发和利用有助于推动深海科技的发展和创新，提升人类对深海的认识和探索能力。

全球海洋能产业正呈现出蓬勃的发展态势。随着技术的不断进步和政策的持续扶持，海洋能的开发和利用已经从理论走向实践，从实验室走向现实生活。国际能源署数据显示，全球海洋能领域的投资额逐年攀升，尤其在潮汐能和海浪能领域，吸引了众多企业和研究机构的关注。

但全球海洋能产业还主要处于研发初期，全球海洋能发电装机容量仅有530兆瓦，在全部发电装机规模上几乎可以忽略不计。正在建设的潮汐能和海浪能项目还比较少，而且大部分集中在欧洲、亚太、中东和非洲等地区。

三、全球海洋能产业的发展趋势

海洋占地球表面积的71%，是地球上最为广阔的资源宝库。在浩渺的蓝色领域中，蕴藏着丰富的能源，而且拥有清洁、可再生的特点，对于全球未来能源转型具有重大意义。

展望未来，全球海洋能产业将迎来更为广阔的发展空间。随着技术的不断创新和成本的持续下降，海洋能产业的经济性将逐步提高，在能源市场中将具有竞争力。随着全球能源需求的不断增长和气候、生态环境约束的日益趋紧，海洋能作为一种清洁、可再生的能源形式，将在全球能源结构中占据越来越重要的地位。

（一）海洋能产业虽然资源潜力巨大，但未来发展面临巨大挑战

根据国际可再生能源署（IRENA）数据，全球所有海洋能源技术的发电潜力总和为45 000～130 000太瓦·时，这意味着海洋能源可以满足目前全球电力需求的两倍以上。如果适当的激励措施和监管框架到位，预计到2030年全球海洋能源装机容量将达到10吉瓦，但是在规模上仍然十分微小。

全球海洋能产业已初具规模。多个国家和地区都在积极投入研发力量，探索海洋能的有效利用方式。从潮汐发电到海浪能利用，再到海流能和海洋温差能的开发，各种技术路线层出不穷，展现出一派蓬勃发展的景象。

然而，未来全球海洋能产业发展还将面临诸多挑战。

（1）海洋能资源具有地域性和季节性强的特点，意味着海洋能的开发和利用需要因地制宜，综合考虑多种因素。海洋环境复杂多变，也给海洋能设备的安装和维护带来极大困难。

（2）海洋能产业发展需要大规模的基础设施建设和资金投入。由于海洋环境的复杂性和特殊性，海洋能产业所需的基础设施建设成本较高。同时，由于前期投入较大且短期内难以获得回报，许多国家和企业在资金投入方面存在顾虑。

（3）海洋能技术成熟度不高。虽然部分潮汐发电和波浪发电技术已经实现了商业化应用，但总体而言技术转化效率仍然较低，成本较高，限制了海洋能的大规模推广应用。

（4）在海洋能开发和利用过程中，如何确保不对海洋生态系统造成破坏，是一个需要重点关注的问题。例如，潮汐电站的建设可能会改变潮汐的自然流动规律，从而对海洋生物产生一定影响；波浪能发电设施则可能对海洋底部的生态环境造成干扰。

（二）技术创新引领海洋能产业升级

海洋能产业发展离不开技术创新。

技术创新将成为推动未来海洋能产业发展的关键。随着科技的不断进步，海洋能与风能、太阳能等其他可再生能源技术的融合将成为一大趋势。通过综合利用各种可再生能源，可以构建更加稳定、高效的清洁能源系统。例如，利用海洋能进行海水淡化，不仅可以解决淡水资源短缺的问题，还可以减少对化石燃料的依赖。

数字化和智能化技术将为海洋能产业的发展带来革命性的变化。随着人工智能、大数据和物联网等技术的快速发展，海洋能产业智能化水平也将不断提高。通过智能远程监控和监测系统，对海洋环境进行实时监控，实时掌握海洋能设备的运行状态，及时发现并解决问题，从而提高整个运行效率和可靠性，确保其安全稳定运行；利用大数据，分析和优化海洋能发电项目的布局和投资决策。技术创新既可以提高海洋能的利用效率，也可以降低生产成本，为海洋能产业规模化发展奠定坚实基础。

此外，随着新材料、新工艺和新设计理念的应用，海洋能设备性能也必将得到提升。

（三）政策扶持助力海洋能产业发展

许多国家已经将海洋能列入国家能源发展战略，制定了一系列优惠政策和扶持措施。例如，提供财政补贴和税收减免，鼓励企业加大研发投入；设立专项资金支持海洋能技术研发和产业化项目；加强国际合作与交流，引进先进的海洋能技术和经验。

为了促进海洋能产业发展，各国政府需要继续完善相关法规和政策体系，加大政策扶持力度，提供税收优惠、资金补贴等激励措施，有效降低企业投资风险和成本压力，激发市场活力和社会创造力，为海洋能产业发展创造良好的市场环境。

在各国政策的引导下，越来越多的企业和资本将更加关注并投入到海洋能产业中，进而推动海洋能产业健康、稳定地发展。

（四）海洋能产业链将逐步完善

未来海洋能产业链将逐步完善。除了发电，海洋能还可以应用于海水淡化、海洋温差制冷等众多领域。随着相关技术的成熟和应用范围的拓展，海洋能产业链将进一步延伸和拓展，形成更加完整的产业体系。

随着全球能源转型和环保意识的增强，对于清洁、可再生能源的需求将持续增长，海洋能作为一种绿色、可再生的能源形式，有望形成庞大的产业链。特别是在沿海地区和发展中国家，由于电力需求的快速增长和对环境保护的更高要求，海洋能的应用场景十分广阔，产业链将更加庞大和多元化。

随着能源技术的不断发展和产业链的健全和完善，海洋能开发和利用成本将持续下降，经济性也将得到进一步提升，从而吸引更多投资者进入该领域，推动海洋能产业的快速发展。

（五）海洋能产业发展将与生态环境保护、可持续发展保持协调

在未来海洋能产业发展过程中，必须高度重视生态环境保护和可持续发展问题。海洋生态系统是地球上最为脆弱和敏感的生态系统之一，任何开发活动都必须遵循科学规划和严格管理原则。因此，在海洋能项目设计和实施过程中，需要充分考虑对海洋生态环境的影响，并采取有效措施，确保海洋生态系统的健康和稳定。

在海洋能产业的发展过程中，也需要关注可持续发展问题，包括资源的合理开发、技术的持续创新、市场的有效拓展及产业链的完善等。只有在确保可持续发展的前提下，海洋能产业才能实现长期稳定发展。

（六）海洋能产业发展需要深化国际合作

国际合作是推动海洋能产业发展的重要途径。通过国际合作，世界各国可以共享资源、互通有无、共同进步，应该在技术研发、资金投入、设备制造、市场推广和人才培养等方面展开广泛合作，共同推动全球海洋能产业的蓬勃发展。

例如，在技术研发方面，各国可以开展联合研发项目，共同攻克技术难题；在市场推广方面，各国可以共同开拓国际市场，扩大市场份额；在人才培养方面，各国可以加强教育和培训合作，培养更多的专业人才。

另外，通过国际合作交流，各国科学家、企业家和政策制定者可以汇聚一堂，分享最新的研究成果，探讨合作的可能性，规划未来的发展方向。

总而言之，各国政府、企业和社会各界都应该发挥各自作用。政府出台政策、提供资金支持，为企业创造良好的发展环境；企业则加大研发投入、推动技术创新，为产业发展提供源源不断的动力；而社会则通过宣传、教育等方式，提高公众的认知度和支持度。

全球海洋能产业将逐渐成为人类能源产业体系中的重要组成部分，并逐步为全球能源转型和可持续发展提供坚实的支撑，减少人类对化石能源的依赖，缓解温室效应和环境污染，创造更多的就业机会和经济效益，促进全球经济繁荣与发展。

18 全球氢能产业：
当今人类充满遐想，未来世界关键能源

> 气变温升成警，天銮积累浓碳。五洲氢能梦缠绵，减碳路径渐现。蓝色几多倩影，灰颜落寞难欢。灰消蓝减绿升连，人类何惧挑战。

氢与水结下不解之缘。制氢的关键在于技术，难在成本。氢能发展虽争议不断，仍需砥砺前行。面向未来，氢能地位举足轻重，将持续发展。

一、何谓氢能？

氢位于元素周期表之首，原子序数为1，在常温常压下为气态，在超低温高压下又可成为液态。不过，氢在地球上主要以化合态的形式存在，其中最主要的存在形式就是水。氢是宇宙中分布最广泛的元素，构成了宇宙质量的75%。

根据科学论断，氢气的燃烧热值很高，是汽油的3倍，乙醇的3.9倍，焦炭的4.5倍，燃烧后的产物是水，因此氢燃烧十分清洁。

氢能进入人类社会的视野，其实由来已久，不过直到21世纪，这种能源才开始在世界能源舞台上变得举足轻重，成为能源领域的热点，于是氢的制取、储存、运输和应用等技术突然成为举世关注的焦点之一。

如果氢在自然界以独立矿藏的形态存在，那么氢便是一次能源，可惜这种存在形态的氢实在微乎其微，人类只能从其他物质中制取氢，比如电解水制氢、煤炭制氢和天然气制氢等，因此氢能本质上属于二次能源。

作为一个长期研究能源经济的学者，曾几何时，本人对氢能发展并不看好，其中最核心的理由是这种能源属于二次能源，在一次能源转化过程中或在制氢过程中必然消耗大量的能源，必然存在环境污染和二氧化碳排放的问题，并且成本很高，在能源开发和利用方面有可能"得不偿失"。

氢能主要属于二次能源,这或许没有任何争议,关键在于其逻辑性、技术性和经济性是否有生态平衡、环境治理和应对气候变化的意义和价值。

二次能源是连接一次能源与能源用户之间的中间纽带,可以划分为两大类:一是"过程性能源",二是"含能体能源"。

电能是目前人类应用最广的"过程性能源",而汽油、柴油和煤油等油品则是目前人类应用最广的"含能体能源"。

从现实逻辑上看,由于"过程性能源"很难大量地被直接储存,因此汽车、轮船和飞机等机动性强的现代交通运输工具就无法大量使用从发电厂输送出来的电能,只能大量使用汽油、柴油、航空煤油和液化天然气等"含能体能源"。然而,传统未必持久,传统也未必永远符合逻辑,随着电动汽车、混合动力汽车的兴起和发展,"过程性能源"也可以替代"含能体能源"。

根据逻辑推理,随着化石能源不断消耗,资源终究会枯竭,新的"含能体能源"也必然出现,氢能源便是主要代表。氢在自然界储量十分丰富,广泛存在于水、矿物燃料和各类碳水化合物中。

除了核燃料外,氢的热值最高,其燃烧产生的热值远远高于所有化石燃料和生物燃料的热值。氢的燃烧性能良好,燃点高,可燃范围广泛,而且燃烧速度快,从热值和燃烧速度角度看,氢绝对是一种优质和高效的能源。

另外,氢气本身无毒,燃烧后除了生成水和少量氮化氢之外,不会产生对生态环境有害的污染物,而且没有二氧化碳排放,因此氢能属于清洁能源,对于生态环境治理、减少二氧化碳排放均具有重大意义。

二、制氢方式

如果人类利用化石能源制取氢气,那么在制取过程中必然存在环境污染和二氧化碳排放,因此这类氢能或许不太符合基本逻辑。因此,根据制氢的方式,可以将其划分为三种:绿氢、灰氢和蓝氢。

(一)绿氢

绿氢(Green Hydrogen)是通过使用可再生能源(例如太阳能、风能、核能等)制造的氢气,例如通过可再生能源发电进行电解水制氢,在制氢过程中基本上不会产生温室气体，因此被称为"零碳氢气"。

目前，虽然绿氢缺乏成本竞争力，但未来无疑是一个不断增长的市场。发展绿氢具有良好的资源禀赋，全球拥有可观的地热、生物质、海洋能、风电和光伏资源，以及固体废弃物的资源化利用。随着技术的进步，可再生能源发电成本越来越具有竞争力，为发展绿氢提供了得天独厚的优势。

（二）灰氢

灰氢（Grey Hydrogen）是通过化石燃料（例如石油、天然气、煤炭等）加工产生的氢气，制氢成本较低但是碳排放量大。目前，市面上绝大多数氢气是灰氢，约占当今全球氢气产量的95%。

（三）蓝氢

蓝氢（Blue Hydrogen）是将天然气通过蒸汽甲烷重整或自热蒸汽重整制成。虽然天然气也属于化石燃料，在生产蓝氢时也会产生温室气体，但由于使用碳捕集与封存（CCS）/碳捕集利用与封存（CCUS）等先进技术，温室气体被捕获利用和封存，减轻了对地球气候的影响，实现了低碳制氢。

蓝氢可以减少碳排放，推动建立氢能经济。蓝氢不是绿氢的替代品，而是必不可少的技术过渡，可以加速社会向绿氢过渡。

从逻辑上看，绿氢和蓝氢具有一定的合理性，但成本可能很高，经济性可能较差。而灰氢的成本可能比较低，经济性也较好，不过环保性却比较差。

三、全球氢能产业的发展现状

回望历史长河，人类能源开发和利用经历了从薪柴到煤炭、从煤炭到石油，再到天然气的多次转变，每一次能源变革都伴随着生产力的飞跃和社会的深刻变革。

在当今这个科技日新月异、能源格局深度变革的时代，氢能作为一种清洁、高效和可再生的能源，正逐渐从实验室走向经济社会的实际应用，全球氢能产业正孕育着前所未有的发展机遇，呈现出蓬勃的生命力。

（一）氢能产业发展规模持续扩大

随着全球环境问题的日益严重，以及各国政府对可再生能源的重视和支持，氢能产业迎来了前所未有的发展机遇。各国纷纷出台政策支持氢能产业的发展，加大研发投入，推动技术创新，促进氢能产业的快速发展和应用。

时至今日，全球氢能产业以其独特的优势，引领人类社会走向一个更加绿色、低碳和可持续发展的未来，氢能产业发展呈现出蓬勃的态势。

在2013年至2023年期间，全球氢能（涵盖蓝氢与绿氢，不含灰氢，以下同）产能实现了从337.08万吨到483.49万吨的飞跃，增速较为明显，标志着全球氢能产业正稳步迈入快速发展轨道。其中，绿氢产能增长尤为引人注目，由0.22万吨激增至14.76万吨，呈现出爆发式增长态势；在全球氢能生产能力中的占比实现了从0.07%到3.05%的惊人跃升。

（二）区域性特征明显

从全球分布来看，全球氢能产业发展呈现出区域性特征，亚太、北美、中东和欧洲等地区走在世界前沿，非洲和中南美洲地区处于明显滞后阶段，而独联体地区氢能产业尚未起步。

1. 亚太地区氢能产业发展

亚太地区则凭借庞大的市场和广阔的应用前景，吸引众多企业和研究机构涉足氢能产业，推动氢能产业快速增长。

日本是全球氢能产业发展的佼佼者之一，政府制定了一系列雄心勃勃的政策目标，旨在构建清洁高效的氢能社会，支持氢能技术研发和应用，推动氢能与可再生能源融合发展。在交通领域，推广氢燃料汽车和氢储能系统建设；在能源领域，利用氢能发电降低成本并提高电网稳定性；在工业领域，将氢能应用于钢铁、化工等行业的生产过程，以实现节能减排。

中国正在积极抢占氢能技术制高点，氢能产业发展取得显著成效。政府、企业和研究机构紧密合作，推动氢能技术快速进步和应用场景拓展，在产业链上形成良性循环。中国积极参与国际氢能合作，推动全球氢能产业发展与繁荣。

在2013年至2023年期间，亚太地区氢能产能由185.96万吨增加到202.33万吨；在全球氢能产能中的占比由55.17%降至41.85%。其中，绿氢产能由0.03万吨跃升至9.36万吨，增长速度堪称"井喷"；在全球绿氢产能中的占比由13.64%跃升到63.41%。

2. 北美地区氢能产业发展

北美地区拥有成熟的氢能产业链和技术积累，美国出台了一系列措施，鼓励企业研发和使用氢能产品，政府和企业大力投入氢气基础设施建设，推动氢能产业发展。

在 2013 年至 2023 年期间，北美地区氢能生产能力由 121.79 万吨升至 211.10 万吨；在全球氢能生产能力中的占比由 36.13% 下降到 13.14%。其中，绿氢生产能力从无到有，逐步增加到 1.94 万吨；在全球绿氢生产能力中的占比也快速升至 13.14%，地位明显提升。

3. 中东地区氢能产业发展

中东地区氢能发展以蓝氢为主，绿氢则处于刚刚起步阶段。总而言之，中东地区氢能产业不仅实现了量的积累，也迈出了质的飞跃。

在 2013 年至 2023 年期间，中东地区氢能生产能力由 29.14 万吨升至 62.20 万吨，增速十分显著；在全球氢能生产能力中的占比由 8.64% 升至 12.86%。其中，绿氢生产能力由无到有，增加到 0.01 万吨。

4. 欧洲地区氢能产业发展

欧洲地区氢能发展以绿氢为主，在绿氢技术研究和应用方面具有优势，注重与可再生能源的结合，推动绿能产业可持续发展。欧盟推出"绿色新政"，将绿能作为未来能源体系的重要组成部分，加大对绿能技术研发和基础设施建设的支持力度。

在 2013 年至 2023 年期间，欧洲地区氢能生产能力由 0.19 万吨跃升到 7.58 万吨，实现了飞跃；在全球氢能生产能力中的占比跃升到 1.57%。其中，绿氢生产能力由 0.19 万吨升至 3.16 万吨；在全球绿氢生产能力中的占比由 86.36% 滑落至 21.41%，地位明显下降。

5. 非洲地区氢能产业发展

在非洲广袤的土地上，氢能产业正以绿意盎然的姿态缓缓起步，并且主要聚焦于绿氢的初步发展。2023 年，非洲地区绿氢生产能力达到 0.17 万吨，在全球绿氢生产能力的占比虽仅达到 1.15%，却是在新能源浪潮中勇敢前行的见证。

6. 中南美洲地区氢能产业发展

中南美洲地区氢能之旅正悄然启程并处于起步阶段。在 2013 年至 2023 年期间，中南美洲地区绿氢生产能力由 0.01 万吨升至 0.11 万吨；在全球绿氢生产能力中的占比由 4.55% 下降到 0.75%。

（三）技术创新不断突破

全球氢能产业在核心技术方面已经取得了重要突破。各国政府纷纷出台政策，鼓励企业研发和应用氢能技术；国际组织如国际氢能协会（IAHE），也致力于推动氢能产业全球化发展；企业界积极布局氢能产业，投入大量资金和资源进行技术研发和产业化；学术界则加强对氢能基础理论和应用研究的投入，为氢能产业发展提供强大的智力支持。

在氢燃料电池技术领域，新一代的高效膜电极材料和压缩气体储氢技术的出现，使得燃料电池的性能得到了显著提升；在氢气生产领域，水电解技术，特别是质子交换膜（PEM）电解水制氢技术，因其高效、环保的特性而受到广泛关注。

（四）产业链日益完善

氢能产业链包括上游的制氢环节，中游的氢气储存与运输环节，以及下游的氢气应用环节（如燃料电池发电、交通运输等）。全球氢能产业链各环节的市场规模正在持续扩大。在制氢领域，天然气重整、生物质气化等技术广泛应用，氢气产量逐年攀升；在氢气储存与运输领域，高压储氢罐、液态储氢船等技术的发展，为安全高效运输提供了有力保障；在氢气应用领域，燃料电池发电、氢燃料电池汽车等产品不断涌现，市场规模逐步扩大。

氢能产业链各环节的技术和经济性正在不断提升，产业链也日益完善，已经形成相对完整的产业链体系。随着市场需求的不断增加，相关配套产业也得到快速发展。随着技术的不断进步和成本的逐渐降低，氢能在交通、工业、能源储存等领域发挥着越来越重要的作用。氢能产业的发展也带动相关产业链的发展，创造更多就业机会和经济效益。

（五）市场应用场景逐步拓展

氢能被誉为"终极能源"，在使用过程中具有零排放、高效率等特点，被视为一种理想的清洁能源，符合气候、生态环境保护的要求。

氢能已经在交通、工业、能源生产等领域得到了广泛应用。在交通领域，氢气被用作燃料电池汽车、公共交通工具等的动力源；在工业领域，氢能替代传统能源进行高温热处理、化工生产等过程；在能源生产领域，氢能可以作为可再生能源的一种重要补充。

四、氢能或许将成为世界未来的主流能源之一

氢能作为 21 世纪最具潜力的清洁能源之一，其独特的物理和化学特性使其在能源消费中具有不可替代的地位。氢能的广泛利用可以有效减少碳排放，减少对化石

燃料的依赖，从而实现能源结构不断优化的目标。

（一）绿氢逐步取代灰氢成为必然

各类能源都有其内在特点，这是基本常识，人们似乎很难找到某种能源可以替代所有其他能源，这更是人类历史早已证明的客观规律。当然，与其他新能源相比，氢能有着自身独有的特点和优点，其中最大的优势恐怕就是资源的巨大潜力。

氢能的优点在于资源丰富、燃烧快、无毒害和热值高等。但是氢能的缺点在于制备成本高，而且还不稳定。相对而言，灰氢制备成本较低，但由于碳排放高而不具有发展前景；蓝氢制备由于需要去碳，成本会明显提高；而绿氢通过绿电电解水制备，成本高低与绿电价格密切相关，但它是未来氢能发展的基本方向之一。

绿氢在生产和利用过程中不会产生碳排放，这是其最大的优势。相比之下，灰氢的生产过程会释放大量的二氧化碳，加剧温室效应。在全球气候变化和环境保护的压力下，绿氢作为零碳排放的清洁能源，具有显著的环保优势。

随着技术的进步，绿氢的生产成本正在逐渐下降。虽然绿氢的成本高于灰氢，但随着规模的扩大和技术的提升，绿氢的成本有望进一步下降，并最终与传统制氢方式相比更具优势。绿氢的储能能力也在增强，可以有效解决新能源消纳问题。绿氢可以在化工、炼油、钢铁等传统工业中发挥重要作用，推动碳排放大幅降低，提高生产效率和经济效益。绿氢可以转化为绿氨或甲醇，这将为化肥和燃料工业等行业带来巨大的潜力。

世界各国政府纷纷出台政策，鼓励和支持绿氢的发展。许多国家都提出了碳中和目标，大规模发展绿氢被视为实现碳中和的重要手段之一。

（二）政策支持力度持续加大

氢能被人类寄予厚望，备受各国政府和能源企业的青睐，或许可以在未来人类社会能源发展和转型过程中带来巨大的发展空间。

从氢能的资源潜力来看，由于氢能资源潜力巨大，似乎用之不竭，因此氢能绝对具有未来发展的先决条件，而且具有明显的优势。正是基于氢能资源丰富的特点，世界各国科学家都十分重视氢能科技研发，并且将氢能作为能源研发和利用的攻关重点。

在全球范围内，各国政府对氢能产业的支持力度持续加大。一方面，出台一系列政策措施鼓励氢能产业的发展，如资金支持、税收优惠、示范项目推广等；另一方面，加强对氢能产业的监管和标准制定工作，为产业健康发展提供有力保障。

(三)市场竞争日趋激烈

一个产业是否具有前途,关键要看其成本竞争力。

近年来,由于技术进步和各国政府的政策支持,氢能产业逐步成为全球能源领域的重要发展方向,这将有助于未来全球能源格局的重塑。尽管氢能的开发和利用还要受到成本、经济和技术等诸多条件的约束,但是从长远趋势来看,人类智慧无限,创新动力无穷,随着技术不断进步,制氢成本必然下降。

随着氢能产业的快速发展,市场竞争日趋激烈。各大能源企业和高新技术企业纷纷布局氢能领域,争夺市场份额。随着技术的不断进步和市场的不断扩大,竞争格局将逐渐形成。

(四)应用场景进一步拓展

看待事物,既要看现实,更要看未来。

作为一种二次能源,氢能来源广泛、清洁低碳、应用场景丰富,而且有利于推动传统化石能源的清洁高效利用,可以支撑可再生能源的大规模发展。

全球能源转型正在加快,氢能及氢燃料电池产业发展迅速,并逐步成为全球能源科技革命和未来能源转型发展的重要方向之一。

人类需要设想,需要想象,需要展望。

从历史发展来看,二战期间人们便开始研发氢能技术,并不断取得实际研究成果而逐渐实现实际应用,比如氢能已经被用作"V-2"火箭的液体推进剂。

当今火箭燃料也大都以液氢为主,科学家已经开始研究在超音速飞机和洲际客机上利用氢能作为动力燃料,氢能源汽车也已经被开发并投入试运行。可以大胆设想,如果氢能源作为交通燃料,一旦在全世界范围内得到大规模普及和利用,那么全球能源格局和能源结构必将发生革命性的变化。

随着技术的不断进步和成本的不断降低,氢能的应用领域将进一步拓展。除了传统的交通、工业和能源生产等领域外,氢能还将在航空航天、海洋工程、医疗康养等新兴领域发挥重要作用,为氢能产业的发展提供更加广阔的空间和机遇。

(五)国际合作不断加强

面对全球性的挑战和机遇,氢能产业的国际合作不断加强。各国政府、企业和研究机构之间的交流与合作日益频繁,共同推动氢能技术的交流与转移、信息共享平台的建立,以及国际标准的制定和互认等方面的工作。

第三篇

区域篇

CHAPTER 3 THREE

19 北美洲地区能源转型：
能源结构调整提速，温室气体排放下降

> 北美幅员辽阔，能源丰富葱茏。化石云匿矿藏中，核水风光生众。风舞山川云谷，光萦炫耀天空。能源转型建奇功，除碳驱污入梦。

北美洲大陆作为全球能源版图上不可或缺的一极，其能源转型不仅映射着自身的脉动，更深刻地影响着全球能源格局。能源转型不仅关乎能源技术革新与突破，更是北美洲人与自然和谐共生理想的深切呼唤。

一、北美洲地区化石能源产业发展

在浩瀚的北美洲大陆上，化石能源产业发展的历史见证了能源格局和地球变迁的沧桑。随着工业革命浪潮席卷北美地区，化石能源不仅重塑了经济结构，也更深刻地改变了人类的生活方式和社会面貌。城市因煤而兴起，工业因油而繁荣，天然气则照亮了千家万户。

从化石能源市场地位来看，目前天然气在北美洲地区化石能源消费结构中占据首位，其他依次为石油和煤炭。

（一）天然气产业发展

在北美洲大地上，从加拿大到墨西哥，再到美国，丰富的天然气资源宛如大自然的馈赠。在这片充满活力的大陆上，北美人正以前所未有的热情，投入到天然气的开发与利用中。天然气管道穿越山川河流，将天然气输送到千家万户，为城市繁荣注入了源源不断的动力。

由于天然气燃烧时产生的二氧化碳远低于煤炭和石油，因此备受青睐。在北美洲地区，越来越多的家庭和企业选择使用天然气，以减少对气候、生态环境的影响。

天然气发电站为电网提供稳定且清洁的电力。

在 2010 年至 2020 年期间，北美地区探明天然气储量由 10.5 万亿立方米攀升到 15.2 万亿立方米，增加了 44.76%；在全球探明天然气储量中的占比也由 5.84% 跃升至 8.08%。

在 2013 年至 2023 年期间，北美地区天然气产量经历了迅猛的增长，由 8 601 亿立方米增加到 12 611 亿立方米；在全球天然气产量中的占比由 25.55% 稳步提升至 31.19%，彰显了不可忽视的全球影响力。

在此期间，北美洲地区天然气消费量由 32.05 艾焦升至 39.77 艾焦；在全球天然气消费中的占比由 26.40% 升至 27.55%，其市场地位得到提升。

（二）石油产业发展

在北美洲地区，石油脉络滋养着经济和社会发展。从加拿大的寒带，到墨西哥湾的温暖海域，石油是北美地区发展的血液。在被阳光亲吻过的土地上，油井如钢铁森林，矗立在无垠的平原与遥远的海岸边。每当夜幕降临，钻井平台灯光闪烁，如同星辰落入凡间，讲述着北美地区一个又一个石油故事。

北美洲地区的石油产业，是技术与自然的交响曲。从最初的艰难开采，到如今的高效提炼，每一次技术飞跃，都是对自然的深刻理解与尊重。石油不仅改变了城市面貌，更深刻地影响了生活方式，从汽车轮胎下的橡胶，到家中温暖的暖气，石油痕迹无处不在。

在 2010 年至 2020 年期间，北美洲地区探明石油储量由 2 203 亿桶增加到 2 429 亿桶；在全球探明石油储量中的占比也随之提升，由 13.46% 提高到 14.02%，昭示其在全球石油资源版图中的重要地位。

在 2013 年至 2023 年期间，北美洲地区石油产量由 7.86 亿吨升至 12.08 亿吨；在全球石油产量中的占比由 19.05% 升至 26.78%，成为不可忽视的力量。

在此期间，北美洲地区石油消费量由 43.49 艾焦增加到 44.05 艾焦；在全球石油消费量中的占比虽由 24.32% 微降到 22.43%，但也预示着能源转型逐步加快。

（三）煤炭产业发展

煤炭承载着北美洲地区历史的痕迹与未来的挑战。从阿巴拉契亚山脉的煤层深处，到密西西比河畔的煤炭港口，煤炭产业的发展不仅是工业革命的引擎，更是时代变迁的见证者。

煤炭曾是大规模工业化的基石，驱动着北美洲地区的发展。在应对气候变化和加速能源转型的大背景下，煤炭似乎正逐渐淡出北美洲能源舞台的中央，其市场地位和角色悄然发生了转变。

截至2020年底，在北美洲地区，探明煤炭储量达2 567.3亿吨，在全球探明煤炭储量中的占比高达23.9%，彰显出其在全球煤炭资源分布中的重要地位。

在2013年至2023年期间，北美地区煤炭产量由9.77亿吨降低到5.81亿吨；在全球煤炭产量中的占比由11.82%下降到6.38%。

在此期间，北美地区煤炭消费量经历显著变化，由19.48艾焦缩减至8.83艾焦；在全球煤炭消费量中的占比由12.10%降至5.47%，显示出清晰的转型轨迹。

二、北美洲地区非化石能源产业发展

从北美洲地区非化石能源市场地位来看，核能居于首位，其他依次为水能、风能、太阳能和生物质能。

（一）核能产业发展

从首座核电站的巍峨矗立，到无数冷却塔与核反应堆的交织，核能以其清洁、高效的特点，成为北美洲地区能源版图上的重要色彩，在夜晚点亮万家灯火，在寒冬中输送温暖，不产生烟囱林立的污染，只留下一片蔚蓝的天空和清新的空气。

北美洲地区核能之路并非没有挑战。安全、废物处理、公众接受度等，每一个问题都是对智慧与勇气的考验。但其在探索与质疑中前行，不断寻求更加安全、可持续的发展之道。

在2013年至2023年期间，北美洲地区核能发电量经历了细微的消减，由945.1太瓦·时降至917.6太瓦·时；在全球核能发电量中的占比也由37.95%降至34.52%。

（二）水能产业发展

从巍峨的落基山脉，到蜿蜒的密西西比河，河流如银链般穿梭于峡谷与平原之间，或湍急，或平缓，无一不在默默积蓄着力量。当水流撞击岩石，穿越峡谷时，孕育了巨大的清洁和可再生的水能资源。

在加拿大的安大略省，尼亚加拉河以雷霆万钧之势，成为世界上著名的水力发电站之一。美国的大古力坝，屹立在科罗拉多河上，将汹涌的河水转化为点亮万家灯火的电能。

北美洲地区水能发展并非没有挑战，环境保护与生态平衡不可忽视，如何在开发利用与保护自然之间找到平衡，成为北美社会需要共同面对的课题。

在 2013 年至 2023 年期间，北美洲地区水能发电量由 686.3 太瓦·时降至 620.9 太瓦·时；在全球水能发电量中的占比由 18.12% 降至 14.64%。

（三）风能产业发展

风能，自然界的隐形巨人，正在北美洲地区悄然编织着绿色梦想。从加拿大绵延的山脉，到美国辽阔的平原，再到墨西哥风情万种的海岸线，风如同时间的低语，穿梭于山川湖海之间，携带着巨大的能量，给北美洲地区能源转型带来了希望。

在北美洲地区，风力发电站如雨后春笋般涌现，不仅是能源转型的标志，更是自然与人类智慧和谐共生的见证。巨大的风车叶片缓缓转动，将无形的风能转化为照亮城市和驱动经济的电能。

每一座风车都矗立在天际线下，不仅是智慧和技术的展示，更是对自然之美的颂歌。北美洲地区风能产业正以前所未有的速度发展，成为连接过去与未来的桥梁，在能源转型的道路上不断前进，迈向更加低碳、绿色和可持续发展的明天。

在 2013 年至 2023 年期间，北美洲地区风电装机容量由 70 121 兆瓦升至 172 327 兆瓦；然而，其在全球风电装机容量中的占比由 23.58% 降至 16.94%。

在此期间，北美洲地区风力发电量由 184.9 太瓦·时增加到 490.1 太瓦·时；在全球风力发电量中的占比由 29.10% 下降到 21.08%。

（四）太阳能产业发展

在北美洲地区，从东海岸的温暖海风到西海岸的灿烂阳光，每一寸土地都蕴藏着丰富的太阳能资源。从墨西哥的巨型太阳能农场到加拿大的智能微电网，每一个项目都是对太阳能潜力的深度挖掘，也是美洲人智慧与自然和谐共处的美好实践。

北美洲地区太阳能产业发展日新月异，高效光伏板和储能技术让阳光不再只是白天的奢侈，而是全天候的可靠伙伴。北美人相信，只要心中有光，就能驱散阴霾，引领北美大陆走向一个更加清洁、绿色和低碳的未来。

在 2013 年至 2023 年期间，北美洲地区光伏发电装机容量由 70 121 兆瓦激增至 172 327 兆瓦；在全球光伏发电装机容量中的占比由 23.38% 下降到 16.94%。

在此期间，北美洲地区光伏发电量快速飙升，由 184.9 太瓦·时增加到 275.3 太瓦·时；在全球光伏发电量中的占比也快速下降，由 29.10% 降至 16.77%。

（五）生物质能产业发展

北美洲地区生物质能产业的发展，如同一束绿色希望之光，照亮能源转型之路。

在加拿大的辽阔森林中，特制的收割机械穿梭其间，收集着林木的边角余料，将其转化为生物燃料，为车辆提供动力，减少对化石燃料的依赖。在美国的农田上，玉米、大豆等作物不仅滋养着土地，还通过先进的转化技术，成为乙醇等生物燃料的原料。

北美洲地区生物质能项目正逐步融入社区，从家庭屋顶的太阳能板，到城市垃圾处理厂的生物气发电，都见证着生物质能以其独特的方式促进经济社会的可持续发展。

在 2013 年至 2023 年期间，北美洲地区生物质燃料产量稳步攀升，由 58.0 万桶石油当量/日攀升至 82.8 万桶石油当量/日；在全球生物质燃料产量中的占比由 43.22% 下降到 39.96%。

在此期间，北美洲地区生物质燃料消费量稳步增长，由 60.9 万桶石油当量/日增加到 85.7 万桶石油当量/日；在全球生物质燃料消费量中的占比由 46.03% 降至 40.35%。

三、北美洲地区能源转型总体成效

北美洲地区能源转型正在持续进行，且已经取得了令人瞩目的成效。

（一）能源消费质量明显提升，消费规模进入平稳期

北美洲地区一次能源消费脉络展现出一种沉稳而持续的姿态，消费规模虽然依旧庞大，但正以一种平稳而坚定的步伐前行。不同于昔日那种粗放式的扩张，如今北美洲地区一次能源消费增速明显放缓，进入消费平稳期。

在 2013 年至 2023 年期间，北美洲地区的一次能源消费由 115.09 艾焦升至 116.68 艾焦；在全球一次能源消费量中的占比出现明显下滑，由 21.41% 渐渐退至 18.83%，预示能源转型取得了明显进展。

在此期间，北美洲地区人均一次能源消费量由 244.0 吉焦降至 230.0 吉焦；与世界人均一次能源消费水平相比，由 3.29 倍降至 2.98 倍，悄然揭示了能源消费质量的逐步提升。

（二）非化石能源消费比重持续提高，能源消费结构逐步优化

目前，北美洲地区能源消费结构正在悄然发生调整。昔日，化石能源如同北美洲大陆的脉搏，驱动着经济发展的车轮滚滚向前；如今，随着时间流逝，非化石能源蓬勃发展，正在逐渐成为能源消费的新趋势。

森林覆盖的加拿大，风力在林间穿梭，风力发电站如巨人般耸立，捕捉风的旋律，转化为巨大的电能，滋养千家万户；在美国中西部，太阳能板在阳光下熠熠生辉，将日光编织成金黄色的希望之网，铺就一条通往未来能源转型的光明之路；墨西哥湾的海浪拍打着岸边，海洋的蓝色梦想在此启航，潮汐能研究与开发如火如荼，人类试图解开海洋深处能源宝藏的谜团。

与此同时，天然气作为未来能源转型的过渡能源的角色日益凸显，其清洁高效的特点为北美洲地区能源转型之旅增添了几分从容与优雅。

在 2013 年至 2023 年期间，北美洲地区化石能源消费量由 95.02 艾焦减至 92.65 艾焦；在一次能源消费量中的比重由 82.56% 降至 79.41%。

与此同时，北美洲地区非化石能源消费量由 20.07 艾焦升至 24.03 艾焦，预示着能源转型的力量不断壮大；在一次能源消费量中的占比由 17.44% 升至 20.59%。

（三）非化石能源发电和天然气发电占比持续提升，能源消费结构优化提速

北美洲地区电力结构持续变化，多样而复杂，既见证了历史变迁，也预示着未来趋势，更是反映能源转型趋势的重要标志之一。

在 19 世纪末至 20 世纪中叶，煤炭发电几乎垄断了北美地区的电力供应。煤矿遍布阿巴拉契亚山脉，煤炭通过铁路网络运往全国各地的发电厂，点亮了无数家庭的灯火，也推动了工业革命的浪潮。然而，随着气候、生态环境意识的觉醒和技术的革新，煤炭逐渐让位于更加清洁的能源，但其历史地位不可磨灭。

核能在北美洲地区电力结构中占据一席之地。从加拿大的布鲁斯核电站，到美国的三里岛和汉福德核电站，核能提供了稳定且大量的电力供应。然而，核能安全性问题也一直是北美洲地区公众关注的焦点，其发展与监管需要平衡安全与效益之间的关系。

时至今日，可再生能源发电在北美洲地区快速兴起。风力发电在五大湖区、大西洋沿岸及明尼苏达州等地蓬勃发展；太阳能则遍布沙漠地带和屋顶之上，尤其是在加利福尼亚州、亚利桑那州等地。

在 2013 年至 2023 年期间，北美洲地区发电量由 283.1 太瓦·时增至 5 482.0 太瓦·时；在全球发电量中的占比由 22.51% 降至 18.32%，反映出全球电力格局的显著变化。

在 2022 年至 2023 年期间，北美洲地区化石能源发电量由 3 107.8 太瓦·时下降到 3 078.2 太瓦·时；在全部发电量中的占比由 66.31% 下降到 65.33%。

在 2022 年至 2023 年期间，北美洲地区非化石能源发电量由 2 175.3 太瓦·时增加到 2 403.8 太瓦·时；在全部发电量中的占比由 33.69% 提高到 34.67%。

此外，北美洲地区储能技术不断进步，智能电网建设持续加速。

在 2013 年至 2023 年期间，北美洲地区电网规模电池储能系统容量由 0.2 吉瓦跃升至 16.2 吉瓦，见证了储能技术和智能电网技术的进步；在全球电网规模电池储能系统容量中的占比则由 50.00% 降至 29.09%，这预示着全球储能技术的均衡发展与新兴力量的崛起。

（四）碳捕集利用与封存（CCUS）能力提升，温室气体排放规模逐渐下降

北美洲地区碳排放量正在逐渐下降，预示着步入一个可持续能源转型的时代。

从西雅图的海岸线到多伦多的街头，人们开始选择步行、骑行或公共交通工具，以行动支持这场无声的能源变革。电动汽车在街道上穿梭，尾气排放量的减少，仿佛是对未来发展的一声轻吟。每一次碳足迹的缩减，都是对子孙后代的一份温柔承诺，让北美大陆的未来，在蓝天白云下更加璀璨夺目。

在 2013 年至 2023 年期间，北美洲地区碳捕集利用与封存（CCUS）能力由 1 950 万吨/年增至 2 650 万吨/年。

在此期间，北美洲地区温室气体（包括能源、加工、甲烷排放和放空燃烧等领域，以下同）二氧化碳排放当量由 67.96 亿吨降至 62.89 亿吨；在全球温室气体二氧化碳排放当量中的占比由 18.21% 降至 15.56%。

20 欧洲地区能源转型：
能源消费结构加速优化，温室气体排放持续下降

> 气变温升至患，欧洲道义分明。未来降碳我从容，何惧天寒地冷。徐去化石祸首，弃核却也噙冰。风崛光耀水连生，转型道伦天命。

在浩渺的历史长河中，欧洲一直以独特的文明和科技发展引领世界潮流。然而，随着全球气候变化的日益严峻，能源问题已逐渐成为制约欧洲可持续发展的关键因素。欧洲地区的能源转型，正是在这一时代背景下展开的一场关乎未来的深刻变革。

一、欧洲地区化石能源产业发展

在欧洲大陆，化石能源依旧在能源舞台上扮演着重要角色。在古老而庄严的发电厂中，化石能源在熊熊炉火中转化为能量，驱动经济发展。伴随着气候、生态环境的代价，化石能源逐渐成为蓝天白云下的隐性负担，虽不再辉煌，却仍默默守护着欧洲大地的光明。

从化石能源消费地位来看，天然气占据首位，然后依次是石油和煤炭。

（一）天然气产业发展

从北欧蔚蓝海域下涌动的温暖气流，到南欧地中海沿岸轻轻吹拂的清风，天然气以其清洁、高效的特性，成为欧洲能源转型乐章中的主旋律。

在晨曦初照的荷兰，巨大的"海上巨无霸"在波光粼粼的海面上缓缓作业，将海底天然气宝藏转化为照亮千家万户的光芒；在阿尔卑斯山脉脚下，意大利的天然气发电厂在古老的城堡旁矗立着，不仅讲述着古老文明的故事，也吟唱着能源转型的诗篇。

欧洲这片历史悠久而又充满活力的土地，正以其独特的智慧与决心，将天然气

的力量融入城市和乡村的脉动中，既保留了古典优雅，又拥抱了现代华美。天然气不仅是能源供应的来源之一，更是连接现代能源和未来能源的桥梁。

在 2010 年至 2020 年期间，欧洲探明天然气储量由 4.7 万亿立方米缩减至 3.2 万亿立方米；在全球探明天然气储量中的占比由 2.61% 降至 1.70%。

在 2013 年至 2023 年期间，欧洲地区天然气产量经历了深刻变化，由 2 806 亿立方米降至 2 043 亿立方米；在全球天然气产量中的比重也悄然发生了变化，由 8.34% 逐渐下降到 5.03%，反映出全球天然气消费格局中力量对比的微妙变化。

在此期间，欧洲天然气消费量由 554.9 艾焦下降到 463.4 艾焦，在全球天然气消费量中的占比由 16.46% 下降到 11.56%。

（二）石油产业发展

在挪威的北极边缘，冰川的裂缝中流淌着黑色的黄金，历经千万年的沉淀，终于在现代工业的光芒下焕发了新生。西班牙的海岸线、希腊的岛屿，都蕴藏着丰富的石油资源。欧洲石油产业的发展，不仅滋养了经济繁荣，更孕育了创新与变革。每一口油井的喷涌，都是对过去的致敬，也是对未来的期许。

然而，在追求经济发展的同时，欧洲石油产业也面临气候、生态环境和可持续发展等诸多挑战，必须在应对气候变化、保护生态环境与经济发展之间找到平衡。

在 2010 年至 2020 年期间，欧洲地区石油探明储量维持在 1 360 亿桶；在全球探明石油储量中的占比由 0.83% 下降到 0.79%，反映了其在全球石油资源分布中的微小地位。

在 2013 年至 2023 年期间，欧洲地区石油产量由 1.60 亿吨降至 1.52 亿吨，在全球石油产量中的占比也由 3.87% 下降到 3.37%。

在此期间，欧洲地区石油消费量由 29.04 艾焦下降到 28.33 艾焦，在全球石油消费量中的占比由 16.25% 下降到 14.42%。

（三）煤炭产业发展

在欧洲，煤炭曾一度是工业革命的引擎，推动文明车轮滚滚向前。从柏林的烟囱到慕尼黑的炼铁炉，每一缕蒸汽、每一道光芒背后，都藏着煤炭默默奉献的故事。

然而，随着应对全球气候变化的浪潮席卷欧洲大地，能源转型如潮水般涌来，煤炭逐渐从舞台中央退至边缘。即便如此，煤炭依旧在欧洲某些国家扮演着不可或缺的角色。

截至 2020 年末，欧洲地区探明煤炭储量达 1 372.40 亿吨，占全球探明煤炭储量的 12.78%，彰显了其在全球煤炭资源分布中的重要地位。

在 2013 年至 2023 年期间，欧洲地区煤炭产量由 7.53 亿吨降至 4.40 亿吨；在全球煤炭产量中的占比由 9.11% 降至 4.84%，见证了能源转型提速的清晰轨迹。

与此同时，欧洲地区煤炭消费量由 15.86 艾焦骤降至 8.39 艾焦，在全球煤炭消费量中的占比由 9.85% 降至 5.11%，进一步凸显了能源转型的明显趋势。

二、欧洲地区非化石能源产业发展

在蔚蓝的地中海之畔，欧洲大陆正悄然经历一场能源革命，以其坚定的步伐，逐渐告别化石能源的沉重枷锁，踏上非化石能源产业发展的征途。

从欧洲地区非化石能源占比来看，核能占据首位，其他依次为水能、风能、太阳能和生物质能等。

（一）核能产业发展

在欧洲大陆，核能发电站矗立于山川湖海之间，不仅是现代工业的璀璨明珠，更是人类智慧与自然力量和谐共舞。

在 2013 年至 2023 年期间，欧洲地区核能发电量由 986.2 太瓦·时降至 735.9 太瓦·时；在全球核能发电量中的占比亦由 39.60% 降至 26.88%。

（二）水能产业发展

欧洲蕴藏着丰富的水能资源。

在 2013 年至 2023 年期间，欧洲水能发电量由 661.7 太瓦·时逐渐下滑至 638.7 太瓦·时；在全球水能发电量中的占比由 17.46% 降至 15.06%。

（三）风能产业发展

从北欧的峡湾，到地中海的蔚蓝海岸，风能不仅改变了欧洲能源版图，更在每个欧洲人的心中播下了能源转型的种子。在由文艺复兴艺术点缀的欧洲土地上，风能推动着社会向更加绿色、低碳和和谐的明天迈进。

在 2013 年至 2023 年期间，欧洲风力发电装机容量由 120 927 兆瓦跃升至 268 708 兆瓦；然而，在全球风力发电装机容量中的占比却由 40.32% 降至 26.42%。

与此同时，欧洲风力发电量由 248.1 太瓦·时快速增加到 614.1 太瓦·时，在全球风力发电量的占比却由 39.04% 降至 26.41%。

（四）太阳能产业发展

从阿尔卑斯山巅到地中海畔，太阳能板将日光转化为电力。在法国普罗旺斯的薰衣草田旁，太阳能板与紫色花海相映成趣，不仅绘就了一幅幅生动的田园诗画，更书写着能源转型的诗篇；德国正以其强大的创新能力，引领着全球太阳能技术的进步；西班牙凭借其充足的日照与广阔的土地，成为欧洲太阳能发电的璀璨明珠。

在 2013 年至 2023 年期间，欧洲地区光伏发电装机容量由 84 208 兆瓦一路攀升至 299 200 兆瓦；在全球光伏发电量中的占比却由 70.67% 下降到 22.50%。

与此同时，欧洲光伏发电量由 72.2 太瓦·时升至 246.4 太瓦·时，在全球光伏发电量中的占比却由 59.55% 降至 21.09%。

（五）生物质能产业发展

在欧洲大陆，生物质能产业以树木、农作物残余及废弃物为原料，不仅可以减少对化石燃料的依赖，更在减少温室气体排放的道路上迈出了一步。

在 2013 年至 2023 年期间，欧洲地区生物质燃料产量由 23.2 万桶石油当量/日跃升至 31.3 万桶石油当量/日；然而，在全球生物质燃料产量中的占比却由 17.28% 降至 15.11%。

与此同时，欧洲地区生物质燃料消费量也呈现出蓬勃的发展态势，由 25.6 万桶石油当量/日攀升至 39.0 万桶石油当量/日；在全球生物质燃料消费量中的占比由 19.35% 降至 18.36%。

三、欧洲地区能源转型总体成效

经过多年不懈努力，欧洲地区一次能源消费规模稳步下降，能源消费结构调整步伐加快，电力结构持续向低碳能源发电方向调整，来自能源领域的二氧化碳排放持续下降，不仅开辟了新的经济增长源泉，更推动了产业的迭代升级与就业市场的拓展，成为实现社会公正与可持续发展目标的桥梁，连接着能源转型的现在与未来。

（一）能源消费质量提升，能源消费量稳步下降

欧洲地区能源消费量稳步下降，数字化和智能化浪潮汹涌而来，不仅改变了欧洲人的生活方式，更在悄然重塑欧洲能源消费的增长趋势。"互联网+智慧能源"等新模式为欧洲社会经济发展注入了全新的活力。

智能家居系统的广泛应用，使得居民可以随时随地通过手机等移动设备，对家

中电器设备进行精准控制,实现用电的高效管理。新型节能家电的普及,如节能冰箱、空调及 LED 照明等,不仅降低了能耗,更为家庭节省开支。共享经济兴起,也为欧洲能源消费带来重要的改变,共享单车和共享电动汽车等,有效地减少了私家车的使用频率,从而降低交通领域的能源消耗。

在 2013 年至 2023 年期间,欧洲地区一次能源消费量由 86.47 艾焦降至 77.85 艾焦;在全球一次能源消费中的占比由 16.09% 降至 12.56%。

与此同时,欧洲地区人均一次能源消费量稳步下降,由 130.2 吉焦降至 115.2 吉焦;欧洲人均一次能源消费量与世界人均一次能源消费量的对比,也发生了微妙的变化,由 1.76 倍下降到 1.50 倍,这见证了能源消费质量的提升。

(二)非化石能源消费占比逐渐提升,能源消费结构优化步伐加快

欧洲持续倡导绿色、低碳的能源消费模式,引导企业与民众采用节能减排的技术与产品,让资源得以高效利用,使废弃物实现减量排放。同时,欧洲大力推广循环经济理念,让每一个角落都沐浴在低碳、绿色和可持续的光辉之中。

在 2013 年至 2023 年期间,欧洲地区化石能源消费量由 64.88 艾焦降至 53.40 艾焦;在一次能源消费量中的占比由 75.03% 下降到 68.59%。

在 2013 年至 2023 年期间,欧洲地区非化石能源消费量由 21.59 艾焦升至 24.45 艾焦;在一次能源消费量中的占比亦由 24.97% 跃升至 31.41%。

(三)电力结构持续向低碳能源发电方向调整

回溯至 19 世纪,当蒸汽机的第一缕白烟在欧洲的工厂中袅袅升起时,一个崭新的时代拉开了序幕。煤炭成为那个时代的"黑色黄金",燃烧产生的能量驱动着整个欧洲的工业化进程,工厂、矿山和火车站等都在煤炭的轰鸣声中迅速崛起。

然而,随着工业化进程的深入,煤炭的缺点逐渐暴露无遗,环境污染、资源浪费及不可再生性,让欧洲人开始重新审视煤炭。与此同时,核能和水电逐渐崭露头角,法国率先引领核能革命,而瑞士、挪威等国则建立起庞大的水电站网络。

进入 21 世纪,欧洲电力结构再次迎来翻天覆地的变化。在应对气候变化和生态环保主义的浪潮之下,太阳能和风能逐渐成为主角。

在 2013 年至 2023 年期间,欧洲地区发电量由 4 021.5 太瓦·时降至 3 805.1 太瓦·时;在全球发电量中的占比由 17.14% 降至 12.72%。

在 2022 年至 2023 年期间,欧洲地区非化石能源发电量由 2 555.1 太瓦·时增加

到 2 585.0 太瓦·时；在全部发电量中的占比由 62.39% 提高到 67.88%。

在 2022 年至 2023 年期间，欧洲地区化石能源发电量由 1 466.4 太瓦·时下降到 1 220.1 太瓦·时；在全部发电量中的占比由 37.61% 下降到 32.12%。

时至今日，欧洲电力结构已不再局限于传统的"发电—输电—配电"模式。智能电网开始兴起，通过先进的传感器和算法，能够实时监测电力供需状况，实现资源的优化配置。分布式发电、电动汽车充电站和储能设备等构成了庞大而复杂的电网系统。

在 2013 年至 2023 年期间，欧洲电网规模储能系统容量从无到有，规模跃升至 7.0 吉瓦，实现了惊人的增长。2023 年，欧洲地区电网规模电池储能系统容量的全球占比攀升至 12.57%，彰显出引领全球的重要地位。

（四）温室气体排放明显减少，能源领域二氧化碳排放持续下降

为应对全球气候变化，欧洲各国积极采取有效减排措施，努力减少包括二氧化碳在内的温室气体排放，碳排放强度持续显著下降，欧洲在应对全球气候变化中占据了领导地位。

在 2013 年至 2023 年期间，欧洲地区碳捕集利用与封存（CCUS）能力由 290 万吨/年降至 240 万吨/年；在全球碳捕集利用与封存（CCUS）能力中的占比也由 11.03% 降至 4.36%。

在 2013 年至 2023 年期间，欧洲地区温室气体二氧化碳排放当量由 46.56 亿吨降至 37.76 亿吨；在全球温室气体排放当量中的占比也由 12.48% 降至 9.34%。

21 亚太地区能源转型：
能源消费增长减速，温室气体碳排放趋缓

> 能源需求降速，化石消费失常。风光核水尽飞扬，成就转型联想。核水心怀旧曲，风光情满新腔。万般生物最苍茫，却是古今能物。

传统化石能源依然占据主导地位，为亚太地区经济社会发展提供源源不断的动力。然而，随着应对全球气候变化浪潮的兴起，亚太地区能源转型也在提速。

一、亚太地区化石能源产业发展

随着全球气候变化的警钟敲响，化石能源因高碳排放而背负沉重的负担。伴随着气候、生态环境意识的觉醒，亚太地区开始重新审视传统化石能源的未来，正在逐步踏上由化石能源转向非化石能源的转型征途。

从化石能源消费结构来看，煤炭依然占据绝对主导地位，然后依次为石油和天然气。

（一）煤炭产业发展

亚太地区能源转型不可能一蹴而就，煤炭产业也在挣扎中寻求新生。煤炭技术持续创新和进步，智能化和自动化技术不仅提高了煤炭开采效率，让安全生产有了更加坚实的保障，而且记录着亚太地区煤炭产业发展的轨迹。

截至 2020 年底，亚太地区探明煤炭储量达到了 4 597.5 亿吨，在全球探明煤炭储量中的占比高达 42.8%，彰显了其在全球化石能源格局中举足轻重的地位。

在 2013 年至 2023 年期间，亚太地区煤炭产量持续增长，由 56.77 亿吨稳步增加到 71.82 亿吨；在全球煤炭产量中的占比也由 68.74% 提升到 78.96%，显示出举足轻重的全球供应地位。

在此期间，亚太地区煤炭消费量也由 114.14 艾焦增至 135.70 艾焦；在全球煤炭产量中的占比也由 70.92% 升至 82.73%，出现了明显的上升势头，预示着亚太地区能源转型的艰难过程。

（二）石油产业发展

亚太地区石油产业的兴衰更迭，不仅是技术革新的历程，更是人与自然和谐共生的探索之旅。

在 2010 年至 2020 年期间，亚太地区探明石油储量由 478 亿桶减少到 452 亿桶；在全球探明石油储量中的占比由 2.92% 下降到 2.61%。

在 2013 年至 2023 年期间，亚太地区石油产量由 3.93 亿吨下降到 3.46 亿吨；在全球石油产量中的比重也相应地由 9.53% 下降到 7.67%。

与此同时，亚太地区石油消费量也稳步增长，由 60.49 艾焦跃升到 75.10 艾焦；在全球石油消费量中的比重由 33.84% 升至 38.23%。

（三）天然气产业发展

在亚太地区，天然气不仅成为工业的血脉，更是千家万户温暖的源泉，无论是繁华都市的霓虹闪烁，还是偏远乡村的炊烟袅袅，天然气的身影无处不在，成为连接能源的过去、现在和未来的桥梁。

在 2010 年至 2020 年期间，亚太地区天然气探明储量由 13.5 万亿立方米增加到 16.6 万亿立方米；在全球探明天然气储量中的占比也由 7.50% 提高到 8.83%。

在 2013 年至 2023 年期间，亚太地区天然气产量由 5 125 亿立方米增加到 6 918 亿立方米；在全球天然气产量中的占比亦由 15.23% 提高到 17.04%。

与此同时，亚太地区天然气消费量由 24.64 艾焦逐步增加到 33.67 艾焦；在全球天然气消费量中的比重亦由 20.30% 跃升到 23.33%，市场地位明显提升。

二、亚太地区非化石能源产业发展

从亚太地区非化石能源发电结构来看，水能占据首位，然后依次是风能、太阳能、核能和生物质能。

（一）水能产业发展

水轮机轻轻转动，不仅是科技的智慧结晶，更是人与自然和谐共生的美好见证。在充满活力的亚太土地上，水能发电不仅缓解了电力短缺的压力，也成为能源绿色转型的生动注脚。随着技术的不断进步和全球环保意识的增强，亚太地区水能发电必将迎来更加辉煌的明天，为地球增添更加清新的绿意。

在 2013 年至 2023 年期间，亚太地区水能发电量悄然而稳健地增长，由 1 370.0 太瓦·时攀升到 1 788.4 太瓦·时；在全球水能发电量中的占比也由 36.17% 攀升到 42.18%。

（二）风能产业发展

亚太地区正通过科技创新，将风能潜力挖掘至极致，让海风与山巅的风成为驱动经济发展、降低碳排放、优化能源结构、守护生态环境、绿水青山的绿色引擎。

在 2013 年至 2023 年期间，亚太地区的风力发电装机容量超越了欧洲，成为全球风力发电装机容量规模最大的区域，由 103 438 兆瓦攀升到 520 912 兆瓦；在全球风力发电装机容量中的占比也由 34.49% 提高到 51.21%，在电力结构中的地位明显提升。

在此期间，亚太地区风力发电量由 188.5 太瓦·时激增到 1 045.2 太瓦·时；在全球风力发电量中的占比由 29.66% 跃升到 44.95%。

（三）太阳能产业发展

从东瀛的樱花树下，到华夏的黄土高原，再到东南亚的热带雨林边缘，太阳能板捕捉着大自然最纯净的能量。

在 2013 年至 2023 年期间，亚太地区光伏发电装机容量由 40 872 兆瓦激增到 873 586 兆瓦；在全球光伏发电装机容量中的占比由 28.90% 升至 61.56%。

在此期间，亚太地区光伏发电量由 32.4 太瓦·时跃升到 927.7 太瓦·时；在全球光伏发电量中的占比也由 23.38% 提高到 56.51%，在全球电力市场中的地位空前提升。

（四）核能产业发展

在日本的樱花树下、韩国的青山绿水间和中国的壮丽山河旁，核电站默默守护着每一个黎明与夜晚的繁荣。

在 2013 年至 2023 年期间，亚太地区核能发电量由 344.1 太瓦·时增加到 781.1 太瓦·时；在全球核能发电量中的占比也由 13.82% 提高到 28.53%，市场地位快速提升。

（五）生物质能产业发展

在山林间，废弃的林木重获新生，被转化为燃料，不仅减少了森林火灾的隐患，更让山川河流间输送着清洁的电能。在城市的边缘，农作物残骸、废弃的厨余垃圾，曾被视为负担，如今却成了点亮万家灯火的宝贵资源。生物质能发电站，如同一颗颗绿色的"心脏"，为亚太地区输送着生生不息的能量。

在 2013 年至 2023 年期间，亚太地区生物质燃料产量快速增长，由 15.8 万桶石油当量/日增加到 42.2 万桶石油当量/日；在全球生物质燃料产量中的占比也由 11.77% 跃升到 20.37%。

在此期间，亚太地区生物质燃料消费量由 13.2 万桶石油当量/日飙升到 37.9 万桶石油当量/日；在全球生物质燃料消费量中的占比亦由 9.95% 提高到 17.84%。

三、亚太地区能源转型总体成效

亚太地区能源转型已经取得一定的成效，一次能源消费增长减缓，能源消费结构缓慢调整，二氧化碳排放趋缓。

（一）能源消费质量下降，能源消费继续缓慢增长

化石能源，尤其是煤炭，是亚太地区工业革命的号角，深沉而有力地推动了亚太地区工业化进程。然而，随着亚太地区工业化车轮滚滚向前，传统化石能源消耗速度已经远远超出其自然再生能力，燃烧产生的二氧化碳等温室气体排放量，正以前所未有的速度加剧气候变化。随着亚太地区能源转型浪潮迭起，清洁能源风潮悄然兴起。在此背景之下，尽管亚太地区能源消费规模还在增大，但增长速度已经明显趋缓。

在 2013 年至 2023 年期间，亚太地区一次能源消费量由 219.80 艾焦增加到 291.77 艾焦；在全球一次能源消费量中的占比由 40.89% 升至 47.09%。

在此期间，亚太地区人均一次能源消费量由 54.9 吉焦悄然增至 67.3 吉焦；亚太地区人均一次能源消费量与世界人均一次能源消费量相比，由 0.74 倍提升到 0.87 倍。

（二）非化石能源消费占比缓慢提升，能源消费结构优化提速

昔日，煤炭是亚太地区最坚实的支撑，如同古老森林中的参天巨木，支撑着工业文明的骨架；如今，随着岁月流转，清洁能源的清风，渐渐吹散煤烟的阴霾；太阳能板在广袤的沙漠与屋顶上绽放，如同未来之花的盛开；风能在浩瀚的海域与山

巅歌唱，旋转的叶片，是自然与人类智慧的和谐共鸣；电动汽车浪潮汹涌澎湃，穿梭在城市与乡村，不仅减少尾气排放，更像是一首首流动的诗，吟唱着绿色出行的梦想；天然气，作为能源转型过渡时期的桥梁，正稳步推动能源结构优化升级。

在 2013 年至 2023 年期间，亚太地区化石能源消费量由 201.27 艾焦攀升至 244.47 艾焦；在一次能源消费量中的占比则由 91.57% 降至 83.79%。

与此同时，亚太地区非化石能源消费量由 18.53 艾焦升至 47.30 艾焦；在一次能源消费量中的占比亦由 8.43% 稳步提升至 16.21%，市场地位出现了明显提升，说明能源转型取得成效。

（三）非化石能源发电比重提升，电力结构优化趋势明显

亚太地区的电力结构，既有煤炭的沉稳厚重，也有太阳能的清澈明亮，更有风能的自由不羁。煤炭发电地位虽然依然坚挺，但增长势头趋缓；天然气发电正在蓬勃兴起；而太阳能与风能，则以得天独厚的优势，迅速崛起为主力军。

在 2013 年至 2023 年期间，亚太地区发电量由 9 816.4 太瓦·时升至 15 282.0 太瓦·时；在全球发电量中的比重由 41.83% 升至 51.07%。

在 2022 年至 2023 年期间，亚太地区化石能源发电量由 9 774.3 太瓦·时增加到 10 227.4 太瓦·时，预示着能源转型步伐正在加快；在全部发电量中的占比由 67.21% 下降到 66.93%。

在此期间，亚太地区非化石能源发电量由 4 769.1 太瓦·时增加到 5 054.6 太瓦·时；在全部发电量中的占比由 32.79% 提高到 33.07%。

近年来，亚太地区加快了电网改造步伐。从繁华都市到偏远乡村，智能电网建设持续发展，将各种能源高效整合和调配，不仅能够实现电力供需的精准匹配，还能在紧急情况下迅速调整，保障电力供应的稳定与安全。

亚太地区的储能技术不断焕发着新的活力。在 2013 年至 2023 年期间，亚太地区电网规模电池储能系统的容量由 0.1 吉瓦跃至 31.6 吉瓦；在全球电网规模电池储能系统容量中的占比也由 25.00% 升至 56.73%，影响力和重要性愈发凸显。

（四）碳捕集利用与封存（CCUS）能力提升，温室气体排放缓慢增加

亚太地区的绿色植被，作为未被遗忘的净化者，正以独有的方式，在城市的缝隙中顽强生长，试图捕捉并固定那些游离的二氧化碳分子，为地球编织一件希望的绿衣。亚太人开始意识到，每一次呼吸，都是与自然界的对话。从减少使用一次性

塑料到推广清洁能源，从植树造林到建立碳交易市场，每一个微小的努力，都是对地球的深情告白。面对沉重的碳排放负担，亚太人没有退缩和畏惧，加快降碳技术创新，努力提高碳捕集利用与封存（CCUS）能力。

在 2013 年至 2023 年期间，亚太地区 CCUS 能力由 130 万吨/年增至 880 万吨/年；在全球 CCUS 能力中的占比由 4.94% 提升到 16.00%。

但亚太地区温室气体排放形势依然十分严峻，不仅排放规模庞大，而且呈现缓慢增长态势。

在 2013 年至 2023 年期间，亚太地区温室气体二氧化碳排放当量由 173.66 亿吨攀升到 210.58 亿吨；在全球温室气体排放当量中的占比由 46.54% 提高到 52.10%，预示着能源转型任重道远。

22 中南美洲地区能源转型：
能源消费增速趋缓，温室气体排放下降

> 碳放趋于减少，能消走向峰关。转型趋势不心酸，核水风光生现。梦幻依托天季，芳华留给经年。化石荣耀梦难全，固有自怜私恋。

为应对全球气候变化，能源转型已成为国际社会共同关注的焦点议题。中南美洲地区不仅承载着对能源转型的殷切期望，更在全球气候治理的棋盘上扮演着举足轻重的角色。

一、中南美洲地区化石能源产业发展

中南美洲，这片古老的土地，曾是众多古老文明的摇篮，如今依然在全球能源版图中占据重要地位，蕴藏着丰富的化石能源资源。

从中南美洲地区化石能源消费结构来看，石油占据首位，其他依次为天然气和煤炭。

（一）石油产业发展

中南美洲是一片被茂密雨林、蔚蓝海岸与古老文明交织的大陆，蕴藏着丰富的石油资源。

在2010年至2020年期间，中南美洲地区探明石油储量由3 201亿桶增至3 234亿桶；在全球探明石油储量中的占比虽然由19.56%下降到18.67%，但是资源地位仍然稳固。

在2013年至2023年期间，中南美洲地区石油产量由3.79亿吨下降到3.27亿吨；在全球石油产量中的比重也相应地由9.20%下降到7.42%。

在此期间，中南美洲地区石油消费量由18.82艾焦下降到12.37艾焦；在全球石油消费量中的比重由 10.64% 下降到 6.48%。

（二）天然气产业发展

在中南美洲的热带雨林中，天然气产业悄然崛起。

在 2010 年至 2020 年期间，中南美洲地区探明天然气储量由 8.1 万亿立方米下降到 7.9 万亿立方米；在全球探明天然气储量中的占比也由 4.50% 下降到 4.20%，基本维持稳定的状态。

在 2013 年至 2023 年期间，中南美洲地区天然气产量由 1 703 亿立方米下降到 1 620 亿立方米；在全球天然气产量中的占比由 5.12% 下降到 4.01%。

在此期间，中南美洲地区天然气消费量由 6.02 艾焦下降到 5.82 艾焦；在全球天然气消费量中的占比由 4.96% 下降到 4.03%。

（三）煤炭产业发展

从墨西哥的锡那罗亚到阿根廷的门多萨，再到智利的阿塔卡马沙漠，煤炭脉络蜿蜒伸展，不仅滋养了工业的血脉，更见证了煤炭发展的历史。煤炭，作为深埋地下的黑色金子，在挖掘与燃烧中，不仅为中南美洲地区经济和社会发展提供了源源不断的动力，而且也面临着气候、生态环境的挑战。

截至 2020 年底，中南美洲地区探明煤炭储量为 136.89 亿吨，在全球探明煤炭储量中占比 1.27%。

在 2013 年至 2023 年期间，中南美洲地区煤炭产量由 1.00 亿吨下降到 0.63 亿吨，在全球煤炭产量中的比重由 1.21% 下降到 0.69%。

在此期间，中南美洲地区煤炭消费量由 1.43 艾焦缓缓降至 1.16 艾焦，在全球煤炭消费量中的占比由 0.83% 滑落至 0.71%，预示能源转型的稳健步伐。

二、中南美洲地区非化石能源产业发展

中南美洲地区是一片被非化石能源深深眷顾的土地，蕴藏着庞大无比的能量之源。

从中南美洲非化石能源发电结构来看，水能位居首位，其他依次为风能、太阳能、核能和生物质能。

（一）水能产业发展

从亚马逊雨林深处潺潺的溪流，到安第斯山脉雄伟壮观的瀑布，自然以其独有

的方式，铺设了一条条银色的脉络。在生机勃勃的天地间，水能不仅是驱动生命循环的原始动力，也是未来能源转型的关键。

在2013年至2023年期间，中南美洲地区水能发电量稳中有升，由699.8太瓦·时增加到749.9太瓦·时；在全球水能发电量中的比重由18.47%下降到17.69%。

（二）风能产业发展

智利和秘鲁等国依托得天独厚的自然条件，成为中南美洲地区风力发电的先行者。在加勒比海的蔚蓝怀抱中，古巴和海地等国正探索海上风电的奥秘。

风车在辽阔的平原或海面上旋转，轻盈或快速地转动，将风的呼吸转化为点亮万家灯火的清洁电力，这不仅是对自然之力的优雅致敬，也是智慧与自然和谐共生的美好实践。

在2013年至2023年期间，中南美洲地区风力发电装机容量呈井喷式增长，由3 542兆瓦增加到42 018兆瓦；在全球风力发电装机容量中的比重也快速提升，由1.18%提升到4.13%。

在此期间，中南美洲地区风力发电量由10.2太瓦·时猛增到134.2太瓦·时；在全球风力发电量中的比重也由1.61%升至5.77%。

（三）太阳能产业发展

从玛雅文明的遗迹到现代智慧城市，凸显了太阳的光辉；哥伦比亚的咖啡田，在晨光的照耀下，太阳能电池板与翠绿的咖啡豆相映成趣，成为独特的风景线；巴西的亚马逊雨林边缘，一座座太阳能发电站如绿色巨塔，提供了清洁电力；智利那无尽的长滩，则成为全球瞩目的太阳能研发基地。

在2013年至2023年期间，中南美洲地区光伏发电装机容量由457兆瓦猛增到53 603兆瓦；在全球光伏发电装机容量中的占比由0.32%提高到3.78%。

在此期间，中南美洲地区光伏发电量迅速增加，由0.5太瓦·时猛增至82.6太瓦·时；在全球光伏发电量中的占比也大幅上升，由0.36%提高到5.03%。

（四）核能产业发展

核能，被誉为"和平的原子"的能源，正逐步成为中南美洲地区能源转型的重要推动力之一。

在2013年至2023年期间，中南美地区核能发电量由21.7太瓦·时增加到23.5太瓦·时；在全球核能发电量中的占比由0.87%下降到0.86%，基本保持稳定。

（五）生物质能产业发展

在浩瀚的热带雨林中，中南美洲地区蕴藏着庞大无比的绿色能源，生物质能产业已经蓬勃兴起并快速发展。

阳光穿透密林，洒在茁壮生长的树木与繁茂的植被上，每一片叶子都在进行着一场光合作用的小小革命，将太阳能转化为生命的能量。这些植物，作为生物质的源泉，不仅是自然界循环的一部分，也可能成为改变能源格局的关键补充。将甘蔗渣和玉米秸秆等农业废弃物转化为生物燃料，不仅减轻了废弃物的处理负担，也为交通领域带来清洁燃料。

从实验室到田间，从理论到实践，科技工作者与企业家携手合作，致力于提高生物质转化效率，开发高效能、低成本的生物炼制技术。生物质能产业的兴起，不仅是对传统化石燃料依赖的挑战，也是能源转型和可持续发展的坚定步伐。

在 2013 年至 2023 年期间，中南美洲地区生物质燃料产量由 36.9 万桶石油当量／日增加到 50.6 万桶石油当量／日；在全球生物质燃料产量中的占比由 27.50% 下降到 24.42%。

在此期间，中南美洲地区生物质燃料消费量迅速增长，由 32.4 万桶石油当量／日升至 48.7 万桶石油当量／日；在全球生物质燃料消费量中的占比也由 24.49% 下降到 22.93%。

三、中南美洲地区能源转型总体成效

在全球能源转型浪潮中，中南美洲地区能源消费规模缓慢下降，消费结构持续调整，电力结构不断优化，二氧化碳排放增速趋缓。

（一）能源消费质量有所提高，能源消费增速明显趋缓

城市化的快速推进，工业化的兴起，使得传统化石燃料的消费日益增长。长期以来，化石能源成为驱动中南美洲地区经济发展的主要动力，但也伴随着气候变化、环境污染和生态失衡等严重问题，面临着诸多严峻挑战。

近年来，中南美洲地区开始积极探索能源转型和可持续发展之路，不断提高能源利用效率，大力发展可再生能源，努力减少对化石能源的依赖，能源消费增速明显趋缓。

在 2013 年至 2023 年期间，中南美洲地区一次能源消费量由 29.32 艾焦升至

31.28艾焦；在全球一次能源消费量中的占比由5.46%降至5.05%。

在此期间，中南美洲地区人均一次能源消费量由59.5吉焦降至58.3吉焦；人均一次能源消费量与全球人均一次能源消费量相比，也悄然发生了变化，由0.80倍降至0.76倍，预示着能源消费质量的逐步提升。

（二）非化石能源消费占比缓慢提升，能源消费结构持续优化

中南美洲地区能源消费结构显现出多样性特征，其中化石能源与非化石能源此消彼长，出现了持续调整的态势。

在2013年至2023年期间，中南美洲地区化石能源消费量由20.71艾焦减少至19.99艾焦；在一次能源消费量中的占比由70.63%减少到63.91%，预示着能源转型的提速。

在此期间，中南美洲地区非化石能源消费量由8.61艾焦升至11.29艾焦；在一次能源消费量中的占比由29.37%提升至36.09%。

（三）化石能源发电占比缓慢提升，电力结构逐渐调整和优化

中南美洲地区的电力结构不仅承载着点亮万家灯火的重任，更是推动社会进步和经济发展的关键力量。随着能源转型浪潮的兴起，中南美洲地区的电力结构不断优化。

中南美洲地区电力结构并非孤立存在，而是通过一系列跨国输电线路和区域电网实现了互联互通。例如，南美洲的"南方电力互连"计划，旨在加强阿根廷、巴西、智利、巴拉圭和乌拉圭等国之间的电力交换与共享，提高整个区域电力的可靠性和效率，不仅促进了能源的均衡分配，也加速了技术交流与合作的步伐。

在2013年至2023年期间，中南美洲地区发电量由1270.9太瓦·时增加到1464.5太瓦·时；在全球发电量中的占比由5.42%降至4.89%。

在2022年至2023年期间，中南美洲地区非化石能源发电量在全部发电量中的占比由72.90%提高到73.55%。

在此期间，中南美洲地区化石能源发电量在全部发电量中的占比由27.10%下降到26.45%。

与此同时，中南美洲各国正积极寻求电力绿色转型，技术创新成为关键驱动力，储能技术的发展、智能电网的构建以及电动汽车的普及，正逐步改变着这一地区的电力版图。

在 2013 年至 2023 年期间，中南美洲地区电网规模电池储能系统容量由 0.1 吉瓦增加到 7.0 吉瓦；在全球电网规模电池储能系统容量中的占比由忽略不计提升到 12.57%。

（四）温室气体排放控制工作取得实质性进展，排放总体上稳步下降

中南美洲地区的森林，是地球之肺，吸收着二氧化碳，释放着氧气，维持着生态平衡。

然而，在中南美洲的历史上，工业的发展、农业的开垦和牧业的扩张等，如同一把把利刃，切割着绿色的脉络。烟雾从工厂的烟囱中袅袅升起，汽车穿梭在城市的街道上，留下一串串尾气……这一切都在无声地诉说着温室气体排放的增多。

近年来，中南美洲地区这个曾经的绿色天堂，再次向世人展示，如何在发展与保护之间找到平衡，通过各种可能的降碳路径，包括提高碳捕集利用与封存（CCUS）能力等技术创新手段，努力降低二氧化碳等温室气体的排放，让自然的呼吸再次畅通无阻，以敬畏自然之心，最终实现碳中和目标。

在 2013 年至 2023 年期间，中南美洲地区碳捕集利用与封存（CCUS）能力由 290 万吨/年降至 240 万吨/年；在全球 CCUS 能力中的占比由 11.03% 下降到 4.36%。

时至今日，面对气候、生态环境的挑战，中南美洲地区各国已经意识到与自然和谐共存的重要性。植树造林、可再生能源的推广、低碳生活的倡导等，汇聚成温室气体排放逐步减少的力量。

在 2013 年至 2023 年期间，中南美洲地区温室气体二氧化碳排放当量由 16.91 亿吨降至 15.99 亿吨；在全球温室气体二氧化碳排放当量中的占比也由 4.53% 逐渐下降到 3.96%。

在此期间，中南美洲地区能源领域二氧化碳排放量由 13.44 亿吨降至 13.08 亿吨，碳排放控制工作取得了成效；在全球能源领域二氧化碳排放量中的占比也由 4.11% 降至 3.72%。

与此同时，中南美洲地区天然气放空燃烧领域的二氧化碳排放量维持在 0.29 亿吨左右，未有显著增减；在全球天然气放空燃烧领域二氧化碳排放量中的占比由 9.84% 降至 9.26%。

23 中东地区能源转型：
油气资源"诅咒"沉重，能源转型破晓生光

> 油气重阳未早，转型重雾悬空。风光有路伴谁同，欲与天伦携梦。当代化石神地，且有千古名功。降临温患气温升，却使中东寒冻。

中东是油气的宝库，油气蕴藏在每一条沙漠的沟壑中。然而，随着全球应对气候变化浪潮的兴起，中东地区正面临着前所未有的能源转型挑战，不得不重新审视能源战略，寻求可持续发展的新路径。

一、中东地区化石能源产业发展

中东作为世界石油和天然气的宝库，其化石能源产业的发展史是一部波澜壮阔的史诗。从古老的石油湖，到现代的油田，见证了工业文明的崛起与繁荣，也铸就了在国际油气市场舞台上的重要地位。

从中东地区化石能源消费结构来看，天然气占据首要地位，其他依次为石油和煤炭。

（一）天然气产业发展

中东地区丰富的天然气资源蕴藏着梦想与希望，天然气勘探、开发和利用成为推动中东地区经济发展的强大力量。

在广袤的沙漠与地中海沿岸，天然气管道穿越千山万水，将天然气输送到世界的每一个角落。从波斯湾的蔚蓝海岸到地中海的风平浪静，天然气产业蓬勃发展，不仅改变了经济格局，也在全球天然气市场上投下了一枚重磅炸弹。

在2010年至2020年期间，中东地区探明天然气储量由77.8万亿立方米下降到75.8万亿立方米；在全球探明天然气储量中的占比由43.25%降到40.30%。

在 2013 年至 2023 年期间，中东地区天然气产量由 5 625 亿立方米猛增到 7 127 亿立方米；在全球天然气产量中的占比亦由 16.71% 提高到 17.56%。

在此期间，中东地区天然气消费量由 15.24 艾焦增加到 20.80 艾焦；在全球天然气消费量中的占比也由 12.55% 提升到 14.41%。

（二）石油产业发展

从沙特阿拉伯的沙漠到伊朗的高原，石油产业如同一头巨鲸，在波涛汹涌的海面上翻腾。每当晨曦初露，沙漠中的油井便开始轰鸣，仿佛是大地的呼吸，让古老的土地焕发生机。

然而，石油产业也伴随着挑战与风险。中东人用智慧和勇气，将这片土地打造成一个石油王国，石油产业还在持续其狂澜之旅。

在 2010 年至 2020 年期间，中东地区以其丰富的石油资源，稳稳占据了全球探明石油储量的半壁江山，石油探明储量稳步增长，由 7 659 亿桶增加到 8 359 亿桶；在全球探明石油储量中的占比由 46.79% 提升到 48.25%，显示了其在全球石油资源分布中的重要地位。

在 2013 年至 2023 年期间，中东地区石油产量由 13.23 亿吨增加到 14.13 亿吨；在全球石油产量中的占比由 32.06% 微降到 31.36%，仍然占据主导地位。

在此期间，中东地区石油消费量稳健增长，由 16.71 艾焦增加到 18.28 艾焦；在全球石油消费量中的占比由 9.35% 下降到 9.31%，市场地位有所下降。

（三）煤炭产业发展

中东地区不仅以沙漠和油气资源闻名，而且还蕴藏着沉甸甸的煤炭宝藏。中东地区的煤炭大多深埋于地下，等待着被发掘，既见证了地中海古文明的兴衰，也目睹了阿拉伯半岛的沧海桑田。现代化的煤炭矿井穿透地层，黑色的"金子"如泉水般涌出，成为中东地区化石能源结构中不可或缺的一部分。

在 2013 年至 2023 年期间，中东地区煤炭产量经历了前所未有的高速增长，由 150 万吨快速增加到 1 030 万吨；尽管增速十分明显，但是其在全球煤炭产量中的占比可以忽略不计，其地位微乎其微。

在此期间，中东地区煤炭消费量由 0.44 艾焦下降到 0.38 艾焦；在全球煤炭消费量中的占比也可以忽略不计。

二、中东地区非化石能源产业发展

中东地区非化石能源产业正在悄然崛起。然而，中东地区非化石能源产业发展，并非一帆风顺，而是面临传统化石能源产业的阻挠、技术瓶颈和资金短缺等一系列挑战。尽管如此，随着应对全球气候变化浪潮的兴起，中东地区也开始迈入能源转型的步伐，非化石能源产业发展步入起步阶段，不仅带来了新的发展机遇，也为可持续发展贡献了力量。

从中东地区非化石能源发电结构来看，核能发电位居首位，其他依次为太阳能、水能、风能和生物质能。

（一）核能产业发展

在沙特阿拉伯的沙漠中，太阳能与核能齐头并进，探索可持续发展的可能路径；以色列在反恐安全与技术创新的双重挑战下，坚定地推进核能研究，力求在和平的框架下实现能源自给；伊朗核能发展之路，复杂而曲折，既是科技探索的征途，也是政治博弈的舞台。

在中东这片古老而又充满活力的土地上，核能不仅代表能源转型的方向，也是对和平、安全与繁荣的深切期许，更是在各种挑战中寻觅一条符合时代要求的发展道路。

在 2013 年至 2023 年期间，中东地区核能发电量经历了前所未有的"飞跃式"增长，由 4.3 太瓦·时增加到 38.9 太瓦·时；在全球核能发电量中的占比亦由 0.17% 跃升到 1.42%，市场悄然提升。

（二）太阳能产业发展

在世界东方古老而年轻的土地上，中东地区的太阳能产业正以其得天独厚的自然条件，成为太阳能产业发展的热土，如同在荒漠中诞生的奇迹，悄然绽放着璀璨之花。

在 2013 年至 2023 年期间，中东地区光伏发电装机容量由 633 兆瓦增至 18 543 兆瓦；在全球光伏发电装机容量中的占比由 0.45% 跃升至 1.31%，预示着能源绿色转型意识的觉醒。

在此期间，中东地区的光伏发电量由 0.7 太瓦·时激增到 35.9 太瓦·时；在全球光伏发电量中的占比也由 0.51% 快速提高到 2.19%，成为一股不可忽视的力量。

（三）水能产业发展

太阳炙烤下的尼罗河，在奔腾不息中展现出惊人的水能潜力，古老的埃及人曾依靠此河水灌溉农田，发展文明；如今现代化的水电站将水能转化为电能，点亮了万家灯火。约旦河与幼发拉底河，这些曾流淌过无数传奇的河流，如今成为现代水电工程的杰作，将水能转化为源源不断的电力。

在 2013 年至 2023 年期间，中东地区水能发电量由 23.5 太瓦·时增加到 27.6 太瓦·时；在全球水能发电量中的占比由 0.62% 微升至 0.65%。

（四）风能产业发展

在中东古老而神秘的土地上，风不仅是历史的见证者，也是新时代的歌者。当夕阳洒在广袤无垠的沙漠之上，一股股不可见的风的力量在空气中涌动，带着古老山脉的呼吸，穿越古老的文明遗迹，向着远方无尽地奔跑。

随着应对全球气候变化浪潮的兴起，能源转型成为时代潮流，中东地区各国也开始积极发展风能产业。茫茫的大沙漠，曾经被认为是生命禁区，如今却成为风能开发的热土。高耸的风力发电机，在烈日与风沙的洗礼下，缓缓转动着叶片，将无形的风能转化为点亮万家灯火的电能。如今，在中东这片曾经以油气著称的土地上，风能正逐渐成为能源转型的象征。风能产业的发展，让中东人发现，即便在最干旱、最看似无望的地方，也能孕育出生命的绿洲。

在 2013 年至 2023 年期间，中东地区风能发电装机容量由 122 兆瓦攀升到 1 871 兆瓦；在全球风能发电装机容量中的占比也由 0.04% 跃升到 0.18%，提升速度十分明显。

在此期间，中东地区风能发电量由 0.20 太瓦·时攀升到 5.10 太瓦·时；在全球风能发电量中的占比也由 0.03% 跃升到 0.22%，市场地位快速提升。

（五）生物质能产业发展

生物质能作为一种可再生的、环境友好的能源，正逐渐在中东这片看似不毛之地找到立足之地。中东地区虽以沙漠为主，但也有一些绿洲和灌溉农业区，其农业废弃物，如作物秸秆、果树修剪枝等，成为生物质能的宝贵原料。通过先进的生物质转化技术，废弃物可以转化为生物燃料或生物电力。

近年来，中东地区部分国家政府和私营部门开始携手推进生物质能项目，并加大对科研机构的投资力度，以推动生物质转化技术的研发。例如，通过微生物发酵技术将有机废弃物转化为生物乙醇或生物柴油;通过热化学转化技术将生物质转化为合成气等。

在生物质能产业发展中,沙特阿拉伯和阿联酋等国表现比较突出。例如,沙特阿拉伯已经开始利用骆驼粪便等农业废弃物进行生物质能的开发,这些废弃物在厌氧消化过程中产生沼气,进而转化为电力或热能,为当地社区提供清洁的能源;阿联酋则凭借其丰富的太阳能资源,积极推动太阳能与生物质能的结合。

总体而言,中东地区生物质能产业正处于起步发展阶段。

三、中东地区能源转型总体成效

经过多年的努力,中东地区能源转型已经取得初步成效,但是未来能源转型仍任重道远。

(一)能源消费增速趋缓,能源效率质量平稳

长期以来,石油和天然气是中东地区的重要名片,每时每刻都源源不断地提供动力。

在中东地区,能源消费不仅是经济行为,也是经济命脉。随着气候、生态环境问题日益严峻,中东地区能源消费面临着前所未有的挑战,如何平衡发展与气候、生态环境的关系,确保能源可持续利用,已经成为重要议题。

在此背景之下,中东地区也逐步开启了能源转型的步伐,能源消费规模和质量开始出现微妙的变化,但总体上的表现并不令人十分满意。

在2013年至2023年期间,中东地区一次能源消费量由32.67艾焦增加到40.46艾焦,增速趋缓;在全球一次能源消费量中的占比由6.08%提高到6.53%。

在此期间,中东地区人均一次能源消费量由136.8吉焦增加到142.9吉焦;中东地区人均一次能源消费量与世界人均一次能源消费量相比,由1.85倍微升到1.86倍,能源消费质量保持相对平稳。

(二)煤炭和石油消费占比下降,天然气和非化石能源消费占比提升

在阿拉伯半岛的广袤沙漠中,石油和天然气在能源消费结构中占据主导地位。不过,以化石能源为主的能源消费结构,也给中东地区带来了许多隐忧。气候变化、生态失衡、环境污染和能源安全等问题,如同乌云一般笼罩在浩瀚的天空之中。

在此背景下,中东地区也正在逐步走上能源消费结构优化调整之路,一次能源

消费结构趋于合理，非化石能源消费占比出现上升趋势，同时化石能源消费结构经历了细微而深刻的变化，天然气消费占比提升明显。

在2013年至2023年期间，中东地区化石能源消费量由32.39艾焦增至39.46艾焦；然而，在全部一次能源消费量中的占比却由99.14%降至97.53%，反映出能源结构悄然调整的轨迹。

在2013年至2023年期间，中东地区非化石能源消费量由0.28艾焦增加到1.00艾焦，增速令人瞩目；在一次能源消费总量中的占比也由0.86%提高到2.47%。

（三）天然气和非化石能源发电占比提高，石油和煤炭发电占比下降

中东地区太阳能发电产业快速发展。巨大的太阳能板阵列在沙漠中铺展开来，将灼热的阳光转化为清洁电能，不仅减少了对传统化石燃料的依赖，而且成为推动经济发展的新引擎。此外，中东地区风电产业也快速发展。在沿海地区和山地，风力发电机为千家万户送去光明与温暖。

在2013年至2023年期间，中东地区发电量由1 008.4太瓦·时增加到1 463.4太瓦·时；在全球发电量中的占比由4.30%提高到4.89%。

在2022年至2023年期间，中东地区化石能源发电量由1 318.3太瓦·时增至1 355.4太瓦·时；在中东地区全部发电量中的占比由94.69%下降到92.62%，虽然仍然占据绝对主导地位，但也呈现出逐步下降的趋势。

在2022年至2023年期间，中东地区非化石能源发电量由73.9太瓦·时升至108.0太瓦·时，彰显绿色转型的决心；在全部发电量中的占比由5.31%升至7.38%。

（四）温室气体排放控制取得效果，但排放规模仍然增长缓慢

面对全球气候变化，中东地区也面临温室气体控制问题，开始积极推进能源转型步伐，减少温室气体排放。

在2013年至2023年期间，中东地区碳捕集利用与封存（CCUS）能力由30万吨/年增加到500万吨/年；在全球CCUS能力中的占比由1.14%攀升到9.09%。

然而，中东地区温室气体排放形势依然严峻，仍处于缓慢增长期。

在2013年至2023年期间，中东地区温室气体二氧化碳排放当量由24.69亿吨增加到29.00亿吨；在全球温室气体二氧化碳排放当量中的占比也由6.62%提高到7.17%，彰显了在全球碳足迹中的重要地位。

24 非洲地区能源转型：
面对艰难的挑战，迎接希望的机遇

> 化石轻轻镜映，风光默默妆盈。油烟气雾渐生成，煤絮飞扬不静。温变徐徐呈现，非洲怎奈随情。天伦地道梦初醒，除碳路途难定。

在非洲辽阔的大地上，有着丰富的自然资源和充满活力的人民，更有着对美好生活的热切向往。然而，对化石燃料的过度依赖不仅导致资源枯竭和环境恶化，还阻碍了经济的可持续发展。随着全球气候变化的影响日益凸显，非洲能源转型也势在必行。

一、非洲地区化石能源产业发展

在非洲大陆，长期以来，化石能源为经济和社会发展提供了强大的动力。然而，非洲地区化石能源产业发展也面临着严峻的挑战，环境污染、生态破坏和气候变化等诸多问题如同阴影般笼罩在古老的土地上，能源转型也势在必行。

从非洲地区化石能源消费结构来看，石油占据首位，其他依次为天然气和煤炭。

（一）石油产业发展

非洲是地球上最古老的大陆之一，也是石油资源丰富的宝藏之地。非洲地区石油产业的发展，不仅带来了巨大财富，也成为经济发展的重要支柱。然而，非洲地区石油产业的发展和繁荣，并非没有代价，气候变化、环境破坏、生态失衡和社会矛盾等问题如影随形。

在此背景下，非洲人也开始反思，在发展经济的同时，处理好与气候、生态环境之间的关系，而转型便自然成为未来石油产业发展的必然选择。

在 2010 年至 2020 年期间，非洲地区探明石油储量由 1 249 亿桶增加到 1 251 亿桶；在全球探明石油储量中的占比由 7.63% 下降到 7.22%，资源地位保持基本稳固。

在 2013 年至 2023 年期间，非洲地区石油产量由 4.10 亿吨下降到 3.42 亿吨；在全球石油产量中的占比也由 9.93% 下降到 7.57%，生产能力逐渐下降。

在此期间，非洲地区石油消费量由 7.64 艾焦增加到 8.49 艾焦；在全球石油消费量中的比重由 4.27% 小幅提高到 4.32%，消费地位有所提升。

（二）天然气产业发展

随着技术的不断进步和国际合作的深化，非洲地区天然气产业的发展正逐步揭开其神秘的面纱，向世界展示其巨大的潜力与魅力。尼日利亚、安哥拉和埃及等国，记录着天然气由勘探到开发再到利用的历程，不仅促进了就业和带动相关产业链的发展，也让非洲在全球天然气版图中占据一席之地。

在 2010 年至 2020 年期间，非洲地区探明天然气储量由 14.0 万亿立方米下降到 12.9 万亿立方米，在全球探明天然气储量中的占比由 7.78% 下降到 6.86%。

在 2013 年至 2023 年期间，非洲地区天然气产量虽然增长幅度不大，但保持稳步增长，由 1 990 亿立方米增加到 2 536 亿立方米；在全球天然气产量中的占比由 5.91% 微升到 6.25%，基本维持稳定水平。

与此同时，非洲地区天然气消费量由 4.21 艾焦增加到 6.15 艾焦；在全球天然气消费量中的占比由 3.47% 提高到 4.26%。

（三）煤炭产业发展

在古老而充满生机的非洲大陆上，蕴藏着丰富的煤炭资源，仿佛是时间的印记，记录着地球变迁的轨迹。矿工们辛勤劳作，用汗水进行煤炭的开采与利用。随着机器的轰鸣，一吨吨煤炭被挖掘出来，成为当地经济的重要支柱。

然而，随着应对气候变化和环境保护的呼声日益高涨，非洲地区在发展煤炭产业的同时，也必须更加注重能源转型、生态环境保护。例如，在南非的约翰内斯堡，人们开始尝试采用更清洁、更高效的燃煤技术，以减轻对气候和环境的负担。

在 2013 年至 2023 年期间，非洲地区煤炭产量由 2.68 亿吨下降到 2.57 亿吨；在全球煤炭产量中的占比由 3.24% 下降到 2.83%。

在此期间，非洲地区煤炭消费量基本保持了 4.08 艾焦的规模；在全球煤炭消费总量中的比重由 2.53% 微降到 2.49%，并未明显变化。

二、非洲地区非化石能源产业发展

在非洲这片古老而又充满活力的土地上，已经逐步揭开了能源转型的序幕，非化石能源产业发展的浪潮也正在悄然兴起。

从非化石能源发电结构来看，水能占据首位，其他依次为风能、太阳能、核能和生物质能。

（一）水能产业发展

从东非大裂谷的激流险滩，到西非热带雨林的隐秘溪流，一座座高耸的水坝，不仅是水力工程的奇迹，也是对可持续发展承诺的践行。

在 2013 年至 2023 年期间，非洲地区水能发电量由 117.2 太瓦·时增加到 161.6 太瓦·时；在全球水能发电量中的占比也有所上升，由 3.09% 提高到 3.81%，增幅虽然很小，但也预示着未来的增长。

（二）风能产业发展

在非洲土地上，风能产业正在悄然崛起，逐渐成为璀璨的能源新星。

非洲地区风能项目建设如火如荼，为干旱的土地带来了生机和希望。这些项目不仅创造了众多的就业机会，也带动了相关产业链的发展，从风能研发设计到运维管理，每一个环节都充满了创新的激情，为经济和社会发展注入动力。

在 2013 年至 2023 年期间，非洲地区风能发电装机容量呈现出高速增长的态势，由 1 742 兆瓦攀升到 8 654 兆瓦；在全球风能发电装机容量中的占比也由 0.58% 提升到 0.85%。

在此期间，非洲地区风力发电量也实现了高速增长，由 3.6 太瓦·时快速增加到 27.8 太瓦·时；在全球风力发电量中的占比由 0.57% 提升到 1.20%。

（三）太阳能产业发展

太阳能不仅被视为解决能源短缺的钥匙，也是推动能源转型和促进经济社会可持续发展的绿色引擎。非洲被誉为"太阳之洲"，丰富的日照资源为太阳能产业的发展提供了得天独厚的条件。

时至今日，太阳能产业正在非洲大陆悄然崛起，从北部的撒哈拉沙漠到南部的热带雨林边缘，太阳能项目不断涌现。

在 2013 年至 2023 年期间，非洲地区光伏发电装机容量由 674 兆瓦增至 13 479

兆瓦；在全球光伏发电装机容量中的占比也由 0.48% 提高到 0.95%。

在此期间，非洲地区光伏发电量由 0.8 太瓦·时飙升到 19.2 太瓦·时；在全球光伏发电量中的占比也由 0.58% 提高到 1.17%。

（四）核能产业发展

在非洲大陆，核能产业发展的曙光正在显现。

非洲被誉为"世界之源"，核能梦想始于对清洁、可持续未来的深切渴望，不仅是技术挑战，也是对生存与希望的探索。随着技术的不断进步和国际合作的加深，非洲一些国家开始规划核能发展蓝图，梦想着构建安全、高效的核能体系，以便为经济增长注入强劲动力。

从北非的沙漠边缘，到东非的蔚蓝海岸，一座座核电站不仅是电力能源生产的中心，也是科技与自然和谐共存的象征，更见证着非洲大陆从传统能源向清洁能源转型的壮丽征程。

在 2013 年至 2023 年期间，非洲地区核能发电量由 14.1 太瓦·时减至 8.9 太瓦·时；在全球核能发电量中的占比也相应缩减，由 0.57% 降至 0.33%，凸显了非洲在核能利用方面所面临的挑战与变化。

（五）生物质能产业发展

在肯尼亚的草原上，一群牧民围坐在篝火旁，跳跃的火苗不仅温暖了他们的心房，也点燃了他们对生物质能产业发展的遐想。通过创新技术，看似平凡的生物质被转化为清洁能源，不仅减少了对化石燃料的依赖，还为经济发展带来了潜在的机遇。

然而，非洲地区生物质能产业仍处于起步发展阶段，无论是生产还是消费，其规模在全球占比中都显得微不足道。

在 2013 年至 2023 年期间，非洲生物质燃料产量基本保持在 2.0 千桶油当量/年，规模基本保持不变；在全球生物质燃料产量中的占比由 0.15% 下降到 0.10%。

在此期间，非洲生物质燃料消费量很小，基本保持在 1.0 千桶油当量/年的微小规模；在全球生物质燃料消费量中的占比也由 0.08% 下降到 0.05%。

三、非洲地区能源转型总体成效

非洲地区正在从依赖传统能源的桎梏中挣脱出来，逐步迈向绿色、清洁的能源新时代。然而，尽管非洲地区能源转型已经取得初步成效，但是总体而言，其转型仍然处于起步阶段。

（一）能源消费质量提升，消费规模逐渐增大

非洲地区能源消费质量持续发生变化，恰如一首正在谱写的乐章，每一个音符都代表着对美好生活的向往。

在 2013 年至 2023 年期间，非洲地区人均一次能源消费量由 15.2 吉焦降至 14.3 吉焦；非洲地区人均一次能源消费量与世界人均一次能源消费量相比，由 0.21 倍下降到 0.19 倍。

然而，在过去十几年，在充满希望的非洲土地上，能源消费量仍然持续增长，但增速开始出现明显的下降趋势。这是对可持续发展、环境保护及资源高效利用的一次深刻诠释，也是对未来能源转型的坚定承诺。

在 2013 年至 2023 年期间，非洲地区一次能源消费量由 17.31 艾焦增加到 20.87 艾焦，增速趋于缓慢，预示着转型的希望；在全球一次能源消费量中的占比也由 3.22% 升至 3.37%。

（二）非化石能源和天然气消费占比提高，能源消费结构持续优化

时至今日，煤炭和石油消费的主角地位并未退场，在能源消费舞台上继续扮演着重要角色。尤其是在工业化和城市化进程中，化石燃料作为过渡时期的桥梁，支撑着经济和社会发展的需要。

然而，非洲地区非化石能源消费在消费结构中的比重逐步增大。太阳能以其无尽的热情，成为非洲能源消费中最耀眼的明星。撒哈拉沙漠的金色沙丘，仿佛是大自然赐予的免费发电站，吸引着全球的目光，试图释放可再生能源的无限可能；风能在非洲沿海岸线轻吟低唱，潜力正逐渐被发掘，为电力网络插上翅膀。

在 2013 年至 2023 年期间，非洲地区化石能源消费量由 15.93 艾焦增加到 18.72 艾焦；在一次能源消费量中的占比由 92.03% 下降到 89.70%，虽有所下降，但主导地位仍然稳固。

在 2013 年至 2023 年期间，非洲地区非化石能源消费量由 1.38 艾焦增加到 2.15 艾焦；在一次能源消费量中的占比由 7.97% 提高到 10.30%。

（三）非化石能源和天然气发电占比提升，电力结构优化正在提速

曾几何时，非洲大陆被世人称为"黑暗大陆"，电力短缺是挥之不去的阴影。夜晚，除了星空下的寂静，便是无边的黑暗。人们依靠煤油灯、蜡烛甚至原始的火把

照明，生活在这片被现代文明遗忘的角落。然而，正是这片未被完全探索的荒野，孕育着无限的可能，等待着光明之网的覆盖。

随着时代的车轮滚滚向前，非洲地区的电力结构正经历着一场变革。从太阳能板在屋顶上闪烁的金光，到风力发电机在草原上悠扬的歌声，自然的力量被巧妙地转化为推动社会进步的强大动力，不仅提供了清洁、可靠的能源，也成为绿色发展的新名片。丰富的风能资源也被赋予新的使命，在撒哈拉沙漠边缘，巨大的风力发电机群与黄沙共舞，将自然的力量转化为千家万户的灯火，不仅缓解了电力短缺的压力，也是对环境保护的一份承诺。

在 2013 年至 2023 年期间，非洲地区发电量由 745.5 太瓦·时增加到 902.9 太瓦·时；在全球发电量中的占比由 3.18% 微降至 3.02%，反映了电力版图变迁的趋势。

在 2022 年至 2023 年期间，非洲地区化石发电量由 680.7 太瓦·时微降至 670.3 太瓦·时；在全部发电量中的占比亦由 75.41% 降至 74.24%。

在 2022 年至 2023 年期间，非洲地区非化石能源发电量由 222.0 太瓦·时升至 232.6 太瓦·时；在全部发电量中的占比也由 24.59% 升至 25.76%。

时至今日，非洲地区跨国电力传输网络正在将分散的电力资源连接起来，形成一个更加高效、稳定的供电系统。从东到西，从北到南，电网将非洲各国紧密相连，促进了区域间的经济合作与发展。

令人瞩目的是，非洲地区的储能产业也正步入初现的曙光。2023 年，非洲地区电网规模电池储能系统容量已经达到 0.5 吉瓦，尽管在全球储能版图中的地位微乎其微，但也预示着一个令人欣慰的迹象：能源转型已经在非洲大陆成为趋势。

（四）温室气体排放趋缓，降碳任务任重道远

时至今日，非洲地区虽然已经初步步入能源转型之路，控制温室气体排放已经逐步深入人心，碳捕集利用与封存（CCUS）能力也有所提高，但是未来降碳任务仍然任重道远。

在 2013 年至 2023 年期间，非洲地区碳捕集利用与封存（CCUS）能力基本稳定在 120 万吨/年的规模上；在全球碳捕集利用与封存（CCUS）能力中的占比由 4.56% 降至 2.18%。

在 2013 年至 2023 年期间，非洲地区温室气体二氧化碳排放当量由 15.94 亿吨增至 17.88 亿吨；在全球温室气体二氧化碳排放当量中的占比由 4.27% 微升至 4.42%。

25 独联体地区能源转型：
资源"诅咒"茫茫，能源转型惶惶

> 油蕴高歌猛进，气藏威武苍茫。资源诅咒雾茫茫，无奈转型彷徨。煤炭依然梦语，石油还在眠乡。气核光水伴风扬，渐入转型初韵。

在欧亚大陆腹地，独联体地区曾经共同经历了辉煌，如今则站在新的历史节点上，面临能源转型的重大抉择。独联体地区丰富的化石能源资源，曾经是骄傲的资本，但在全球能源转型的大潮中，也必须调整能源结构，发展非化石能源。

一、独联体地区化石能源产业发展

独联体地区自古以来便是全球能源重镇，化石能源为经济和社会发展注入了巨大的活力。从古代的煤炭开采，到现代的石油勘探，每一滴油、每一块煤的开采，都承载着繁荣和梦想。化石能源滋养着这片土地上的每一个生命，既有激昂的高潮，也有低沉的悲歌。

从独联体地区化石能源消费结构来看，天然气占据首位，其他依次为石油和煤炭。

（一）天然气产业发展

独联体地区的天然气产业经历了从萌芽到蓬勃发展的历程。天然气曾是苏联时期能源输出的重要支柱，如今在能源转型浪潮中，天然气正逐步成为连接欧洲与亚洲的能源走廊的关键一环。

在 2010 年至 2020 年期间，独联体地区探明天然气储量缓慢增长，由 51.3 万亿立方米增长到 56.6 万亿立方米；在全球探明天然气储量中的占比由 28.52% 提高到 30.09%。

在 2013 年至 2023 年期间，独联体地区天然气产量由 7 776 亿立方米降至 7 736

亿立方米；在全球天然气产量中的占比由 23.10% 降至 19.06%。

在此期间，独联体地区天然气消费量由 19.26 艾焦升至 21.46 艾焦；在全球天然气消费量中的占比却由 15.86% 降至 14.66%。

（二）石油产业发展

在独联体地区，石油产业不仅是经济发展的支柱，也是能源历史的见证，更是勤劳和智慧的象征。

在 2010 年至 2020 年期间，独联体地区探明石油储量由 1 442 亿桶增加到 1 462 亿桶；在全球探明石油储量中的占比尽管由 8.81% 下降到 8.44%，但在全球石油资源分布中的地位保持稳固。

在 2013 年至 2023 年期间，独联体地区石油产量由 6.75 亿吨下降到 6.70 亿吨；在全球石油产量中的占比虽然由 16.36% 下降到 14.85%，但在全球石油生产格局中的地位仍然稳固。

在此期间，独联体地区石油消费量由 8.12 艾焦增加到 9.16 艾焦；在全球石油消费量中的占比由 4.54% 提高到 4.66%，全球地位维持稳固。

（三）煤炭产业发展

煤炭长期以来就是独联体地区经济发展的重要支柱。

截至 2020 年底，独联体地区探明煤炭储量依然相当可观，达到 1 906.6 亿吨，在全球探明煤炭储量中占比达到 17.75%，全球资源地位十分稳固。

然而，在独联体土地上，煤炭不仅承载着过去的辉煌，也预示着未来的黯淡。随着岁月流转，独联体煤炭产业亦在时代变革中艰难前行，昔日辉煌的矿井，如今已经变得锈迹斑斑，但绿色开采和智能采矿等曾被视为科幻的概念，正在逐渐走进现实。煤炭产业正以一种前所未有的姿态迎接能源转型时代的曙光。

在 2013 年至 2023 年期间，独联体地区煤炭产量稳健增长，由 4.83 亿吨升至 5.63 亿吨；在全球煤炭产量中的占比由 5.85% 提升到 6.19%。

在此期间，独联体地区煤炭消费量由 5.52 艾焦微降到 5.49 艾焦；在全球煤炭消费量中的占比也由 3.43% 降至 3.35%。

二、独联体地区非化石能源产业发展

伴随着全球能源转型浪潮兴起，独联体地区的非化石能源逐步进入起步发展阶段，预示着能源转型步伐已经开启。

从独联体地区非化石能源发电结构来看，水能发电居于首位，其他依次为核能发电、风能发电和太阳能发电。

（一）水能产业发展

随着科技进步，独联体地区水能的开发与利用也变得更加高效和环保。曾经被视为废物的水能，如今变成了清洁和可持续的能源。曾经孤独的水坝，如今成为能源转型的先锋，与山川共鸣，与日月同辉。水能产业如同初升的太阳，渐渐焕发出耀眼的光芒。

在2013年至2023年期间，独联体地区水能发电量稳步增长，由229.4太瓦·时增加到253.0太瓦·时；在全球水能发电量中的占比尽管由6.06%下降到5.97%，但仍在全球保持着稳固的地位。

（二）核能产业发展

核能，阳光与阴影交织，在独联体广袤的大地上悄然成长。铀矿深处，重金属与放射性物质相遇，引领独联体地区核能产业发展方向；核能发电站释放出巨大的电力，为城市和乡村点亮了万家灯火。

然而，独联体地区核能产业发展并非没有阴影，如同一朵双生花，既展现出美丽与希望，又隐藏着恐惧与不安。在光明的背后，是对核事故和核辐射的深深忧虑。

时至今日，独联体地区核能产业发展虽然更加谨慎，但总体上仍处于稳步发展阶段。

在2013年至2023年期间，独联体地区核能发电量由174.9太瓦·时攀升到231.8太瓦·时，不仅彰显了独联体地区对清洁能源不懈的追求，也映射出核能在能源版图中日益增强的地位；在全球核能发电量中的占比也由7.02%攀升至8.47%，全球市场地位愈发稳固。

（三）风能产业发展

独联体地区风能产业不仅是经济增长点，也是应对气候变化、生态环境保护的先锋，它逐渐成为连接过去能源与未来能源的桥梁。

在2013年至2023年期间，独联体地区风能发电装机容量由22兆瓦增加到2 710兆瓦；在全球风能发电装机容量中的占比由几乎可以忽略不计提高到0.27%。尽管占比很小，但也预示着快速增长。

在此期间，独联体地区风能发电量由无到有，增加到 8.80 太瓦·时；在全球风能发电量中的占比由微乎其微提升到 0.38%，地位虽然微小，但提升潜力巨大。

（四）太阳能产业发展

俄罗斯的广袤草原和哈萨克斯坦的金色沙漠，以得天独厚的自然条件，奠定了太阳能产业发展的基础，成为光伏发电产业发展的理想之地。

然而，独联体地区太阳能产业发展也并非一帆风顺，仍然面临着诸多挑战，包括传统能源的阻力、建设资金的匮乏、技术创新的瓶颈、气候意识的淡薄和支持政策的不足等。

尽管如此，伴随着应对全球气候变化浪潮的日益兴起，独联体地区不可能独善其身，太阳能产业也必然在不断探索与努力中砥砺前行。

在 2013 年至 2023 年期间，独联体地区光伏发电装机容量由 4 兆瓦飙升到 4 685 兆瓦；在全球光伏发电装机容量中的占比也由忽略不计逐渐提高到 0.33%。

在此期间，独联体地区光伏发电量逐渐增加到 6.0 太瓦·时；在全球光伏发电量中的占比，也由无到有，逐渐提高到 0.37%。

（五）生物质能产业发展

独联体地区肥沃的土壤和丰富的自然资源，为生物质能的开发利用提供了得天独厚的条件。在寂静的森林深处，枯萎的树枝、落叶和残留的藤蔓，这些看似无用的"废物"，可以被转化为温暖的灯光和动力十足的电力，甚至可以成为驱动机车前行的燃料。一座座现代化的生物质发电厂拔地而起，将大自然的馈赠转化为推动社会进步的动力。

独联体地区生物质能产业发展正处于起步阶段，无论是生产还是消费，生物质能在整体能源结构中的地位极低，数据占比更是可以忽略不计。

三、独联体地区能源转型总体成效

在应对全球气候变化的时代潮流中，独联体地区正以一种既是对过去的致敬，也是对未来的承诺的姿态，初步踏上了能源转型之路，并取得了某些初步成效。然而，独联体地区能源转型之路绝非坦途，必将伴随着严峻挑战和强烈阵痛。

（一）能源消费质量有待提升，能源消费规模增速趋缓

尽管在全球能源转型的背景下，独联体地区也开始探索更加清洁、高效和可持

续的能源消费方式，但是能源消费质量不降反升，能源消费规模仍然缓慢增长，这足以表明该地区能源转型步履维艰。

在2013年至2023年期间，独联体地区人均一次能源消费量由155.8吉焦攀升到163.7吉焦；与全球人均一次能源消费量的比率也由210.26%升至212.60%。

伴随着人均能源消费量的提高，独联体地区能源消费量亦呈现增长态势。

在2013年至2023年期间，独联体地区一次能源消费量由36.81艾焦增加到40.72艾焦；然而，在全球一次能源消费量中的占比却由6.85%下降到6.57%，出现了趋势向好的迹象。

（二）非化石能源消费占比有所提高，能源消费结构调整缓慢

在独联体地区，煤炭曾是最忠实的伴侣，温暖了无数寒夜，驱动了工业车轮，既是历史的见证，也是时代的烙印。随着时光流转，石油与天然气逐渐占据主导地位，不仅改变了能源消费的结构，也深刻地影响了生活方式。

随着全球能源转型的提速，非化石能源产业发展浪潮也开始在独联体地区涌动，在为经济注入动力的同时，也在努力描绘一个更加绿色、和谐的未来。独联体地区能源消费结构的演变，不仅是技术进步的体现，也是人们对美好生活的向往和追求。

在2013年至2023年期间，独联体地区化石能源消费量由32.90艾焦稳步攀升至36.11艾焦；在一次能源消费量中的占比由89.38%下降到88.68%，总体趋势向好。

在2013年至2023年期间，独联体地区非化石能源消费量由3.91艾焦升至4.61艾焦；在一次能源消费量中的占比由10.62%升至11.32%。

（三）化石能源发电占比缓慢下降，电力结构优化初现曙光

煤炭，这一能源基石，依然在独联体地区扮演着稳定供电的角色，是工业文明的印记；天然气作为清洁能源的新星，照亮了环保与高效并重的未来之路；核能以其深邃与神秘，守护着能源安全的底线，其光芒在夜空中静静闪烁，象征着科技与自然和谐共存的理想。此外，独联体地区拥有丰富的非化石能源资源，从北境的冰川到南国的暖阳，每一缕光芒、每一道风，都蕴藏着转化为电能的潜力。

在独联体地区，电力结构的演变不仅是技术的更迭，也是对能源转型和可持续发展理念的逐渐践行。

在2013年至2023年期间，独联体地区发电量由1 323.7太瓦·时增加到1 524.8太瓦·时；但在全球发电量中的占比由5.64%降至5.10%。

在2022年至2023年期间，独联体地区化石能源发电量由1 006.8太瓦·时增加到1 017.8太瓦·时；在全部发电量中的占比由66.86%微降至66.75%，预示着全球电力结构正悄然发生变化。

在2022年至2023年期间，独联体地区非化石能源发电量由499.0太瓦·时增加到507.0太瓦·时；在全部发电量中的占比也由33.14%升至33.25%。

（四）温室气体排放增速虽然趋缓，但未来降碳任务任重道远

在独联体地区，一种无形之物正在持续而悄然地改变着气候，那就是温室气体。

随着独联体地区工业化持续推进，能源活动成为独联体地区碳足迹增长的重要推手，如同被按下了加速键，钢铁的轰鸣和煤炭的燃烧，将大量的温室气体排放到大气之中，而且排放量还在继续增加，不过增速已趋缓。

在2013年至2023年期间，独联体地区温室气体二氧化碳排放当量由27.41亿吨攀升至30.08亿吨，证明了温室气体排放增速正在趋缓；在全球温室气体排放总量中的占比也由7.35%提升到7.44%，碳足迹地位十分明显。

CHAPTER FOUR

第四篇

国别篇

26 美国能源转型：
气候政策存在波折，转型趋势难以逆转

> 气变效应生魄，能源排碳凝魂。山姆未了领先心，两党纷争功过。碳放依稀减少，转型些许趋今。绿州携手共欢欣，何虑阴云错落。

在历史的长河中，美国孕育了无数梦想与奇迹。作为世界经济大国和能源大国，其能源产业的发展，无疑就是一部波澜壮阔的史诗，记录着人类对能源的探索、利用与反思。随着全球气候变化，能源转型已经成为人类社会难以逆转的时代潮流。美国作为世界大国，为了维护自身全球霸权，不可能置身事外。

尽管由于美国国内两党政治之争，气候政策和能源政策历经波折，但从长远趋势来看，美国必然要顺应时代潮流，继续推动能源转型的进程。

一、美国能源转型战略

在能源转型领域，美国的战略目标是：加速能源转型，重视新能源发展，提升能源效率，强化技术创新，充分发挥其在全球经济、贸易、金融、科技、外交和军事等领域的超级大国优势，巩固在全球能源治理中的霸权地位，实现能源独立和碳中和目标，全面保障国家战略利益。

在全球经济、贸易、金融、科技、外交和军事领域，美国长期扮演着超级大国的角色，但这并不是美国的全部目标。美国既要继续巩固全球霸权地位，也要实现能源独立和碳中和目标。这是它的理想，也是它的使命。

美国前国务卿基辛格曾有名言：谁控制能源，就能控制整个大地。面对全球气候变化的大局，美国虽然有战略和政策的多元矛盾，但整体走向仍然是气候主义的维护者，正在不断加快能源转型步伐，注重新能源发展，提高能源效率，并强化技

术创新。

（一）以应对全球气候变化为引领，但两党之间存在争议

战略，本质是维护国家利益。为了实现国家战略目标，维护国家能源发展的长远利益，美国政府制定能源战略，核心在于巩固其在全球能源治理体系中的主导地位。

美国前总统奥巴马曾经说过：气候变化不是一个遥远的未来问题，它正在影响当下。要为下一代创造一个更加可持续的未来。

2021年，美国政府将气候议题确定为对外政策的核心议题之一，将其作为重塑美国国际领导力的重要抓手之一。

在国内层面上，围绕气候决策机制改革、低碳产业发展、社会正义转型等问题，美国政府设立了白宫国内气候政策办公室、国家气候工作组、煤炭和发电厂社区及经济振兴问题联合工作组等机制，以跨部门、全方位的形式协调推进国内气候行动。

在国际层面上，美国政府力图将应对全球气候变化与外交政策、国家安全战略和贸易战略结合起来，以重塑国家形象和国际影响力。时任美国总统拜登任命前国务卿约翰·克里为美国总统气候特使，并将其纳入国家安全委员会，以凸显应对全球气候变化议题的重要性。美国举办气候峰会，引领全球气候行动新篇章，宣告气候愿景，展示国际气候融资计划，启动"重建更好世界"倡议，并宣布结束政府对海外煤电项目的支持，彰显了对塑造一个更绿色、更可持续世界的坚定承诺。

美国政府推动以欧美关系为中心，重建跨大西洋伙伴关系，针对绿色与环境、技术、贸易与标准，以及安全与防务等方面提出了原则和一系列工作步骤。2021年3月，美国与日本、印度和澳大利亚举办四国峰会，聚焦全球气候变化，引领印太地区的未来。2021年4月，美国提出了"领导全球转型倡议"，希望与世界各岛国和偏远地区合作，推动可靠且灵活的能源系统在每个角落普及。

然而，在全球气候变化议题上，美国国内也存在很大的争议，两党在如何应对气候变化问题上也出现了很大分歧，尤其是共和党更是全面否定民主党政府长期坚持的气候政策，放弃了主导或引领全球气候治理体系构建的责任和影响力。

（二）以推进能源转型为核心，但国内两党之间存在很大分歧

美国能源转型面临争议，民主党急于求新，而共和党顽固守旧。

任何国家的能源转型，都不可能离开政府支持，每个国家都需要制定符合时代

需要和与其国情实际相结合的能源转型战略和政策。由于能源在全球政治经济格局中具有极其重大的战略意义，而美国又是全球治理体系中的核心国家之一，因此美国政府总体上高度重视能源转型，充分利用经济和法律等手段为能源转型提供强有力的战略保障。

2005 年 8 月，时任美国总统布什签署了《2005 国家能源政策法》，规定从 2005 年起，对光伏投资实施税收减免政策：居民或企业法人在住宅和商用建筑屋顶安装光伏系统发电所获收益享受投资税减免，额度相当于系统安装成本的 30%。

2007 年 12 月，布什签署了《美国能源独立与安全法》，预示未来清洁能源与能源效率的变化。法令中明确，到 2025 年将有 1 900 亿美元的巨资投向清洁能源与能源效率技术，引领美国探索未来能源世界。不过，布什在应对全球气候变化方面坚持保守立场，拒绝签署《京都议定书》，与欧盟和日本等西方发达经济体形成巨大反差。

2009 年 2 月，时任美国总统奥巴马签署了《2009 年复苏与再投资法》，规定将划拨约 500 亿美元用来开发绿色能源和提高能效，其中 140 亿美元用于可再生能源项目，64 亿美元用于清洁能源项目，1 890 万美元用于"绿色交通"项目。

2009 年 6 月，奥巴马签署了《美国清洁能源安全法》，旨在以限制碳排放量为核心目的，通过设定碳排放上限，对发电、炼油和化工企业实施碳排放控制。奥巴马提出，自 2011 年起的三年内冻结除国家安全、医疗和社会保障以外的政府开支，但将继续增加在新能源、教育和基础设施等方面的投资，包括增加 6 亿美元的政府投资用于鼓励消费者购买节能型车辆。

2013 年 6 月，奥巴马公布了美国第一份全国《气候行动计划》，核心是减少温室气体排放，到 2020 年实现在 2005 年的基础上减排温室气体 17% 的目标，加强可再生能源的发展。

2015 年 12 月，《巴黎协定》签署，奥巴马在推动《巴黎协定》谈判和签署的过程中发挥了非常重要的作用。

2016 年 11 月，特朗普当选美国总统后，美国的气候政策发生了重大逆转。

2017 年 1 月，特朗普政府公布《美国优先能源计划》，彻底否定了奥巴马政府时期制定的《气候行动计划》，旗帜鲜明地指出了今后执政时期的能源政策重点。特朗普政府优先能源计划核心要点为取消奥巴马时期制定的《气候行动计划》，通过开发利用美国丰富的化石能源资源，开发本土页岩油气，支持振兴清洁煤炭工业，实现能源独立，推动经济增长，增加就业，保护环境。

2017年6月，特朗普总统宣布美国正式退出《巴黎协定》。

2021年1月，拜登击败特朗普，当选为美国总统。拜登上任之后，美国重新加入《巴黎协定》，对特朗普的气候政策进行"拨乱反正"。

2021年11月，美国政府发布了《迈向2050年净零排放的长期战略》，提出在2030年实现温室气体排放量在2005年基础上减少50%～52%的目标；在2035年实现100%清洁电力的目标；在2050年实现100%清洁能源和碳中和的目标。

2022年8月，美国政府通过了《通胀削减法案》，在能源领域主要包括：通过激励太阳能、风能、碳捕集和清洁氢等清洁能源技术的国内生产，建立美国清洁能源供应链；通过有针对性的税收优惠支持美国工人，旨在生产美国制造的产品，如电池、太阳能和海上风电组件，以及碳捕集与封存（CCS）等技术。

2024年1月，特朗普再次当选美国总统，美国气候政策发生重大逆转，他再次宣布退出《巴黎协定》，废除拜登政府时期制定的一系列能源转型政策。

（三）以发展可再生能源为能源转型路径

美国企业家比尔·盖茨说过：在能源变革的道路上，我们每一个人都需要承担起责任，这是我们留给下一代最好的礼物。

在联邦层面上，美国政府制定了可再生能源、住宅用可再生能源、商业用可再生能源等领域的税收抵免政策，旨在为企业、居民投资和使用太阳能、风能、地热能和生物质能等清洁能源提供长期且稳定的财税优惠政策，悉心呵护绿色力量。这不仅是联邦政府对能源绿色转型的承诺，更是对未来经济社会绿色发展的热忱和期盼。

2021年3月，美国能源部贷款计划办公室提供了超过400亿美元的清洁能源贷款担保，助力清洁能源企业融资，点燃了希望之火。

2021年6月，美国政府制定了《清洁能源胜利债券法案》，赋予财政部一项神秘任务：发行清洁能源债券，新设信托基金，用于投资联邦、州和地方清洁能源项目。

2021年11月，美国政府颁布了《基础设施投资和就业法案》，计划投资650亿美元，瞄准未来希望产业，包括氢能、核能和水电等基础设施建设，以支持美国能源转型发展。

2022年8月，美国通过了《2022年通货膨胀削减法案》，计划在未来10年投资3 690亿美元用于能源安全和气候变化，为从上游多晶硅生产到下游光伏电站项目的整个光伏产业链的发展提供税收抵免或补贴的政策。这些资金将为美国光伏产业链发展注入强大活力，给予整个行业蓬勃生长的力量。

（四）以提高能源利用效率为转型手段

金钱是产品的价值尺度，而效率是产业的价值尺度。

能源效率贯穿能源产业发展的始终，提升能源品质，为战略与政策绘制不可或缺的蓝图。

作为全球能源消费大国之一，美国客观上需要不断提升能源效率。在能源战略与政策体系中，能源效率显然具有十分重要的地位。提升能源效率不仅是美国现实的需要，更是美国未来的期盼。

在布什政府时期，美国通过《美国能源独立及安全法》，规定到2025年投入900亿美元用于提升能源效率和发展可再生能源。

在奥巴马政府时期，美国政府制定了《2009年恢复与再投资法》，规定投入500亿美元用来开发绿色能源和提高能效，其中45亿美元用于改造智能电网，63亿美元用于州一级能效拨款，45亿美元用于提高联邦政府建筑能效，1 890万美元用于打造"绿色交通"。

（五）以强化能源技术创新为能源转型提供动力

美国企业家比尔·盖茨说过：创新是一种维持竞争优势的方式。

能源技术已经成为全球新一轮科技革命的制高点之一。对于一个国家来说，如果率先形成以能源技术为核心的完整供应链体系，那么就可以拥有全球能源供应链的竞争优势，在全球能源治理体系中占据主导地位。

2008年9月，美国《能源改进和扩展法案》规定，纳税人每捕集1吨二氧化碳并将其储存在地质层中可享受20美元的税收抵免优惠，以鼓励企业投资碳捕集利用与封存（CCUS）、直接空气捕获（DAC）等碳移除技术。

2021年5月，美国参议院商务委员会通过了《无尽前沿法案》，投资1 100亿美元用于人工智能、通信与网络安全、先进能源和材料等关键技术创新领域。

2021年，美国先进电池联盟发布了《国家锂电蓝图2021—2030》，标志着美国国家锂电池战略。这一年，美国能源部开启了《太阳能未来的探索》之旅，明确提升太阳能发电的战略地位。同时，美国政府以坚定的步伐通过了《储能税收激励和部署法案》，为投资抽水蓄能、压缩空气储能和飞轮储能等领域提供税收优惠政策。

2022年，美国能源部制定了《实现美国清洁能源转型的供应链保障战略》。该战略描述了11条关键能源技术供应链实现本土化的道路。同年，能源部启动《太阳能攻关计划》和《能源攻关计划》，明确了能源领域未来关键技术的集中攻关方向。这是一场能源与科学的融合，也是一次历史与未来的对话，展现了美国对清洁能源发展的追求。

2023年3月，美国白宫科技政策办公室发布了《美国生物技术和生物制造的宏大目标》，呼吁加大生物技术与生物制造的研发力度，显示出美国生物技术与生物制造在未来减少温室气体排放和增强碳封存能力方面的发展潜力。同年7月，美国能源部投入了2 340万美元，推动碳捕集利用与封存（CCUS）等技术实现商业化。

2023年6月，美国能源部启动六项充满创新与活力的能源攻关计划，涵盖了氢能技术、储能技术、负碳技术、增强型地热系统、浮动式海上风能及工业供热等。

（六）以加快发展氢能为重点的能源转型

1874年，法国科幻小说家凡尔纳在其小说《神秘岛》中写道，总有一天，水可以被电解为氢气和氧气，并用作燃料。时至今日，氢能已经不是科幻，预言变成了现实。

事实上，在过去几十年，美国政府长期关注氢能发展，陆续制定了一系列相关战略和政策，氢能产业逐渐呈现出快速发展的态势。

1970年，美国提出了"氢经济"概念，开始组织氢能相关研究工作。

1990年，美国政府播下了氢能研究的种子，颁布了《氢能研究、发展及示范法案》。

1996年，美国政府又为氢能描绘了更宏大的蓝图，颁布了《氢能前景法案》。

2001年，美国政府发布《美国向氢经济过渡的2030年远景展望》。

2002年，美国政府又绘制了国家氢能计划的详细路线图，系统地实施这项宏伟计划。

2003年，美国政府再次展现出对氢能的热忱，发布了《总统氢燃料倡议》，将焦点对准了制氢和储氢技术的研发，并立下决心：要在2015年前实现氢燃料电池汽车技术和相关基础设施的商业化。

2014年，美国政府看到了氢能的无限可能，发布了《全面能源战略》，明确提出氢能在交通运输转型中的引领作用。这是一次重大转变，也是一份深思熟虑的规划，这不仅展示了政府对氢能的重视，也预示着氢能将在未来能源体系中扮演重要角色。

2020年10月，美国能源部发布了《氢能发展规划》，确定了未来十年甚至更远的氢能研究、开发和示范的总体战略框架，指出了氢能发展的核心技术领域、需求和挑战，以及研发重点，并提出了氢能计划的主要经济技术指标。

2021年1月，美国能源部再次以行动揭开了新的篇章，计划投入1.6亿美元，改造化石燃料和发电基础设施，开发基于化石燃料的氢气生产、运输、储存和应用的相关技术，生产脱碳的能源和产品，以推进净零排放。

2021年6月，美国能源部启动了《氢能攻关计划》，如同在科学领域中播下了一颗种子，希望在未来10年内生根发芽、开花结果。该计划旨在通过将可再生能源、核能和热能转化等制氢成本降低至每千克1美元，使清洁氢能产量提高5倍，并进一步减少碳排放。

2022年，美国政府通过了《通胀削减法案》，其中制定了为氢气生产提供生产税补贴和投资税补贴的相关条款；同年2月，政府将氢能建设纳入《基础设施投资和就业法案》，美国能源部制定了95亿美元的清洁氢能投资计划。

2023年6月5日，美国政府正式发布了《美国国家清洁氢能战略路线图》，全面概述了美国氢气在生产、运输、储存和应用中的无尽潜力，实现清洁氢能的主要挑战，以及促进氢能发展的关键战略，旨在加速美国清洁氢能的发展。路线图清晰地展示了如何应对主要挑战，实现清洁氢能的飞跃，从而引领清洁氢能产业的快速发展。

在氢能产业发展方面，美国将以清醒的目光注视着清洁氢能的成长与未来展翅翱翔的场景，聚焦那些能够生产出大规模清洁氢能、同时又能让终端用户就近使用的区域网络和设施上。更重要的是，希望网络和设施能够确保清洁氢能在特定领域（如工业部门、重型运输、长期储能和清洁电网等）中的商业化利用。

二、美国能源转型政策

在全球气候变化的大背景下，能源转型已成为各国共同关注的重要议题。作为全球最大的能源消费国和碳排放国,美国能源转型政策不仅影响本国的发展,也对全球能源格局产生深远影响。美国能源转型政策不可能是单一政策,而必然由一系列政策组合和实施策略有机结合,重点包括提高能源效率、发展清洁能源、完善能源基础设施、推动能源技术创新和数字化转型,以及加强国际能源合作等。

(一)提高能源利用效率

提高能源利用效率是美国能源转型的重要途径之一。通过推广高效节能技术和产品,改进能源利用方式和管理手段,可以有效降低能源消耗强度,提高能源利用效率;制定一系列法规和标准,要求各行业和公众提高能源利用效率。例如,《能源政策法》规定了一系列节能措施和要求,包括建筑能效标准、设备能效标准和工业能效标准等。同时,政府还通过财政补贴和税收优惠等手段,鼓励企业和个人采用高效节能技术和产品。

美国政府还注重提升建筑节能和交通节能水平,有效降低能源消耗,提高能源利用效率。在建筑领域,推广绿色建筑理念和技术,推动新建建筑采用高效节能的设计和建筑材料;在交通领域,大力发展公共交通和非机动车出行方式,鼓励公众购买节能和新能源汽车。

(二)发展清洁能源

清洁能源是美国能源转型的核心内容之一。通过大力发展风能、太阳能、水能、生物质能等可再生能源,可以逐步替代传统的化石燃料,减少温室气体排放,实现能源的可持续发展。美国政府制定了一系列政策和措施,支持清洁能源的发展和应用。例如,《清洁能源法案》规定了一系列可再生能源配额和目标,要求电力供应商在其供电组合中增加一定比例的可再生能源。政府还通过财政补贴和税收优惠等手段,降低清洁能源项目的投资成本和运营成本,提高其经济性。

此外,美国政府注重分布式能源系统和微电网的建设和发展,有效促进了清洁能源的发展和应用。分布式能源系统可以在用户侧提供能源供应和能源效率服务,降低对传统电网的依赖;微电网可以实现对局部区域电力系统的自主管理,提高电力系统可靠性和灵活性。

(三)完善能源基础设施

为了支持能源转型,美国不断完善能源基础设施,包括智能电网建设、储能设施建设和电动汽车充电设施等。通过基础设施建设,提高电网的智能化水平和调峰能力，增强储能设施的稳定性和可靠性，满足电动汽车等新兴业态的用电需求。同时，加强基础设施建设的规划和协调，确保各项基础设施建设的顺利进行和相互衔接。通过优化建设布局、提高建设效率和质量等措施，降低基础设施建设的成本和风险。

（四）推动技术创新与产业升级

技术创新是推动能源转型的关键驱动力。美国持续加大对清洁能源技术研发的支持力度，推动技术创新和产业升级，包括风能、太阳能和储能等领域的技术研发和创新，以及相关设备的制造和服务等产业链的提升和完善。

同时，加强与国际先进企业和研究机构的合作与交流，引进先进的技术和管理经验，提高本国企业的技术水平和创新能力。通过技术创新和产业升级，提高清洁能源的经济性、可靠性和竞争力，推动能源转型的深入发展。

（五）推进能源数字化转型

数字化引领未来，转型成就卓越，这是全球共识。

2009 年 10 月，美国能源部启动《智能电网投资补助计划》，为各州智能电网和清洁无碳电网的建设注入力量，为其带来高达 34 亿美元的财政支持。

2020 年 2 月，美国政府发布一份《国家人工智能倡议首年年度报告》，优先投资机器学习和人工智能技术，提升电网运行安全性，降低能源消耗，为电力系统运行提供细腻而智慧的支撑。

2021 年 5 月，美国能源部启动《智能核资产发电管理计划》，投资 2 700 万美元用于先进核反应堆设计开发数字孪生技术，以降低核电站运维成本，提升能源利用效率。这项计划为先进核反应堆的设计开发数字孪生技术为先进核反应堆提供支持，为核电产业数字化转型奠定政策基础。

（六）加强国际能源合作

气候变化是全球性问题，需要各国共同努力应对。美国积极参与国际能源合作和互联互通项目，与其他国家共同推动全球能源转型。

美国政府持续加强与主要能源消费国的沟通和协商，推动建立国际能源转型合作机制和工作小组。通过定期的国际会议和交流平台，分享经验和最佳实践，共同研究和解决能源转型过程中的难题和挑战；加强与其他国家在清洁能源技术领域的合作与交流。通过技术引进、联合研发和人才培养等方式，提高本国在清洁能源领域的技术水平和国际竞争力;积极参与国际能源贸易和投资合作,推动全球能源市场的开放和融合;加强与周边国家的能源互联互通建设。通过跨境输电线路、能源储备设施和其他能源合作项目的建设,增强与周边国家的能源联系和互补性。

三、美国化石能源产业发展

在20世纪初至中叶,美国化石能源产业迎来了"黄金时代",美国不仅实现了经济飞跃,而且也在全球政治舞台上崭露头角,成为"山姆大叔"的象征,展现了"山巅之城"的辉煌与荣耀。在20世纪中后期,随着美国工业化的深入,化石能源的副作用逐渐显现,空气污染、水污染和温室气体排放等问题如同暗流涌动,逐渐侵蚀人类文明。环保意识的觉醒,加上新能源技术的崛起,使得美国开始重新审视化石能源产业的发展路径。进入21世纪之后,随着应对全球气候变化成为时代的潮流,美国化石能源产业也开始步入转型发展阶段。

从美国化石能源消费结构来看,石油占据首位,其他依次为天然气和煤炭。

(一)石油产业发展

美国石油产业发展始于19世纪末,美国早期的石油勘探开发者,以无畏的精神和简陋的工具,在广袤的土地上寻找"黑色黄金",成为那个时代一道动人的风景线。巨大的油井在得克萨斯州和俄克拉何马州等地涌现,石油巨头洛克菲勒创办的标准石油公司几乎垄断了整个石油行业。

随着时间的推移,科技进步为美国石油产业的发展插上了翅膀,从钻井技术革新到管道运输兴起,从炼油工艺的精细化到合成材料的发明,每一次技术飞跃都预示着石油产业的深刻变革。特别是到20世纪初,埃克森美孚和雪佛龙等石油巨头应运而生,不仅在国内石油市场占据主导地位,也将触角伸向全球的每一个角落,美国石油产业成为全球石油产业的重心。

自20世纪中期以来,随着环境污染问题日益严峻,美国石油产业开始面临挑战。从洛杉矶的光化学烟雾事件到阿拉斯加漏油事件,一系列环境灾难迫使美国政府进行反思,出台了一系列严格的环保法规,企业也积极响应,投资清洁能源研发,致力于减少环境污染。

进入21世纪之后,应对全球气候变化的浪潮再次让美国石油产业发展面临挑战。美国联邦政府,尤其是民主党政府,更加注重能源转型的承诺,部分州政府也积极推动能源转型，如加州政府积极推动电动汽车发展，得克萨斯州的"能源之都"休斯敦向"零排放"目标迈进，美国石油产业模式也随之发生转变。

无论是石油储量、产量还是消费量，每一个数字的背后，都蕴含着复杂的能源地缘政治、能源转型、能源外交关系和能源科技进步的力量。

在 2010 年至 2020 年期间，美国探明石油储量由 304 亿桶增长至 688 亿桶，提升了其在全球石油分布格局中的重要地位；在全球探明石油储量中的占比也悄然上扬，由 2.34% 提升到 3.97%，资源实力与地位得到了提升。

在 2013 年至 2023 年期间，美国石油产量由 4.49 亿吨跃升到 8.27 亿吨；在全球石油产量中的占比由 10.87% 升至 18.35%。

与此同时，美国石油消费量由 34.66 艾焦增加到 35.86 艾焦；在全球石油消费量中的占比却由 19.39% 降至 18.26%。

（二）天然气产业发展

天然气与煤炭相比，燃烧产生的二氧化碳排放量减少近 50%，成为美国从高碳经济向低碳经济转型的重要支撑。

美国东部沿海地区凭借丰富的页岩气资源，成为天然气开采的"摇篮"；西部山区则依托得天独厚的地理位置和气候条件，成为天然气贸易的主要基地；南部地区依赖温暖的气候和丰富的盐沼地，为生物天然气产业的发展提供了广阔的舞台；北部地区则以高效、安全的天然气储存和调峰设施，确保天然气的安全和稳定供应。

在美国天然气产业的发展历程中，科技创新始终是核心驱动力。从水平钻井技术到水力压裂法，从智能传感器到物联网应用，科技不断进步不仅提高了天然气的开采效率，也降低了天然气的生产成本，更保障了天然气的生产安全与环保。

尽管美国天然气产业在推动能源转型中扮演着重要角色，但其产业发展也面临着诸多挑战。如何平衡经济增长与环境保护的关系，如何有效管理天然气开采过程中的甲烷排放，以及如何确保天然气供应链的可持续性，都是需要关注的重要问题。

在 2010 年至 2020 年期间，美国探明天然气储量由 8.3 万亿立方米升至 12.6 万亿立方米；在全球探明天然气储量中的占比也由 4.61% 升至 6.70%，深刻重塑了全球天然气资源版图。

在 2013 年至 2023 年期间，美国天然气产量由 6 557 亿立方米增加到 10 353 亿立方米；在全球天然气产量中的占比也由 19.48% 稳步提升至 25.51%，在全球天然气供应格局中的地位日益提升。

与此同时，美国天然气消费量由 25.45 艾焦增加到 31.91 艾焦；在全球天然气消费量中的占比亦由 20.97% 升至 22.11%。

（三）煤炭产业发展

在 19 世纪初，当第一阵蒸汽机的轰鸣响彻弗吉尼亚的田野时，美国人便意识到，这"黑色金子"即将成为改变国家命运的关键。于是，无数煤矿涌现，从阿巴拉契亚山脉到西部煤田，每一片土地都似乎蕴藏着无尽的财富与希望。

在 19 世纪中叶至 20 世纪初，美国煤炭产业发展进入黄金时代。煤炭不仅满足了国内工业化的迫切需求，也大量出口至欧洲，成为经济发展的重要支柱。在宾夕法尼亚州的煤矿和西弗吉尼亚州的矿井，有无数工人夜以继日地劳作，也有无数家庭对美好生活的向往。

自 20 世纪中期以后，环保意识的觉醒让煤炭产业面临压力。酸雨和空气污染等一系列环境问题让曾经的"黑金"蒙上了灰色阴影。美国政府开始实施一系列环保政策，限制煤炭开采和燃烧，煤炭产业进入艰难转型阶段。

进入 21 世纪以来，伴随着应对全球气候变化浪潮的蓬勃兴起，美国煤炭产业开始步入日益萧条的时期，去煤化成为时代的主流。

截至 2020 年底，美国坐拥全球最为可观的煤炭资源，探明煤炭储量高达 2 489.41 亿吨，占全球煤炭探明储量的 23.18%，资源地位无疑令人瞩目。

在 2013 年至 2023 年期间，美国煤炭产量由 8.93 亿吨降至 5.27 亿吨；在全球煤炭产量中的占比也由 10.82% 降至 5.79%，供应地位下降很快。

与此同时，美国煤炭消费量由 18.08 艾焦下降到 8.20 艾焦；在全球煤炭消费量中的占比也由 6.26% 下降到 5.00%。

四、美国非化石能源产业发展

在美国大地上，一场汹涌澎湃的能源转型大戏正在激情上演。这是一场由非化石能源逐渐替代化石能源的能源变革，非化石能源快速发展，如同冉冉升起的缕缕阳光，光芒四射，照耀着美国未来能源转型之路。

从非化石能源发电结构来看，核能发电的占比最大，其他依次为风能、太阳能、水能和生物质能等。

（一）核能产业发展

在20世纪中叶，当第一颗原子弹在广岛爆炸而震惊世界的那一刻，美国政府和科学家们便看到了核能发展的巨大潜力。随后，时任美国总统杜鲁门签署了《原子能法案》，标志着美国核能产业正式启航。最初，核能被视为国家安全的关键，但随着时间的推移，核能作为清洁能源的潜力逐渐受到重视。

在20世纪60年代至80年代期间，美国核能产业发展进入了黄金时代。核电站为经济和社会发展提供了大量电力。

进入20世纪90年代，随着石油和天然气价格的下跌，以及公众对核能安全性的担忧增加，美国核能产业发展遭遇了前所未有的挑战。部分老旧核电站被迫关闭，新核电项目被搁置，核能产业陷入低谷。加之"9·11"事件后，全球对恐怖主义威胁的担忧，美国核能产业发展也似乎被一层厚重的阴霾所笼罩。

进入21世纪以来，随着全球对气候变化的认识加深和能源转型政策的强力推动，美国核能产业发展再次迎来重大转机。美国政府提出了"清洁电力计划"，旨在减少碳排放，而核能作为低碳能源的重要性再次凸显，核能产业有望再次复兴。

在2013年至2023年期间，美国核能发电量由830.5太瓦·时降至816.2太瓦·时；在全球核能发电量中的占比也由33.34%降至29.81%。

（二）风能产业发展

在北美大陆上，风是一种力量，无形却强大，穿梭于山谷、平原与广袤的海洋之间。风能曾经被视为"不可靠"的能源，如今成为美国能源转型的核心。从明尼苏达州的湖泊到得克萨斯州无垠的平原，再到加利福尼亚州崎岖的海岸线，风力发电站成为美国能源转型的标志性符号。作为大自然赋予人类的宝贵财富，风能正悄然改变美国的能源格局。

高耸入云的风力发电机轻轻地触碰着苍穹，捕捉着风能的秘密。通过持续不断的技术创新和政策扶持，风电机组效率大幅提升，储能技术的进步更是让风能得以在夜间或风弱时保持供电稳定。

在美国许多地方，风能项目与当地社区紧密结合，既提升了经济效益，也提高了生态环境意识，更降低了温室气体排放。比如，在内布拉斯加州，风力发电项目与当地牧场共存，实现了经济效益、生态环境保护、应对气候变化的多赢。

在2013年至2023年期间，美国风能发电产业宛如一艘巨轮，在时代的浪潮中稳健前行。风能发电装机容量由 60 198 兆瓦跃升至 148 020 兆瓦；在全球风力发电装机容量中的占比却由 20.07% 降至 14.55%。

与此同时，美国风能发电量由 169.5 太瓦·时跃升到 429.5 太瓦·时，不仅彰显了美国在可再生能源领域的勃勃生机，也反映了其致力于绿色转型的决心；在全球风力发电量中的占比却由 26.67% 降至 18.47%，不仅是数字的变化，也是全球电力版图中角色与责任的重新界定。

（三）太阳能产业发展

从高效光伏材料的研发，到智能追踪系统的应用，每一项技术突破都是对太阳能潜力的深度挖掘。科学家不断地改良"太阳能之树"，使其在更加复杂和多样的环境中茁壮成长。比如，钙钛矿太阳能电池以高转换效率和低成本，成为未来技术的一大亮点；储能技术的进步，则让太阳能成为真正意义上全天候、不间断的电力来源。

在 2013 年至 2023 年期间，美国光伏发电装机容量由 13 246 兆瓦跃升至 139 205 兆瓦；在全球光伏发电装机容量中的占比由 9.37% 提高到 9.81%，彰显了不容忽视的全球影响力。

在此期间，美国光伏发电量由 16.0 太瓦·时增至 240.5 太瓦·时，不仅在美国国内引发瞩目，而且在全球范围内引起了共鸣；在全球光伏发电量中的占比由 11.54% 升至 14.65%，展现了推动能源转型的雄心。

（四）水能产业发展

美国大地拥有五大湖、密西西比河和科罗拉多河等天然水系，穿越群山峡谷，不仅滋养着万物生灵，也蕴藏着巨大的能量源泉。

回溯历史，美国水能产业的兴起并非偶然。早在 19 世纪末，水电站的建立标志着人类开始大规模利用水能。时至今日，从尼亚加拉瀑布的宏伟发电设施，到哥伦比亚河上的格兰特考夫水电站，都是美国水能产业发展的历史见证。

技术创新成为推动美国水能产业发展的翅膀，每一项科技进步都凝聚着科研人员的智慧与汗水，特别是小型水电站和分布式水能系统的开发，使得水能利用更加灵活高效，即便是偏远地区也能享受到清洁电力带来的福祉。智能管理系统和物联网技术的应用，让水能发电更加智能化和精细化，实现对水资源的高效管理和保护。

然而，随着科技的进步和环保意识的增强，美国水能产业已经进入成熟发展阶段，对水能开发的态度也发生了细微变化，更加强调保护自然生态。

在 2013 年至 2023 年期间，美国水能发电量由 266.5 太瓦·时下降到 236.3 太瓦·时；在全球水能发电量中的占比也由 7.04% 下降到 5.57%。

（五）生物质能产业发展

在浩瀚的太平洋西北岸，在旧金山的海湾边，一座座现代化生物质能发电厂悄然矗立，从废弃的木材、农作物残渣乃至城市垃圾中汲取能量，将被遗弃的资源转化为清洁电力，成就"变废为宝"的人间奇迹。

在城市，社区生物质能项目正如火如荼地展开。从家庭厨房的厨余垃圾，再到商业区的有机废弃物，都被有效地收集并转化为电力或燃料，不仅减轻了城市垃圾处理的压力，也增强了居民参与生态环保行动的主人翁意识。

在乡村，玉米地、大豆田和森林等构成生物质能产业发展的原料。农民不仅将丰收的喜悦收进了粮仓，也收获了能量。通过先进的转化技术，农作物残余被转化为乙醇和生物柴油等生物燃料，不仅减少了对传统石油的依赖，也让农村风景披上了一层绿色的外衣。

在实验室，科学家用智慧解锁生物质的奥秘，基因编辑技术、酶催化反应等看似遥远的技术，正逐步转化为推动生物质能产业发展的强大动力，让生物质原料的利用效率更高，转化过程更加环保，在追求高效转化的同时，也更加注重可持续性。

在 2013 年至 2023 年期间，美国生物质燃料产量由 56.2 万桶石油当量/日逐渐增至 80.4 万桶石油当量/日，象征着美国对生物质能产业发展的坚定追求；然而，在全球生物质燃料产量中的占比由 41.88% 降至 38.80%，这反映了全球生物质燃料生产格局日益多元化。

在此期间，美国生物质燃料消费量由 57.3 万桶石油当量/日攀升至 79.9 万桶石油当量/日；在全球生物质燃料消费量中的占比却由 43.31% 降至 37.62%，这反映了全球对生物质燃料需求的激增，也反映了美国在全球生物质燃料消费市场地位的变化。

五、美国能源转型总体成效

美国，这片承载着无尽梦想与创新的土地，正站在一场前所未有的能源革命的十字路口。从依赖煤炭的工业巨轮到拥抱太阳能、风能的绿色先锋，美国的能源转型不仅是一场技术的革新，更是对人类未来命运的深刻思考与实践。

昔日，煤炭与石油驱动着工业机器的轰鸣，照亮了城市的夜空。然而，随着岁月的流转，化石燃料的阴影也逐渐笼罩了地球的蓝天与碧水。雾霾笼罩的城市、融化的冰川、频发的极端气候事件。

在能源转型过程中，美国正以其独特的步伐，向着更加绿色、可持续的未来迈进，不断取得明显成效。

（一）能源消费质量有所提升，一次能源消费增长进入平稳期

正如诗人所言：黑夜给了我黑色的眼睛，我却用它寻找光明。能源转型事关人类文明演变，不仅是能量之间的转换，也是人类改变自己命运的决心，更是人类社会在气候变化的黑暗中寻找光明的路径。在过去几十年，美国在能源转型的领域持续播种希望的种子，如今开始步入丰收的季节，能源转型已经取得了明显成效。

在2013年至2023年期间，美国人均一次能源消费量由290.0吉焦下降到277.3吉焦，意味着能源消费的质量有所提升；与世界平均人均一次能源消费量的比率也由391.36%降至360.13%，意味着向高效生活的悄然转变。

在此期间，美国一次能源消费量由92.62艾焦升至94.28艾焦；在全球一次能源消费中的占比由17.23%逐渐下降到15.22%。

（二）非化石能源消费占比提升，一次能源消费结构优化提速

尽管化石燃料曾经是美国经济的命脉，但在气候、生态环境和可持续发展的压力下，它们正逐渐退出历史舞台。煤炭产业在环保法规的重压下，昔日的辉煌已不复存在，石油的出口也受到了严格的限制。然而，美国的可再生能源逐渐成为能源消费的新宠。

在2013年至2023年期间，美国化石能源消费量由79.19艾焦降至75.97艾焦；在一次能源消费量中的占比由85.50%降至80.58%。

在此期间，美国非化石能源消费量由13.43艾焦升至18.31艾焦；在一次能源消费量中的占比也由14.50%升至19.42%，市场地位明显提升。

（三）非化石能源发电占比明显提升，电力结构优化显著提速

曾几何时，煤炭是美国电力供应的基石。庞大的煤电厂喷吐着滚滚浓烟，为经济发展提供了源源不断的动力。然而，随着全球应对气候变化和环境保护意识的觉醒，以及新能源技术的崛起，环境污染、温室气体排放等问题，让煤炭成为众矢之

的，逐渐失去昔日辉煌。

太阳能、风能等可再生能源发电的兴起，如同一道曙光，照亮美国电力结构调整的道路。可再生能源发电不仅能减少碳排放，而且能带来经济上的诸多好处。太阳能板在屋顶上熠熠生辉，风力发电机在旷野中旋转，将大自然的能量转化为电力，供人们日常使用。此外，储能技术进步也大大缓解了可再生能源发电间歇性问题，使得电力供应更加稳定可靠。

技术创新在美国电力结构变革中扮演重要角色，智能电网的推广使得电力分配更加高效灵活。通过先进的传感器和数据分析技术，电网能够实时感知并调整电力供需关系，减少浪费，提高能源利用效率。电动汽车和智能家居的普及也为电力消费结构调整带来活力。

在过去十几年，美国发电结构发生了变化，这不仅反映了化石能源发电逐渐让位于非化石能源发电的趋势，也体现了技术进步和创新在推动能源转型中的关键作用。

在2013年至2023年期间，美国发电量由4 330.3太瓦·时增加到4 494.0太瓦·时；在全球发电量中的占比却由18.45%降到15.02%。

在2022年至2023年期间，美国化石能源发电量由2 745.5太瓦·时降至2 694.0太瓦·时；在全部发电量中的占比由60.50%微降至59.95%。

在2022年至2023年期间，美国非化石能源发电量由1 792.2太瓦·时增加到1 800.0太瓦·时；在全部发电量中的占比由39.50%升至40.05%，市场地位有所提升。

在过去十几年里，随着智能电网的不断建设，美国储能技术也取得明显进步。

在2013年至2023年期间，美国电网规模电池储能系统容量由0.2吉瓦增加到15.8吉瓦；在全球电网规模电池储能系统容量中的占比却由50.00%下降到28.37%，在全球储能系统中的市场地位下降。

（四）碳捕集利用与封存（CCUS）能力提升，温室气体排放呈现下降趋势

如今，美国可再生能源迅猛发展，不仅减少了对化石燃料的依赖，也在很大程度上减少了二氧化碳的排放。美国政府虽然曾一度撤销了一些环保政策，但美国州级和地方政府的努力并未停歇，加利福尼亚州、纽约州等纷纷推出碳中和计划，用实际行动证明：绿色转型不仅是国家的责任，更是每个地方和每个人的选择。

科技进步是美国减少温室气体排放的一大法宝。碳捕集利用与封存（CCUS）技术的研发、电动汽车的普及和植树造林项目的实施等技术突破，都是降低温室气体排放的有效手段。

在 2013 年至 2023 年期间，美国碳捕集利用与封存（CCUS）能力由 1 950 万吨/年升至 2 250 万吨/年；在全球碳捕集利用与封存（CCUS）能力中的占比却由 74.14% 降至 40.91%。

越来越多的美国人开始意识到，气候变化不再是遥不可及的概念，而是与每个人的生活息息相关。从减少使用一次性塑料制品，到积极参与社区清洁活动，从选择公共交通到支持可再生能源项目，每一个微小行动都在汇聚成降低温室气体排放的力量。

在 2013 年至 2023 年期间，美国温室气体二氧化碳排放当量由 56.10 亿吨降至 51.30 亿吨；在全球温室气体二氧化碳排放当量中的占比也由 16.04% 降至 12.69%。

27 加拿大能源转型：
化石能源缓慢衰落，清洁能源快速崛起

> 气产未临重雾，石油尚有轻风。煤冰徐暖渐消融，落入冻谷寒宫。核电依然粉展，水能不褪娇容。风光已没叶枫中，何虑来期无梦。

昔日，加拿大以丰富的自然资源，尤其是化石能源，滋养着国家的繁荣。如今，加拿大正步入一个由清洁能源引领的新时代。

一、加拿大能源转型战略

长期以来，加拿大对化石能源的开发和利用为经济增长提供了强大动力。然而，过度依赖化石能源也带来了温室气体排放、生态失衡和环境污染等问题。因此，制定和实施能源转型战略，推动清洁能源和可再生能源的发展，已成为加拿大实现可持续发展的必然选择。

从能源转型战略层面来看，加拿大不仅要致力于维护国家利益，也必须承担应对全球气候变化、保护生态环境、促进绿色发展的国际义务，需要建立一个以可再生能源为主、以化石燃料为辅的多元化能源体系。

（一）减少温室气体排放

为应对全球气候变化带来的挑战，加拿大政府设定了明确的温室气体减排目标。到 2030 年，计划将可再生能源发电在电力生产中的比例提高到 40% 以上，而温室气体排放量比 2005 年减少 40%～45%；到 2050 年，可再生能源发电在电力生产中的比例提高到 80%，而温室气体排放量至少减少 80%，实现碳中和。

为了实现上述战略目标，加拿大在多个领域采取有力的减排措施。

在能源生产领域，加拿大政府大力发展清洁能源和可再生能源，提高非化石燃料在能源结构中的比重；通过财政补贴、税收优惠等政策手段，鼓励企业投资可再生能源项目，推动核能等低碳能源的发展。

在交通领域，加拿大政府积极推广电动汽车、混合动力汽车等新能源汽车的使用，减少对传统燃油汽车的依赖；建设更多的充电设施，提供购买补贴等优惠措施，激发消费者购买新能源汽车的积极性；优化交通出行结构，鼓励公共交通和非机动车出行，降低碳排放。

在建筑领域，加拿大政府推动绿色建筑的发展，提高建筑节能标准，推广节能技术和产品；通过立法强制要求新建建筑达到一定的节能标准，并提供相应的财政激励措施。加强建筑节能改造和能效提升工作，降低既有建筑的能耗水平。

（二）保障能源安全

保障能源安全是加拿大能源转型的重要目标之一。

加拿大政府通过多样化的能源进口策略和储备制度，降低对外部能源的依赖，确保国家能源供应的稳定性和安全性；积极开发和利用国内丰富的能源资源，如油砂、天然气等，提高国内能源供应能力。

为了进一步提高能源安全水平，加拿大政府加强能源基础设施建设，如管道、输电线路等，以提高能源输送效率和安全性能；加强能源科技创新和人才培养工作，推动能源产业高质量发展，增强国家在全球能源市场中的竞争力和话语权。

（三）促进经济发展

能源转型不仅有助于应对气候变化和保护环境，还能推动加拿大经济的可持续发展。通过发展清洁能源和可再生能源产业，创造更多的就业机会和经济增长点，促进加拿大经济的多元化和可持续发展。

为了充分发挥能源转型对经济发展的促进作用，加拿大政府制定相应的产业政策和投资计划，吸引国内外企业和投资者参与清洁能源和可再生能源项目的开发和建设；加强能源科技创新和人才培养工作，提高能源产业的附加值和竞争力。

二、加拿大能源转型政策

加拿大政府饱含对能源领域积极变革的期待与决心，以一种凝重且充满希望的情感，呼吁各方共同努力，通过制定一系列政策举措，推动能源转型，保障国家能源安全。

(一)加强立法保障

加拿大政府通过制定和完善相关法律法规,为能源转型提供了有力的法律保障。例如,《加拿大清洁能源法案》等法律的出台,明确了政府在新能源发展方面的职责和权力,为新能源项目的推进提供了法律依据,并提供稳定的财政支持和税收优惠;制定了可再生能源目标和强制性可再生能源配额制度等,为能源转型提供了有力的制度保障。

(二)加大财税支持力度

在政府政策层面,加拿大政府通过一系列政策工具和激励机制,包括财政补贴、税收优惠、贷款担保、碳定价机制、绿色债券、清洁能源基金等,加大对新能源产业的政策支持力度,鼓励企业和个人参与到能源转型中来;设立专项资金,用于支持新能源技术研发和创新;注重发挥市场在资源配置中的决定性作用,通过市场化手段推动新能源产业发展。例如,政府通过推行电价补贴、碳排放权交易等机制,引导企业和个人积极参与新能源市场。

(三)提高能源利用效率

提高能源利用效率是降低能源消耗、减少碳排放和治理环境污染的重要手段。

加拿大政府通过技术创新和政策引导相结合的方式,推动能源生产和消费效率提升。例如,推广节能技术和产品、优化能源配置和提高能源管理信息化水平等;通过减少温室气体和污染物排放和提高能源利用效率,改善气候、生态环境质量,实现可持续发展。

(四)优化能源结构

为实现能源转型目标和保障能源安全,加拿大政府积极推动能源结构优化调整,加大对可再生能源的开发力度,扩大其利用规模,逐步淘汰落后产能和高污染能源的开采与使用,这不仅有助于减少环境污染和温室气体排放,而且能够促进经济社会可持续发展。

(五)强化能源技术创新

在持续推进能源转型过程中,技术创新成为最强大的引擎。加拿大政府始终将科技创新视为关键驱动力,十分重视技术创新,积极鼓励技术创新,推动能源技术进步,为科研项目提供资金支持,加速科研成果转化和应用。

从智能电网的构建到电动汽车充电基础设施的建设,从碳捕集与封存(CCS)

技术到储能技术开发，从氢能技术研发和应用到氦-3核聚变研究，加拿大全力以赴地推进每一个可能改变未来能源格局的技术创新，每一项技术的突破都是对"低碳未来"的深情告白，更是对"更清洁、更高效"能源梦想的追求。

在强化技术创新领域，加拿大政府与私营部门携手合作，共同研发新技术，推动能源产业不断升级，确保加拿大在全球能源转型中占据优势地位；鼓励大学、研究机构和私营企业紧密合作，共同推动知识边界的拓展，为全球能源转型贡献"加拿大智慧"。

（六）大力推动可再生能源发展

面对全球气候变化、生态环境的严峻挑战，加拿大政府没有选择逃避，而是勇敢地拥抱未来能源转型的趋势。风能、太阳能、生物质能等曾经被视为"微不足道"的可再生能源，如今正逐步成为能源转型战略和政策的核心，成为未来能源发展的重点领域。尤其是在安大略省和不列颠哥伦比亚省，风力发电和太阳能板不仅为乡村带来经济活力，更让每一个加拿大人看到绿色希望。

加拿大政府致力于推动太阳能、风能、水能等可再生能源的开发和利用，通过提高可再生能源的比例，逐步替代传统的化石能源，降低对石油、天然气等化石燃料的依赖程度，从而实现能源结构的优化；通过加大对可再生能源基础设施的投资和建设力度，计划在不久的将来实现可再生能源在电力和交通等领域的广泛应用。

（七）促进低碳经济发展

毋庸置疑，低碳经济是未来全球经济发展的重要方向。低碳经济的发展，不仅能够创造更多的就业机会和经济效益，还能够为全球应对气候变化和环境保护事业做出更大的贡献。

加拿大政府通过推动新能源产业发展，创造新的经济增长点，提高国家经济实力和国际竞争力；积极推动低碳技术的研发和应用，鼓励企业和个人采用低碳生活方式和消费模式；制定相关政策和标准，引导和促进低碳经济发展；加大对低碳经济产业的投入和支持力度，推动经济和社会向更高水平、更高质量发展。

（八）凝聚社会普遍共识

能源转型并非政府一己之力可以完成，需要全社会的共同努力。

加拿大政府鼓励民众、企业、非政府组织及地方政府携手合作，积极行动。从家庭安装太阳能板，到企业采用绿色供应链；从城市推行电动汽车，到乡村发展生态农业，每一个微小的努力都在为能源转型和绿色发展添砖加瓦。

（九）推动能源国际合作

在全球能源转型的大背景下，加拿大政府积极寻求与其他国家和地区的合作与交流机会，积极参与国际能源合作，共同推动全球能源转型和绿色低碳发展。

通过分享经验和技术成果、共同开展技术研发及扩大市场贸易等方式，加拿大政府希望自身能够成为全球能源转型中的重要参与者、推动者和受益者，不断提升在全球能源转型中的地位和影响力，为全球能源转型做出积极贡献。

（十）保障能源安全

能源安全是国家安全和经济发展的重要保障，加拿大政府希望通过能源转型，降低对化石燃料的依赖，提高国家能源安全水平。

加拿大政府采取多种政策和措施，确保国家能源供应的稳定性和安全性，包括加强国内外油气资源的勘探和开发、建立多元化的能源进口渠道及提高能源储备能力等；通过多元化能源供应和储能技术的发展，确保国家能源稳定供应，降低对外部能源市场的依赖。

三、加拿大化石能源产业发展

在加拿大，被冰雪覆盖的广袤土地上，蕴藏着大量的化石能源。从西海岸的油砂矿到东部的煤炭资源，化石能源不仅见证了地球数十亿年的沧桑巨变，也长期成为经济和社会发展不可或缺的动力源泉。

（一）石油产业发展

加拿大疆域辽阔，从东部海洋延伸至西部山峦，石油资源十分丰富，为石油产业的发展提供了得天独厚的条件。

北极冻土之下、大西洋沿岸深水区域，乃至内陆油田，都是大自然对加拿大的慷慨馈赠。早期的探险家们，怀揣着对未知的渴望，踏上这片充满挑战的土地，不仅发现了丰富的石油资源，也开启了石油产业发展的序幕。

在2010年至2020年期间，加拿大探明石油储量由2 203亿桶增加到2 429亿桶；在全球探明石油储量中的占比也由13.46%升至14.02%。

随着时间的推移，加拿大石油产业逐渐从萌芽走向成熟。20世纪初，随着技术进步和市场需求增加，加拿大石油开采和提炼技术日新月异。埃德蒙顿和卡尔加里等地，逐渐成为重要的石油加工中心，不仅满足了国内石油需求，更将石油远销全球。

随着全球对气候、生态环境意识的增强，加拿大石油产业也开始面临前所未有的挑战，如何实现可持续发展成为十分紧迫的重大议题。近年来，加拿大政府和企业开始纷纷采取措施，推动石油产业绿色转型，重视减少碳排放。

在2013年至2023年期间，加拿大石油产量由1.95亿吨增至2.78亿吨；在全球石油产量中的占比由4.74%升至6.16%。

在此期间，加拿大石油消费量由4.60艾焦降至4.35艾焦；在全球石油消费量中的占比也相应地从2.57%降至2.21%。

（二）天然气产业发展

加拿大被世人誉为"世界天然气库"，在广袤的西部区域，不列颠哥伦比亚省的海岸线是天然气资源最为丰富的地区之一，为天然气产业发展奠定了坚实的资源基础。

在2010年至2020年期间，加拿大探明天然气储量由1.9万亿立方米增加到2.4万亿立方米；在全球探明天然气储量中的占比也由1.06%升至1.28%。

加拿大天然气从开采到运输，再到最终用户的家中或工厂里，每一步都凝聚着人类智慧与自然力量。从埃德蒙顿到卡尔加里，绵延数千千米的天然气管道输送着庞大的能源。无数小镇因天然气而兴起，也因天然气而繁荣。

在2013年至2023年期间，加拿大天然气产量由1 519亿立方米增加到1 903亿立方米；在全球天然气产量中的占比也由4.51%升至4.69%。

在此期间，加拿大天然气消费量由3.80艾焦升至4.35艾焦；在全球天然气消费量中的占比由3.13%降至3.01%。

（三）煤炭产业发展

加拿大煤炭产业的发展起源于19世纪，那时的安大略省、不列颠哥伦比亚省等地蕴藏着比较丰富的煤炭资源，为煤炭产业发展奠定了坚实的物质基础。

截至2020年底，加拿大探明煤炭储量为65.82亿吨，虽然仅占全球已探明煤炭总量的0.61%，却也彰显了其煤炭资源的分量。

在历史上，加拿大的煤矿为工业革命输送了宝贵的能源。煤炭成为光明与温暖的象征，它不仅支撑了早期的经济发展，也塑造了无数家庭的生活。矿工们戴着矿灯，深入地下，用汗水浇灌出一个个家庭的希望。

随着时间的推移，加拿大煤炭产业开始面临气候、生态环境的挑战。加拿大政府也积极履行全球应对气候变化和减少碳排放的承诺，制定了一系列环保政策和能源转型计划，旨在减少对煤炭的依赖，转向更加绿色、低碳和可持续的能源体系。

时至今日，许多加拿大煤矿地区开始探索从"挖煤"到"护绿"的转变，利用废弃矿井进行地下储气、发展地热发电或转变为旅游观光点，让曾经的"黑金"之地重新焕发出勃勃生机。

在2013年至2023年期间，加拿大煤炭产量由0.68亿吨下降到0.49亿吨；在全球煤炭产量中的占比也由0.83%下降到0.53%。

在此期间，加拿大煤炭消费量由0.86艾焦下降到0.37艾焦；在全球煤炭消费量中的占比也由0.53%降至0.23%。

四、加拿大非化石能源产业发展

加拿大地域广阔，拥有庞大无比的非化石能源资源，为非化石能源产业的发展奠定了坚实的物质基础，具有十分广阔的发展空间。在应对全球气候变化的浪潮中，加拿大并未止步于传统化石能源的转型，而是大力推动非化石能源产业的发展。

从非化石能源发电结构来看，水能占据首位，其他依次为核能、风能、太阳能和生物质能。

（一）水能产业发展

加拿大疆域辽阔，河流与湖泊众多，水力资源十分丰富。从安大略湖畔的巨型水电站，到不列颠哥伦比亚省壮观的瀑布群，水流潺潺，不仅驱动着发电机组的运转，也象征着加拿大对能源转型的坚定追求。

加拿大政府鼓励和支持水力发电项目，不仅因为其对环境的友好性，更因为其对社会经济的长远贡献。随着技术进步，现代水坝和水电站的设计更加注重生态平衡，力求在利用水资源的同时，最小化对自然生态的影响，实现人与自然的和谐共存。

在2013年至2023年期间，加拿大水能发电量由391.8太瓦·时降至364.2太瓦·时；在全球水能发电量中的占比也由10.34%下降到8.59%。

(二)核能产业发展

在加拿大广袤无垠的大地上,核能不仅是能源供应的组成部分,也是其核能科技实力不断提升的重要象征。从最初的艰辛探索,到如今的规模化应用,加拿大核能产业在政府的强力支持下,逐步发展成为具有全球领先地位的能源产业。

在实验室和工厂,科学家和工程师夜以继日地工作,致力于研发更高效、更安全的核反应堆技术。从去污型重水反应堆的广泛应用,到小型模块化反应堆的创新研发,加拿大在核能领域的每一次突破,都是对能源转型的重要贡献。

在加拿大寒冷的冬季,雪花轻轻覆盖山川湖海,核能就像是一束不灭的火光,温暖着千家万户,不仅减少了对化石能源的依赖,也减少了温室气体的排放,为应对全球气候变化贡献了自己的力量。对于那些生活在偏远地区的人而言,核能更是生命线般的存在,让寒冷不再成为生活的阻碍,而成为值得珍惜的静谧与美丽。

加拿大核能产业的发展离不开国际合作。从技术转让到共同研发,从项目融资到人才培养,加拿大与世界各国携手共进,共同推动核能技术的革新与发展。加拿大已经成为全球核能技术的提供者之一,足迹遍布全球,为世界各地提供清洁、高效的电力解决方案。

在 2013 年至 2023 年期间,加拿大核能发电量由 102.7 太瓦·时下降到 89.0 太瓦·时;在全球核能发电量中的占比也由 4.12% 降至 3.25%。

(三)风能产业发展

伴随着风能技术日新月异,加拿大从最初的简易风力发电机,到如今的大型双馈异步发电机和直驱永磁发电机,每一次技术飞跃都是对自然之力的更深理解与更高效利用。技术人员不断探索更高效的涡轮设计、更智能的控制系统以及更可靠的储能解决方案,力求在提升发电效率的同时减少对环境的影响。

加拿大风能项目的实施也是社区参与和共赢的典范。社区共享项目带来了就业机会,政府增加了税收收入,基础设施得到了改善,政府、企业、非政府组织和当地居民紧密合作,确保风能项目开发既符合环保标准,又能带来经济效益和社会效益。

在 2013 年至 2023 年期间,加拿大风力发电装机容量由 7 801 兆瓦跃至 16 989 兆瓦;在全球风力发电装机容量中的占比却由 2.60% 降至 1.67%。

在此期间,加拿大风力发电量由 11.1 太瓦·时升至 38.9 太瓦·时;在全球风力发电量中的占比由 1.75% 微降至 1.67%，全球市场地位基本稳固。

（四）太阳能产业发展

加拿大不仅是枫叶之国，更是太阳能产业悄然兴起的希望之地。随着全球能源转型浪潮兴起，加拿大这个曾经以矿业、林业和冰雪运动闻名的国家，正在逐渐转型为太阳能领域的后来者，用一片片光伏板书写着能源转型的新篇章。

加拿大政府与私营部门密切合作，使得太阳能项目层出不穷，从居民小区到商业大楼，再到偏远岛屿，太阳能正逐步成为不可或缺的能量来源。

在 2013 年至 2023 年期间，加拿大光伏发电装机容量由 1 210 兆瓦升至 5 757 兆瓦；在全球光伏发电量中的占比由 0.86% 降至 0.41%。

与此同时，加拿大光伏发电量由 1.5 太瓦·时增加到 7.6 太瓦·时；在全球光伏发电量中的占比由 0.11% 升至 0.46%。

（五）生物质能产业发展

加拿大的森林覆盖率位居世界前列，树木在大自然的怀抱中生长，不仅见证了季节的更迭，也成为未来能源转型的希望。通过先进的科技手段，看似静默的"绿色宝藏"被转化为生物燃料、生物电力和生物基化学品等，为能源版图添上浓墨重彩的一笔。

在科研实验室，科学家致力于提高生物质转化效率，探索更高效、更环保的转化技术。从酶解技术到热化学处理，每一步进展都是对传统能源模式的一次突破，不仅减少了对化石燃料的依赖，而且降低了温室气体排放。

加拿大的生物质能产业发展依赖于社会各界的广泛参与。从农场主收集废弃作物秸秆，到城市居民支持本地生产的生物燃料，不仅促进了资源的有效利用，而且增强了对生态环境保护的责任感和使命感。

在 2013 年至 2023 年期间，加拿大生物质燃料产量由 1.9 万桶石油当量/日升至 2.3 万桶石油当量/日；在全球生物质燃料产量中的占比由 1.42% 降至 1.11%。

在此期间，加拿大生物质燃料消费量由 3.5 万桶石油当量/日升至 5.4 万桶石油当量/日；在全球生物质燃料消费量中的占比由 2.65% 微降至 2.54%。

五、加拿大能源转型总体成效

在过去十多年，随着全球对气候变化的关注日益加深，加拿大也开始了深刻的能源转型之旅，以其丰富的自然资源为基石，积极发展清洁能源，逐步取得了明显成效。

（一）能源消费质量明显提升，能源消费进入平稳下降期

加拿大正悄然经历一场能源消费变革。

曾几何时，加拿大以较高的能源消费换来了经济和社会的稳步发展。时至今日，加拿大能源消费质量明显提升，人均一次能源消费量出现下降。

在2013年至2023年期间，加拿大人均能源消费量由410.6吉焦降至359.7吉焦；与世界人均能源消费量的比率也由554.86%降至467.14%，能源效率明显提升。

此外，在过去十几年，随着科技进步和环保意识提升，加拿大开始重新审视能源发展模式，政策引导发挥了关键作用，抑制高耗能产业发展，寻找更加绿色和低碳的生产方式，一次能源消费量也呈现出平稳下降的趋势。

在2013年至2023年期间，加拿大一次能源消费量由14.40艾焦降至13.95艾焦；在全球一次能源消费量中的占比由2.68%降至2.25%。

（二）非化石能源消费占比下降，能源消费结构仍需优化和调整

昔日，加拿大经济脉络似乎与化石能源紧密相连。然而，能源转型的时代车轮正在滚滚向前，一次能源消费结构调整预示新的生机与希望。

可再生能源如今正成为加拿大经济和社会发展的新引擎，风能和太阳能等可再生能源产业得到快速发展，这不仅大大减少了碳足迹，也焕发出可持续发展的光芒。

能源转型是一场没有硝烟的战争，是人类智慧与自然环境和谐共生。加拿大政府正与能源企业携手，推动能源从"灰色"向"绿色"的转型进程。电动汽车在街道上穿梭，氢能源列车在铁轨上呼啸，加拿大正以实际行动诠释对地球的深情厚谊，逐步迈入一个更加绿色、低碳和可持续发展的时代。

在2013年至2023年期间，加拿大化石能源消费量由9.26艾焦降至9.07艾焦；在一次能源消费量中的占比却没有减少，由64.31%提高到65.02%。

在此期间，加拿大非化石能源消费量由5.14艾焦降至4.88艾焦；在一次能源消费量中的占比由35.69%降至34.98%。

（三）非化石能源发电占据主导地位，电力结构持续优化和调整

加拿大正在悄然经历一场电力结构的深刻变革。

在2013年至2023年期间，加拿大发电量由655.7太瓦·时下降到633.2太瓦·时；

在全部发电量中的占比由 2.79% 下降到 2.12%。

加拿大电力结构调整，不仅是能源技术的革新，也是环境意识的觉醒。它告诉世人，经济社会与自然环境可以和谐共生，持续推进能源转型是人类社会共同的使命和梦想。

在 2022 年至 2023 年期间，加拿大化石能源发电量由 116.1 太瓦·时增加到 118.3 太瓦·时；在全部发电量中的占比也由 17.62% 升至 18.68%。

在此期间，加拿大非化石能源发电量由 542.8 太瓦·时降至 514.9 太瓦·时；在全部发电量中的占比由 82.38% 下降到 81.32%。

（四）碳捕集利用与封存（CCUS）能力提升，温室气体排放逐渐下降

随着工业化进程，工厂烟囱的呼吸与汽车尾气的叹息，排放了大量二氧化碳气体，逐渐侵蚀了浩瀚天空的纯净。北极光下的城市，灯火辉煌中藏着对气候、生态环境的默默侵蚀，每一次能源消耗，都是对大自然的一次轻抚，却也是一次温室气体的累积。从北极熊的家园消融，到冰川的缓慢消逝，每一个生命都在以独有的方式发出警报。

随着应对全球气候变化的浪潮汹涌，加拿大人开始意识到，经济和社会发展与自然和谐共存，并非仅仅是口号。加拿大逐步通过新能源发展的探索、森林的精心保护以及对可持续生活的追求，踏上减少碳足迹的征途，走向能源转型之路。

加拿大碳捕集利用与封存（CCUS）能力显著增强。在 2013 年至 2023 年期间，加拿大碳捕集利用与封存（CCUS）能力由 10 万吨/年升至 400 万吨/年；在全球碳捕集利用与封存（CCUS）能力中的占比由 0.38% 升至 7.27%。

在过去几十年，加拿大在温室气体排放控制方面，也取得了较好的成效。在 2013 年至 2023 年期间，加拿大温室气体二氧化碳排放当量由 6.16 亿吨降至 5.99 亿吨；在全球温室气体二氧化碳排放当量中的占比也由 1.65% 降至 1.48%。

28 德国能源转型：在可再生能源绿意盎然之中，引领实现碳中和目标的蜕变之旅

> 野野春光暖暖，原原绿意欢欢。碳消碳减碳循环，能歌能舞能爱。天理引领寰梦，人伦千古情怀。弃煤弃核路非凡，转型闯关破碍。

在德国这片土地上，历史的厚重感与现代化的步伐交织在一起，构成一幅独特的画卷。如今，这幅画卷上又增添了一抹清新的绿色，德国正以其坚韧不拔的毅力和坚定不移的决心，积极引领和推动全球能源转型。

一、德国能源转型战略

德国作为欧洲大陆的中心国家，长期以来一直以先进的工业技术和卓越的环保理念，引领世界能源转型的潮流和方向。进入21世纪以来，德国政府将能源转型上升到国家战略层面。2010年，德国政府发布了《能源概念2050》，明确提出到2050年将温室气体排放量在1990年的基础上减少80%～95%，并将可再生能源比例提高到80%以上。随着全球气候变化形势的日益严峻，德国政府明确提出，要在2050年实现碳中和，并努力将温室气体排放量在2030年前减少55%。这不仅体现了对气候、生态环境责任的担当，也为能源转型指明了方向。

面对全球气候变化，德国从战略层面上，以可持续发展为核心，以创新和协调为动力，以环保和能效为目标，决心建立一个以可再生能源为主、高效利用能源、广泛参与和共享发展成果的新型能源体系。

（一）以可持续发展为核心

德国能源转型将始终以可持续发展作为根本目标，意味着在满足当前需求的同时，不能损害后代的利益。为此，德国政府制定了一系列战略，积极推动清洁能源

的发展和应用。例如，德国政府明确提出到 2050 年将温室气体排放量减少到零的目标，并制定了详细的减排路径。此外，德国政府还积极推动可再生能源发展战略，将可再生能源发展作为应对气候变化和实现可持续发展的关键措施之一。

（二）以创新和协调为动力

德国在能源转型过程中，政府、企业和研究机构之间的紧密合作和创新至关重要。政府出台相关政策和法规，为能源转型提供制度保障；企业加大研发投入，推动技术创新和产业升级；研究机构则为企业和社会提供科学依据和技术支持。多方参与、协同创新的模式，有效促进了德国能源转型的快速发展。

在技术创新方面，德国政府积极推进太阳能、风能、生物质能等清洁能源的研发和应用。例如，在太阳能领域，通过提高光伏电池的转化效率、降低成本等措施，光伏发电成本不断下降，逐步摆脱了对补贴的依赖；在风能领域，利用其海上风力资源丰富的优势，大力发展海上风电产业。同时，还注重能源存储技术的研究和应用，如储能电池、氢能储存等，以解决可再生能源的不稳定性和间歇性问题。

（三）以气候、生态环境和能效为目标

气候、生态环境和能效是德国能源转型的重要目标。德国政府采取了一系列措施，减少污染物排放和生态破坏带来的影响。例如，加强工业排放的监管，推动工业企业采用先进的环保技术和设备；同时开展碳排放权交易试点工作，鼓励企业减少碳排放。此外，德国政府还积极参与国际环保合作，与各国共同推动全球气候变化问题的解决。

在提高能效方面，德国政府通过推广节能技术和产品、加强建筑节能管理等方式来降低能源消耗和减少浪费。例如，推广节能家电和照明产品，推广绿色建筑节能设计等。同时，还建立了完善的能效标识制度和企业能耗监测系统，对企业能源利用效率进行实时监控和评估，有力推动了全社会节能意识的提升和能效水平的提高。

二、德国能源转型政策

作为欧洲乃至全球工业强国之一，德国能源转型政策不仅具有鲜明的时代特色，更在全球范围内产生广泛的影响。德国政府强调通过立法、结构优化、效率提升、技术创新、构建智能网络、全民参与和国际合作等途径，推动能源转型进程。

（一）立法先行

德国政府出台了一系列法律法规，为能源转型提供了有力的制度保障。例如，《能源转型法》明确了能源转型的目标和路径，提出了具体的措施和要求；同时，《可再生能源法》则为可再生能源的发展提供了明确的法律保障，确保其持续健康地快速发展。

（二）优化能源结构

德国政府致力于优化能源结构，大力推动太阳能、风能、水能和生物质能等可再生能源的开发和利用，减少对化石燃料的依赖。通过财政补贴、税收优惠等手段，鼓励可再生能源产业的发展。例如，对于投资可再生能源发电的企业给予财政补贴或税收减免，有效降低企业的运营成本，提高市场竞争力；通过政策支持、技术创新和市场机制等多种手段，提高可再生能源在能源消费总量中的比重；通过提高可再生能源的利用效率和经济性，逐步替代传统的化石燃料，从而减少碳排放。

（三）提高能源利用效率

德国政府注重提高能源利用效率，通过技术创新和政策引导相结合的方式，推动各行业、各领域提高能源利用效率，降低能源消耗强度。例如，在建筑领域，推广节能建筑和绿色建筑理念；在交通领域，发展公共交通和鼓励使用新能源汽车等。通过财政补贴、税收优惠等手段，鼓励能效技术的研发与应用，例如对于使用高效节能设备的企业和个人给予一定的税收优惠，有助于实现能源的节约和高效利用，进一步降低碳排放。

（四）强化技术创新

德国政府高度重视科技创新在推动能源转型中的作用，为能源转型提供强大的科技支撑。加大对可再生能源、储能技术等领域的研发投入；通过设立专项基金、建设创新平台等方式，支持企业、高校和科研机构开展相关技术的研发和创新活动；借助现代信息技术手段，积极推进智能电网和能源互联网的建设与发展，实现能源的实时监测、智能分析和优化调度，提高能源系统的稳定性和安全性。

（五）持续完善能源市场体系

德国政府注重发挥市场机制在能源转型中的作用，通过建立能源市场交易平台，促进可再生能源的消纳和能源资源的优化配置。同时，推进电力市场化改革，打破垄断，为能源转型创造更加公平、开放的市场环境。

（六）推动全民积极参与

能源转型绝对不是政府单方面的行为，而是需要全社会共同参与和努力的事业。德国政府积极倡导社会各界参与能源转型，共同推动相关政策落实和技术创新；鼓励社会各界积极参与能源转型过程，通过宣传教育、公众参与等方式，提高公众的节能环保意识和参与度。例如，开展"能源转型日"等活动，向公众普及能源转型知识和理念；同时，鼓励民众参与节能减排行动，形成全社会共同推动能源转型的良好氛围。

（七）积极参与国际能源合作

德国政府试图通过制定和实施一系列政策和措施，努力打造具有全球性的低碳、循环、绿色的能源发展模式，积极参与国际能源合作与交流，与其他国家共同推动全球能源转型，应对气候变化，引导全球能源转型浪潮，实现各国共赢发展目标，为全球应对气候变化、生态环境保护、可持续发展做出重要贡献。

三、德国化石能源产业发展

德国作为欧洲的经济巨头，其化石能源产业的发展轨迹，不仅见证了工业革命的辉煌，也映照着环保时代的挑战与变革。进入 21 世纪，全球气候变化问题日益严峻，德国作为全球气候和环保主义的先行者，积极推动能源转型，但化石能源在短期内难以完全退出历史舞台。

从市场地位来看，在德国化石能源消费结构中，石油占比最大，其他依次为天然气和煤炭。

（一）石油产业发展

德国以其精湛的工艺、深厚的文化底蕴和严谨的科学态度闻名于世，而石油产业同样举足轻重，它不仅是经济发展的支柱之一，也是科技创新的先锋。

德国石油资源并不丰富，但凭借先进的勘探技术和丰富的经验，在北海、黑森等地发现了多个油田，不过石油产量很小。德国拥有世界顶尖的炼油技术，从原油的加工到成品油的制造，每一步都充满了精细的追求。炼油厂不仅是工业的象征，而且也是科技与艺术的结合体。

在 2013 年至 2023 年期间，德国石油消费量由 4.80 艾焦降至 4.01 艾焦；在全球石油消费量中的占比由 2.69% 降至 2.04%。

（二）天然气产业发展

天然气以其相对清洁的燃烧特性，成为德国替代煤炭的首选能源。德国作为欧洲经济的核心，天然气进口依赖程度极高。从遥远的俄罗斯、挪威和荷兰等地，天然气穿越大海或陆地，通过一条条巨大的管道，将欧洲大陆紧紧连在一起。虽然天然气在德国能源消费结构中的占比有所下降，但是天然气作为"灵活"的能源载体，能够通过燃气发电站快速地响应电网需求，确保电力市场供应的稳定。

在天然气储存、运输及利用技术领域，无论是先进的液化天然气（LNG）接收站，还是高效的气电转换技术，乃至智能家居中的天然气应用等，德国一直处于世界领先地位，这些都展示出其在天然气产业链上的深厚积累与创新精神。

在天然气资源领域，德国不占优势，天然气探明储量很小。

在 2013 年至 2023 年期间，德国天然气产量由 86 亿立方米降至 38 亿立方米；在全球天然气产量中的占比也由 0.26% 降至 0.09%。

在此期间，德国天然气消费量由 3.06 艾焦减少至 2.72 艾焦；在全球天然气消费量中占比也由 2.52% 降至 1.88%。

（三）煤炭产业发展

回溯至 19 世纪，德国煤炭产业伴随着第一次工业革命浪潮而崛起。凭借其丰富的煤炭资源，德国迅速崛起为世界强国之一。

截至 2020 年底，德国拥有探明煤炭储量 359.0 亿吨，在全球探明煤炭储量中的占比达到 3.34%，彰显了其在全球煤炭资源分布中的重要地位。

环境污染和矿难频发等问题，也让德国人重新审视了煤炭产业的价值。随着科技进步和环保意识的增强，德国煤炭产业逐渐走向没落，煤炭逐渐失去了市场主导地位。在 20 世纪末至 21 世纪初，德国政府开始实施"能源转型"政策，旨在减少对化石燃料的依赖，煤炭产业受到前所未有的冲击，矿井陆续被关闭。

在 2013 年至 2023 年期间，德国煤炭产量由 1.91 亿吨降至 1.02 亿吨；在全球煤炭产量中的占比亦由 2.31% 降至 1.12%。

在此期间，德国煤炭消费量由 3.47 艾焦锐减至 1.83 艾焦；在全球煤炭消费量中的占比也由 2.16% 降至 1.12%，反映了能源结构的调整步伐，彰显了能源转型的大趋势。

四、德国非化石能源产业发展

从曾经的工业辉煌,到如今的绿色崛起,德国正在以坚定的步伐,在能源转型中实现了华丽的转身,开启了大力发展非化石能源产业的步伐。

从德国非化石能源发电结构来看,风能占比最大,其他依次为太阳能、水能、核能和生物质能。

(一)风能产业发展

自 20 世纪 70 年代起,德国政府便开始意识到减少对化石能源的依赖、转向可再生能源发展的重要性。风能作为最成熟、最具潜力的可再生能源之一,自然成为重点发展对象。

德国风能产业快速崛起,始终离不开科技创新。从巨大的海上风电场,到高效节能的发电机技术,从智能运维系统,到先进的材料应用,德国持续不断地进行技术创新和突破,将每一次技术革新都转化为推动能源发展的强大动力。

在 2013 年至 2023 年期间,德国风能发电装机容量由 33 477 兆瓦增至 69 459 兆瓦;在全球风能发电装机容量中的占比由 11.16% 降至 6.83%。

在此期间,德国风力发电量亦由 52.7 太瓦·时增加到 142.1 太瓦·时;在全球风力发电量中的占比由 8.29% 降至 6.11%。

(二)太阳能产业发展

早在 20 世纪 70 年代,面对石油危机的冲击,德国政府便开始探索可再生能源的发展,而太阳能作为可再生能源中最具潜力的选项之一,逐渐进入政府、企业和社会的视野。

德国太阳能产业之旅,始于一个简单而宏大的梦想:利用无穷无尽的阳光,为德国乃至人类文明带来取之不尽、用之不竭的清洁能源。

在太阳能产业发展初期,太阳能技术尚不成熟,成本高昂,德国人坚持创新精神,持续不断地开展技术创新,为产业发展奠定技术基础。从提高光伏板的转换效率,到研发更轻便、更耐用的材料;从构建智能微电网,实现能源的本地化和自给自足,到探索储能技术,解决太阳能间歇性问题,每一项技术进步都是对传统的挑战和对未来的探索。

如今,德国太阳能产业已不再仅是经济版图上的重要一环,而是成为气候主义、生态和环保理念，以及绿色生活方式的重要象征。太阳能开发不仅减少了对化石燃料的依赖，也降低了碳排放，更为全球气候治理贡献了力量。

在 2013 年至 2023 年期间，德国光伏发电装机容量由 36 710 兆瓦升至 81 739 兆瓦；在全球光伏发电量中的占比却由 25.96% 下降到 5.76%。

在此期间，德国光伏发电量由 30.6 太瓦·时增加到 61.2 太瓦·时；在全球光伏发电量中的占比却由 22.08% 下降到 3.73%。

（三）水能产业发展

水能产业是德国现代科技与自然条件的完美融合。从古老的引水灌溉系统到现代化的水电站，每一处都闪耀着智慧的光芒。特别是水力发电，尽管在德国发电市场中的地位逐渐下降，但依然是电力来源的重要组成部分，也是实现碳中和目标的途径之一。

在 2013 年至 2023 年期间，德国水能发电量由 23.0 太瓦·时降至 19.6 太瓦·时；在全球水能发电量中的占比由 0.61% 降至 0.46%。

（四）核能产业发展

在 20 世纪 50 年代，德国作为战后迅速崛起的工业强国，踏上了核能发展的旅程，核能被视为解决能源短缺和促进经济发展的"奇迹之光"。柏林墙倒塌后，德国实现了国家统一，核能产业迎来了发展机遇，加速推进了全国范围内的核能资源整合和技术创新。

然而，切尔诺贝利与三里岛的核事故悲剧，向世界敲响了核安全的警钟，德国不得不重新审视核能产业发展问题。德国核能产业发展已不再是单纯的技术或经济议题，而是成为气候变化、环保理念、政治正确和公众情绪交织的复杂体，弃核政策在德国逐步形成，正在运行的核电站逐步进入退役阶段，而新建核电站已无可能。

在 2013 年至 2023 年期间，德国核能发电量由 97.3 太瓦·时骤降至 7.2 太瓦·时，不仅标志着在能源结构上的重大转型，也反映了全球核能版图的微妙变化；在全球核能发电量中所占的比例也同样经历了大幅缩减，由 3.91% 降至 0.26%。

（五）生物质能产业发展

作为拥有悠久工业传统的国家，德国如今却已经迈入一条难以逆转的能源转型之路。生物质能，作为可再生能源家族中的一员，以其独特的魅力，成为德国能源转型中的佼佼者之一。德国人正在以惊人的决心和行动，践行着对气候、生态环境的承诺。

德国生物质能产业的蓬勃发展，始终离不开其深厚的科技底蕴和创新精神。在柏林和慕尼黑等科技重镇，科研人员夜以继日地探索生物质转化途径。先进的厌氧消化技术、热解液化技术和高效生物燃料生产技术等，将自然赋予的原料转化为清洁、高效的能源，不仅提高了能源利用效率，而且降低了生产成本。

在 2013 年至 2023 年期间，德国生物质燃料产量由 5.8 万桶石油当量/日增加到 7.2 万桶石油当量/日；在全球生物质燃料产量中的占比由 4.32% 微降至 3.47%。

在此期间，德国生物质燃料消费量由 5.0 万桶石油当量/日增加到 5.8 万桶石油当量/日；但在全球生物质燃料消费量中的占比由 3.78% 降至 2.73%。

五、德国能源转型总体成效

经过多年努力，德国能源转型已经取得显著成效：能源消费质量显著提升，能源消费规模进入缓慢下降期；非化石能源和天然气消费占比提升，能源消费结构持续优化；可再生能源发电占比快速提升，电力结构优化明显提速；节能减排成效显著，温室气体排放持续下降。

（一）能源消费质量显著提升，消费规模进入缓慢下降期

德国作为一个工业强国，能源消费状况不仅反映了产业结构和经济增长方式，更是全球能源转型浪潮中的一个重要缩影。

回溯至 19 世纪，德国工业革命如火如荼，蒸汽机的广泛应用引领了第二次工业革命，煤炭作为最主要的能源，为经济繁荣提供了强大动力。然而，随着气候、生态环境意识的日益增强和可持续发展理念的深入人心，德国逐步改变了传统的能源消费模式。

通过实施能源转型政策，德国推广高效节能技术和产品，提高建筑和交通等领域的能源利用效率。在建筑领域，德国实施严格的建筑节能标准和政策，鼓励使用高性能玻璃、保温隔热材料和节能型家电等设备，显著降低建筑物的能耗水平。目前，德国节能建筑标准已经达到世界先进水平，许多建筑物在设计、建造和使用过程中都充分考虑了节能和环保的要求；在交通领域，德国大力发展公共交通系统，提高公共交通工具的运行效率和便利性。

在此背景下，德国节能事业取得了显著成效，能源消费质量明显提升。

在 2013 年至 2023 年期间，德国人均一次能源消费量由 170.5 吉焦降至 137.0 吉焦；与世界人均一次能源消费量的对比也由 230.09 倍降至 177.92 倍，彰显了能源消费质量的逐步提升。

在过去十几年，德国在能源转型的浪潮中，不仅创造了经济效益的奇迹，更实现了社会效益的飞跃，在为经济和社会发展注入了勃勃生机的同时，其一次能源消费量也进入缓慢下降期。

在 2013 年至 2023 年期间，德国一次能源消费量由 13.93 艾焦降至 11.41 艾焦；在全球一次能源消费量中的占比也由 2.59% 降至 1.84%，预示着德国在全球能源消费版图中的角色重新定位。

（二）非化石能源和天然气消费占比提升，能源消费结构持续优化

进入 20 世纪中后期，随着核能技术的诞生和应用，德国核能产业开始发展，提供了稳定且低碳的电力供应，成为平衡能源供需关系、降低碳排放的重要手段。2011 年日本福岛核事故的发生，震动了整个德国社会。面对核辐射污染的风险和公众对核能安全的担忧日益加剧，德国政府果断做出了逐步淘汰核电的决定。

在过去几十年，德国得益于北部地区丰富的风力资源，风能发电在可再生能源消费中占据重要地位，风电场每年产生大量清洁电能，为电网提供稳定的电力支持。通过提供财政补贴和税收优惠等政策，鼓励民众和企业安装光伏板，充分利用建筑物屋顶和地面空间进行光伏发电，德国光伏发电产业得到了迅速发展。生物质能、地热能等其他可再生能源也得到了合理开发和利用，进一步丰富了能源供应结构。

随着可再生能源的快速发展和其他清洁能源的推广应用，德国能源结构得到了持续优化，化石燃料在一次能源消费中的比重不断下降，而可再生能源和清洁能源的比重不断上升，基本上构建了一个多元化且相对均衡的能源结构体系。

在 2013 年至 2023 年期间，德国化石能源消费量由 11.33 艾焦降至 8.56 艾焦；在一次能源消费量中的占比也由 81.34% 降至 75.02%。

在此期间，德国非化石能源消费量由 2.60 艾焦逐渐提升到 2.85 艾焦；在一次能源消费量中的占比由 18.66% 跃升到 24.98%。

（三）可再生能源发电占比快速提升，电力结构优化明显提速

在 2013 年至 2023 年期间，伴随着能源效率的提升，德国发电量由 637.7 太瓦·时降至 513.7 太瓦·时；在全球发电量中的占比由 2.72% 降至 1.72%。

在过去十几年，德国可再生能源发电产业实现了高速发展，光伏发电和风力发电装机容量实现了大幅增长，成为欧洲乃至全球领先的新能源市场之一，不仅有效降低了能源对外依存度，也为能源安全提供了有力保障。

在2022年至2023年间，德国化石能源发电量由264.8太瓦·时骤减至210.4太瓦·时，反映出对应对气候变化、环境保护与可持续发展的坚定决心；在全部发电量中的占比由45.82%缩减至40.96%，这预示着化石能源的昔日辉煌不再，取而代之的是对清洁能源的深切向往。

在此期间，德国非化石能源发电量由313.1太瓦·时微降至303.3太瓦·时；但在全部发电量中的占比却由54.18%升至59.04%，标志着能源转型取得明显成效。

在过去十几年，德国持续完善电力系统，智能电网技术的应用使得电力供应更加智能化和灵活化，能够更好地应对可再生能源发电的波动性和不确定性；储能技术的不断突破，也为德国光伏发电、风力发电等间歇性可再生能源并网提供了有力支持。

2023年，德国电网规模电池储能系统的容量达到1.7吉瓦。

（四）节能减排成效显著，温室气体排放持续下降

随着岁月流转，伴随着能源消费规模的持续下降、能源结构的不断优化、电力结构的持续调整和能源效率的不断提升，德国在减缓气候变化的征途上留下了坚实的足迹，温室气体排放量出现了明显下降趋势。

德国已经建设了数千个电动汽车充电站，并计划在2030年前实现高速公路服务区全覆盖。汽车制造商也在积极研发和生产更环保、更高效的汽车，电动汽车产业的蓬勃发展，为降低二氧化碳排放做出了重要贡献。碳捕集与封存（CCS）技术和氢燃料电池技术等前沿能源技术的研发和应用，也为实现降碳目标提供了有力保障。

在2013年至2023年期间，德国温室气体二氧化碳排放当量实现了显著减少，由8.15亿吨降至5.89亿吨，不仅在国内引起了广泛关注，也在全球展现了减少碳足迹的决心；在全球温室气体二氧化碳排放当量中的占比也相应出现了下降，由2.18%缩减至1.46%，彰显在全球气候变化应对中的积极角色。

29 法国能源转型：
浪漫与艺术交织，现代与传统融合

> 浪漫法兰西梦，情迷拿破仑魂。能源转型古来今，大势难逃宿命。幸遇风光核好，又逢水暖生欣。化石日暮入黄昏，无奈天时运定。

从历史来看，法国土地上的每一次变革都仿佛一场穿越时光的浪漫之旅。如今，当全球目光聚焦于应对气候变化这一人类重大议题之时，法国正在迈出坚定而从容的能源转型步伐，以其独特的浪漫和艺术气质，绘制着属于未来能源发展的宏大蓝图。

一、法国能源转型战略

在明确能源转型的紧迫性之后，法国政府提出了坚定而明确的能源转型目标，旨在构建一个清洁、高效、可持续的绿色能源体系。

具体而言，法国能源转型战略的核心目标可以概括为以下几点。

（一）优化能源结构

为大幅降低对化石燃料的依赖，法国政府制定雄心勃勃的可再生能源发展目标，计划到 2035 年将化石能源在能源消费总量中的比例降至 5% 以下，这意味着化石能源将不再成为一次能源消费结构中的主体能源。

政府通过加大对可再生能源和核能的投资力度，大力发展非化石能源，不断优化能源结构，提升非化石能源在一次能源消费结构中的比重，降低对化石能源的依赖程度。其中，核能、太阳能、风能和水能将成为未来能源发展的重点领域。

（二）提高能源利用效率

提高能源利用效率是实现能源转型的重要手段，也是重要目标。法国政府将通过技术创新和政策引导相结合的方式，推动各领域能源效率的提升；通过立法、宣传等手段，提高全社会的节能意识；制定更加严格的能效标准，鼓励企业和居民采用节能技术和节能产品；加大对建筑节能、交通节能等领域的投入，推动全社会形成绿色生活方式。

（三）强化技术创新

技术创新是推动能源转型的重要引擎。法国政府高度重视能源技术研发和创新能力的提升，通过加大研发投入、建设创新平台等措施，支持能源领域技术创新活动。

（四）保障能源安全

能源安全是每个国家生存和发展的基础之一。

为确保国家能源安全，法国政府致力于构建多元化的能源供应体系，既包括传统化石能源和核能，也涵盖风能、太阳能、水能等可再生能源；鼓励民间资本参与能源供应，形成公私并举、协同发展的安全局面；采取一系列措施，加强能源基础设施建设，提高能源系统的灵活性和抗干扰能力；积极参与国际能源合作，与其他国家共同应对全球能源挑战。

二、法国能源转型政策

法国政府展现出对能源事业发展的坚定决心和对能源转型的热切期待，制定了能源领域多方面的政策，涵盖法律法规完善、能源种类拓展、能源节约与效率提升、产业创新升级和市场改革等，以指导能源转型和明确发展方向。

（一）完善能源领域的法律法规和政策体系

法国政府深知法律法规在能源转型过程中的重要作用，因此积极推动相关法律法规的建设和完善，制定了《能源转型法案》等法律法规，标志着能源转型战略正式进入法治化轨道，为能源转型提供有力的法律保障，明确能源转型的目标、任务和措施，为相关政策的制定和实施提供依据，为政府、企业和公众提供明确的行为准则和法律保障。

政府针对可再生能源、能源节约、能源效率等领域制定多项配套法规和政策文件，为能源转型提供有力的政策支撑；法律法规和政策文件相互衔接，相互促进，共同构成能源转型的法律法规和政策体系。

（二）大力发展核能和可再生能源

法国政府出台一系列财政补贴、税收优惠等政策措施，支持新能源产业的发展和应用。

核能作为法国传统清洁能源，在能源结构中占据重要地位。法国政府支持核电技术的研发和创新，以提高核电站的安全性和经济性。

法国具有丰富的可再生能源资源，法国政府通过加大投资力度、优化政策支持等一系列措施，推动可再生能源快速发展，鼓励企业和个人使用可再生能源，通过财政补贴、税收优惠等方式，鼓励企业和个人投资可再生能源项目，降低可再生能源的使用成本；制定严格的可再生能源配额制度，确保可再生能源在电力市场中的重要地位。

在风能领域，法国沿海地区具有得天独厚的风力资源，政府在沿海地区布局大型海上风电场和陆上风电项目，建设多个大型海上和陆上风电场，以增加风力发电量；通过不断优化风电机组的设计和提升发电效率，计划在短时间内显著提高风电在电力市场中的份额。

在太阳能领域，法国政府计划充分利用其丰富的日照资源，大力发展分布式光伏和光热发电项目，鼓励家庭和企业安装太阳能光伏板，并将闲置屋顶充分利用起来建设分布式光伏发电系统，不断提高光伏发电和光热发电在电力结构中的占比。

在生物质能领域，法国政府积极鼓励生物质能产业发展，利用农业废弃物、林业剩余物等生物质资源发电或生产生物燃料，进一步丰富能源供应结构。

在地热能领域，法国政府积极推动地热能产业发展，充分利用深层地热资源为供暖和制冷提供稳定可靠的热源。

（三）高度重视能源节约，提高能源利用效率

在能源效率提升领域，法国政府高度重视能源节约，出台了一系列财政补贴、税收优惠等政策措施，对于使用节能产品和技术的消费者给予一定的奖励。

在工业生产领域，法国政府鼓励企业采用先进的生产工艺和设备，提高能源利用效率和经济效益。加大对工业能效标准的制定和执行力度，推动企业不断提升能源利用水平；通过推广节能技术和产品，加强能源管理，旨在降低单位国内生产总值能耗和居民生活能耗。

在电力领域，智能电网是未来能源系统的重要组成部分。法国政府加大对智能

电网的研发和投入力度，推动电网智能化改造升级；通过智能电网建设，实现电力资源的优化配置和高效利用，通过实时监控电力需求和供应情况，提高电力系统的稳定性和可靠性。

在建筑领域，法国政府大力推广节能建筑，利用先进的建筑材料和设计手段降低建筑物的能耗；对既有建筑进行节能改造，提高保温隔热性能并延长使用寿命；推广和应用智能家居技术，让用户更加便捷地控制家庭用电，减少浪费。

在交通领域，法国政府大力发展公共交通并鼓励新能源汽车消费，以降低交通运输领域的能源消耗和污染物排放。通过推广电动汽车、插电式混合动力汽车等新能源汽车，有望在未来几年内实现交通运输领域的清洁能源转型。

（四）推动能源产业创新和升级，提升市场竞争力

技术创新是推动能源转型的重要引擎。

法国政府高度重视科技创新在推动能源转型中的重要作用，积极推动能源技术研发和创新能力的提升，通过加大研发投入、建设创新平台和设立专门的能源转型基金等措施，支持能源转型相关的技术研发和创新项目，鼓励和支持企业和科研机构开展技术创新活动。

在可再生能源领域，支持光伏发电、光热发电、风力发电、生物质能发电等技术的研发和创新，支持新型太阳能电池、风力发电机组等关键设备的研发和应用，不断提高清洁能源的发电效率和稳定性；积极推动储能技术的发展和应用，为解决可再生能源发电的间歇性和不稳定性问题提供有效解决方案。

在智能电网和能源互联网领域，鼓励企业开展技术研发和标准制定工作，推动智能电网和能源互联网技术的应用和推广，支持智能家居等技术的研发和应用，提高能源系统的安全性和可靠性，为能源转型创造更加广阔的市场空间和发展机遇。

为支持能源产业创新和升级，政府提供丰厚的财政补贴和优厚的税收优惠，同时建立完善的科技创新体系，推动产学研深度融合。

（五）深化能源市场改革，建立市场竞争机制

深化能源市场改革是推动能源转型的重要保障。法国政府着力优化能源市场布局，打破垄断，促进竞争；积极推进能源价格市场化改革，建立健全能源交易系统，使能源价格更好地反映市场供求关系和成本变化，有效激发市场活力，推动能源可持续发展。

为充分发挥市场机制在资源配置中的决定性作用，法国政府积极营造公平竞争的市场环境。一方面，逐步放宽对能源市场的监管，取消不必要的行政干预和价格管制，让市场价格更好地发挥杠杆作用；另一方面，积极推动能源基础设施的建设和开放共享，降低市场准入门槛和运营成本。

法国政府通过建立完善的电力市场机制和碳排放交易体系等市场化手段，推动能源转型政策的实施。在电力市场中，各类发电企业可以在市场上公平竞争电价和电量，这有助于优化电力资源配置和提高电力系统运行效率；在碳排放交易体系中，通过设置排放上限和允许碳排放权交易等方式，鼓励企业减少温室气体排放，从而实现低碳发展。

法国政府积极参与国际能源合作和竞争，与其他国家和地区共同推动全球能源转型和可持续发展；通过参与国际能源组织和多边能源合作机制，不仅学习借鉴了其他国家的成功经验和做法，还为全球能源治理贡献自己的智慧和力量。

三、法国化石能源产业发展

在欧洲大陆，作为一个古老而浪漫的国度，法国以其辉煌的历史、经典的建筑、浪漫的艺术和传统的美食闻名于世。在浪漫的表面之下，法国经济和社会发展之路也伴随着对化石能源的依赖。在化石能源产业发展的历史长河中，人们可以真切地感受到能源的变迁。

从法国化石能源消费结构来看，石油消费量居于首位，其他依次为天然气和煤炭。

（一）石油产业发展

在浪漫的土地上，法国石油产业似乎与酒庄、城堡和艺术作品格格不入，但它却以独特的方式融入这片古老的大地，成为能源版图中的重要组成部分。法国石油产业发展的起源可以追溯到正值工业革命风起云涌的19世纪中叶，法国作为欧洲大陆的重要一员，迅速投身这场能源革命之中。

从深邃的地层中涌出的"黑色黄金"，不仅滋养了法国的工业体系，也见证了这个国家历史的变迁。在北部和地中海沿岸的多个地区，法国人开始钻探石油，探索地下深处隐藏的石油资源，不仅为市场提供了急需的能源，也为经济发展注入了强大的动力。

随着时间的推移，法国石油产业逐渐形成了自己的特色。从最初的勘探到后来的开采，从原油加工到油品出口，法国逐渐建立起完整的石油产业链。在法国石油产业发展过程中，无数的石油工人和工程师付出了辛勤的汗水，他们的名字或许已被历史遗忘，但他们的贡献却永远镌刻在法国石油产业发展的历史长河之中。

然而，从石油资源来看，法国探明石油储量规模很小，在全球石油资源分布格局中的占比很小，几乎可以忽略不计，不具有重要地位。至于石油生产和消费规模，法国也基本上没有形成具有重要影响力的全球地位，在全球石油产量和消费量中的占比十分微小。

在 2013 年至 2023 年期间，法国石油消费量由 3.31 艾焦减少至 2.76 艾焦；在全球石油消费量中的占比也由 1.85% 降至 1.41%。

（二）天然气产业发展

19 世纪中叶，随着工业革命浪潮席卷全球，法国开始探索能源发展之路。天然气作为一种清洁能源，逐渐从矿井中走出，成为照亮城市与工厂的新星。巴黎这座光之城，率先拥抱天然气的光芒，街道上的气灯照亮夜空的寂寞，也照亮人们对未来的憧憬。

进入 21 世纪，法国天然气产业迎来了绿色转型的春天。在"2050 年碳中和"目标下，天然气作为过渡能源的角色愈发重要。在政府与企业的共同努力下，一系列现代化天然气发电设施拔地而起，将大自然的馈赠转化为清洁的电力，滋养这片浪漫的土地。

技术创新是推动法国天然气产业发展的强大引擎。从深海钻探到高压输送，从智能管网到分布式能源系统，法国在天然气领域的技术创新层出不穷。尤其是液化天然气（LNG）的技术进步，使得法国能够在全球范围内采购天然气，增强了天然气供应的多样性和安全性。而天然气"超级枢纽"概念的提出与实施，将法国天然气网络编织成一张高效、灵活和智能的能源网，为法国、欧洲乃至全球能源市场注入新的活力。

从天然气资源来看，法国探明天然气储量规模很小，在全球范围内不具有重要地位。至于天然气生产规模，法国在全球范围内也基本上没有占据重要地位。

在 2013 年至 2023 年期间，法国天然气消费量由 1.63 艾焦降至 1.22 艾焦；在全球天然气消费量中的占比由 1.34% 降至 0.85%。

（三）煤炭产业发展

19世纪，法国煤炭产业迎来了黄金时代，煤田从诺曼底一直延伸到洛林，丰富的煤炭资源为工业发展提供了源源不断的动力。蒸汽机的轰鸣回荡在山谷之间，煤炭通过铁路源源不断地运往巴黎和其他工业城市，推动那个时代的经济发展和社会进步。

随着20世纪中期石油和天然气的兴起，法国煤炭产业逐渐走向没落。尤其进入21世纪，随着环保意识的觉醒和气候变化的警钟响起，煤炭产业的地位逐渐被取代，政府逐步推行了"去煤化"政策，关闭老旧矿井，转型发展清洁能源。

从煤炭资源来看，法国探明煤炭储量规模很小，在全球探明煤炭储量中的占比很低。同样，法国的煤炭产量也很低，在全球煤炭产量中的占比可以忽略不计。

在2013年至2023年期间，法国煤炭消费量由0.53艾焦降至0.18艾焦；在全球煤炭消费量中的占比也由0.33%微降至0.11%。

四、法国非化石能源产业发展

在过去几十年里，一场前所未有的能源转型大戏正在法国大地上悄然上演。不同于昔日凡尔赛宫的辉煌舞会，如今的法国，正在以非化石能源为笔，描绘着未来能源转型和可持续发展的宏伟蓝图。

从法国非化石能源发电结构来看，核能占据首要地位，其他依次为水能、风能、太阳能和生物质能。

（一）核能产业发展

在蔚蓝的地中海之滨，法国核能产业在历史长河中熠熠生辉。长期以来，法国核能在其能源格局中一直占据重要的战略地位。

20世纪中叶，当世界正站在工业革命的浪潮之巅时，法国政府敏锐地捕捉到核能这一新兴技术的潜力。1957年，法国建造了本国的首座商用核电站，这不仅标志着法国核能产业的诞生，也预示着一段辉煌旅程的开启。

随着时间的推移，法国逐渐成为全球核能技术的领头羊，不仅在核电站的设计、建造和运营上积累了丰富的经验，也在核燃料循环、废物处理及核安全领域取得了显著成就。

在2013年至2023年期间，法国核能发电量由423.7太瓦·时下降到338.2太瓦·时；在全球核能发电量中的占比也由 17.01% 降至 12.35%，但是全球市场地位仍然显著。

（二）水能产业发展

在法国，水能产业以独特的方式，分布在法兰西的每一寸土地，为浪漫的土地增添了几分静谧的力量与深邃的智慧。

法国水能产业并不十分张扬，在无声中展现着独特的魅力。蜿蜒的河流、潺潺的小溪，以及隐藏在山谷中的水电站，都是法国水能产业发展的见证。水能悠扬地转动着水轮机，将大自然的水力转化为电力，供给千家万户。

在勃艮第的丘陵地带，有一条名为马恩的河流，以其清澈的河水和美丽的河谷而闻名。在这里，水电站与自然景观和谐共存，仿佛是大自然的一部分。那些建于河边的水电站，不仅为当地提供了清洁的能源，还成为一道独特的风景线。每当夕阳西下，金色的阳光洒在河面上，波光粼粼，那些静静工作的水电站，就像是大自然与工业文明完美融合。

在罗纳河谷，有一条名为伊泽尔的河流，其水能资源极为丰富。当地水电站采用了先进的涡轮技术，使得发电效率大大提高，不仅为法国提供了清洁的电力能源，也为全球水能开发提供了宝贵的经验。

在普罗旺斯地区，一些新兴的水能项目正在如火如荼地建设中。这些水能项目不仅致力于提高发电效率，还将水能产业与旅游、文化等产业相结合，打造出一批具有地方特色的水能旅游景点，既吸引了游客的目光，又为法国水能产业注入活力。

在 2013 年至 2023 年期间，法国水能发电量由 70.8 太瓦·时下降到 55.5 太瓦·时；在全球水力发电量中的占比由 1.87% 下降到 1.31%。

（三）风能产业发展

在蔚蓝的地中海与广阔的欧洲大陆之间，法国以其独特的浪漫风情和深厚的文化底蕴闻名于世。在充满浪漫故事的法国土地上，一场能源革命正在悄然上演，风能产业正以前所未有的速度崛起，以其独特的方式，为浪漫而美丽的国度注入新的活力。

法国政府对于风能产业发展的支持可谓不遗余力，从制定优惠政策和提供财政补贴，到建设大型风电场项目，政府与企业携手共进，共同绘制能源转型的蓝图。民间社会也积极响应时代潮流，越来越多的社区和居民开始认识到风能对于气候、生态环境和经济发展的多重意义，纷纷加入到绿色革命之中。从反对噪声和视觉污染的运动，到主动寻求与风能项目和谐共处的解决方案，法国人正以实际行动支持风能产业发展的梦想。

在 2013 年至 2023 年期间，法国风能发电装机容量由 8 160 兆瓦升至 22 196 兆瓦；在全球风能发电装机容量中的占比却略有下降，由 2.72% 降至 2.18%。

在此期间，法国风力发电量由 16.1 太瓦·时增加到 52.3 太瓦·时；在全球风力发电量中的占比由 2.53% 降至 2.25%。

（四）太阳能产业发展

法国政府制定了一系列优惠政策，如补贴、减税及建立太阳能产业园区等，为太阳能产业发展提供了良好环境，促使法国太阳能产业悄然蓬勃兴起，这不仅为这片土地披上了新的外衣，更在悠久的历史长河中添上了浓墨重彩的一笔。

法国太阳能产业的快速发展，始终离不开科技创新的驱动。法国科学家和工程师不断探索更加高效的光伏技术，力求将每一缕阳光都转化为更多的电能。

在 2013 年至 2023 年期间，法国光伏发电装机容量由 5 277 兆瓦增加到 20 551 兆瓦；在全球光伏发电量中的占比却有所下降，由 3.73% 下降到 1.45%。

在此期间，法国光伏发电量也由 4.7 太瓦·时增加到 22.2 太瓦·时；在全球光伏发电量中的占比由 3.39% 降至 1.35%。

（五）生物质能产业发展

法国生物质能产业蓬勃发展，正成为能源转型战略中的重要力量之一。

从巴黎的街头巷尾，到偏远的乡村小镇，生物质能应用场景日益丰富：从供热供暖的锅炉房，到电力生产的生物发电厂，再到交通领域的生物燃料，生物质能正以独有的方式，融入法国社会的每一个角落。

法国的企业与科研机构成为生物质能产业创新的先锋，不仅致力于提高生物质转化效率，降低生产成本，更在探索如何将这一清洁、可再生的能源形式与现有的能源体系实现无缝对接。例如，利用先进的厌氧消化技术处理有机废弃物，产生的沼气作为燃料；或是通过热解技术将废弃物转化为生物油，用于发电和交通燃料。

在 2013 年至 2023 年期间，法国生物质燃料产量由 4.6 万桶石油当量/日降至 3.4 万桶石油当量/日；在全球生物质燃料产量中的占比由 3.43% 下降到 1.64%。

在此期间，法国生物质燃料消费量由 4.9 万桶石油当量/日攀升至 6.3 万桶石油当量/日；在全球生物质燃料消费量中的占比却由3.71%微降至2.97%。

五、法国能源转型总体成效

法国，这个浪漫的国度，其能源转型正以平稳而坚定的步伐，行走在应对全球气候变化的时代洪流中，并已取得了明显的效果。

（一）能源消费质量提升，能源消费规模下降

作为一个发达国家，法国的能源消费量一直位居世界前列。

在过去十几年，法国节能降耗成效显著，单位GDP能耗已降至世界先进水平，在相同产出水平下，能源消耗更少，能源利用更为高效，能源消费质量有所提升。

在2013年至2023年期间，法国人均一次能源消费量由166.2吉焦降至133.8吉焦；法国人均一次能源消费量与全球人均一次能源消费量的比率由224.59%降至173.77%，预示着消费质量的明显提升。

在过去几十年，法国政府采取有效措施，努力降低能源消耗，一次能源消费量犹如潺潺的溪流，缓缓展现逐步下降的变化轨迹。

在工业领域，法国政府推行一系列节能降耗政策，鼓励企业采用先进的生产技术和设备，对高耗能行业实行严格的能耗限制并采取惩罚措施，从而降低了能源消耗。

在交通领域，法国政府积极推动公共交通的发展，鼓励人们使用公共交通工具出行，减少私家车的使用，降低了总体能源的消耗；加大对新能源汽车产业的投入和扶持力度，如推广电动汽车和混合动力汽车等，降低了交通领域的燃料消耗。

在建筑领域，法国政府严格制定和实施建筑节能标准，要求新建建筑必须达到节能要求，对既有建筑进行节能改造和智能化管理，以提高建筑的能源利用效率，减少能源消耗。

在技术创新领域，法国政府通过技术创新、管理改进和政策引导等多种手段，持续推进节能技术发展和应用，大幅度提升了能源利用效率，进而减少能源消耗。

在2013年至2023年期间，法国一次能源消费量由10.53艾焦下降到8.66艾焦；在全球一次能源消费量中的占比也由1.96%降至1.40%。

（二）非化石能源消费占比明显提升，能源消费结构优化持续提速

能源消费多元化是法国保持能源消费平稳的关键因素之一。在法国能源消费中，

石油、天然气、核能和可再生能源等多元能源形式并存，共同满足了能源消费需求。

随着可再生能源的快速发展，法国能源消费结构发生深刻变化，传统化石能源在一次能源消费中的比重逐渐下降，而非化石能源的比重不断攀升。能源消费结构的优化，不仅减少了温室气体排放和缓解了全球气候变暖压力，而且提高了能源利用效率。

在核能领域，核电作为法国能源消费的重要组成部分，一直发挥着举足轻重的作用。法国政府出台了一系列政策，鼓励核电技术研发和创新，进一步巩固核电在能源体系中的地位；法国拥有众多先进的核电站，其核电技术在世界上处于领先地位；通过不断优化核电机组的设计和运行方式，提高了核燃料的利用率，实现了较高的能源利用效率和环境效益。

在天然气领域，法国通过与欧洲其他国家的互联互通，实现天然气的稳定供应；积极推进天然气储备设施建设，确保在关键时刻能够保障天然气供应安全。

在石油领域，法国虽然石油资源相对匮乏，但通过石油进口和增加石油储备等措施，确保了石油市场的稳定。

在可再生能源领域，法国近年来取得了令人瞩目的迅速发展，不仅提高了能源供应的安全性，也有效降低了碳排放和环境污染。

在 2013 年至 2023 年期间，法国化石能源消费量由 5.47 艾焦降至 4.16 艾焦；在一次能源消费量中的占比由 51.95% 降至 48.04%。

在此期间，法国非化石能源消费量由 5.06 艾焦降至 4.50 艾焦；在一次能源消费量中的占比由 48.05% 升至 51.96%。

（三）非化石能源发电成为主导电源，电力结构优化效果十分明显

在 2013 年至 2023 年期间，法国发电量由 575.3 太瓦·时下降到 519.7 太瓦·时；在全球发电量中的占比由 2.45% 降至 1.74%。

在过去十几年，法国化石能源消费出现了渐隐的余晖，天然气、石油和煤炭等化石能源发电均出现了萎缩的趋势。

时至今日，法国电力结构持续调整，可再生能源发电产业快速崛起，太阳能、风能、水能和生物质能等可再生能源装机容量持续增长，可再生能源发电量占比不断提高，可再生能源发电已成为电力供应系统中的重要组成部分。

在 2022 年至 2023 年期间，法国化石能源发电量由 52.6 太瓦·时降至 35.0 太

瓦·时，预示着对过去过度依赖化石能源的改变；在全部发电量中的占比由 11.28%降至 6.73%，见证了能源转型的坚定步伐。

在此期间，法国非化石能源发电量由 413.9 太瓦·时增加到 484.7 太瓦·时；在全部发电量中的占比也由 88.72% 升至 93.27%。

（四）温室气体排放明显下降，能源转型效果十分显著

在过去几十年，法国作为一个具有深厚历史底蕴和科技创新能力的发达国家，在应对全球气候变化之路上展现出了能源转型的坚定决心，并且取得了明显的成效，二氧化碳排放量呈现明显的下降趋势。

在能源领域，法国大力发展可再生能源，这些能源大量涌现，有效地替代了部分传统化石燃料，从而降低了二氧化碳的排放量。

在工业生产领域，法国推广了一系列节能减排技术，如高效节能设备、废弃物回收利用技术等，使得工业生产过程中的二氧化碳排放得到了有效控制；加强了对工业排放的监管和执法力度，对超标排放企业进行严厉处罚，确保各项节能减排措施落到实处。

在城市交通领域，法国政府大力推广电动汽车和公共交通系统，鼓励民众使用低碳出行方式。越来越多的民众选择购买和使用电动汽车，也倾向于选择公共交通出行，进一步减少了私家车的使用频率，从而降低了二氧化碳排放量。

在公共领域，法国人民崇尚自然，珍惜资源，环保意识深入人心；各种环保组织和活动蓬勃发展，如举办节能减排竞赛和倡导绿色出行等，不仅提高了民众的气候、生态环境意识，也推动形成了全民参与二氧化碳减排的良好氛围。

在 2013 年至 2023 年期间，法国温室气体二氧化碳排放当量由 3.49 亿吨降至 2.63 亿吨；在全球温室气体二氧化碳排放当量中的占比由 0.94% 降至 0.65%。

30 英国能源转型：
时光之轮持续旋转，能源之序逐步更迭

> 满满英伦春色，嬛嬛离岛秋光。煤油气缓落夕阳，唤起涟漪细浪。风电核电甚好，光伏水电空广。电源调整碳除霜，踏步转型路上。

当历史的钟摆指向了一个新的时代，旧有的秩序与文明便悄然开始了更迭。在英国这片曾孕育出工业革命的沃土之上，一场关于能源转型的深刻变革正在悄然展开，这不仅是一场能源技术革命，也是一场关于未来生活方式和经济发展模式的宏大叙事。

一、英国能源转型战略

面对全球气候变化的挑战，英国政府积极推动和实施能源转型战略，制定了一套全面而系统的战略和政策框架，分阶段制定了目标，以确保能源转型顺利进行，并最终实现碳中和的宏伟目标。这一框架内容广泛，涵盖能源供给、消费、技术创新和市场机制等多个方面，体现了英国政府在能源转型过程中的坚定决心和灵活智慧。

具体来说，英国政府设定如下战略重点。

（一）碳排放控制目标

为了实现碳中和目标，英国政府制定了严格的排放标准，并鼓励企业采用先进的生产技术和设备，提高能源利用效率。大力发展可再生能源，增加清洁能源在能源结构中的比重，从而有效降低碳排放。具体来说，到2035年，彻底淘汰煤电，实现碳中和；到2050年，实现温室气体排放量比1990年至少减少80%，达到全球领先水平。

（二）推动清洁能源发展

英国政府致力于推动清洁能源产业发展，明确规定可再生能源在能源结构中的最低比例，到 2030 年，将可再生能源在电力供应中的比例提升至 50% 以上。鼓励企业采用低碳技术，减少能源生产和使用过程中的碳排放和环境污染。根据英国国家能源系统运营商（NESO）建议，到 2030 年清洁能源满足 100% 的电力需求，至少 95% 的电力来自低碳能源，不超过 5% 来自未减排的天然气发电。未减排的化石燃料将占发电量的不到 5%，风能和太阳能将占大约 80%。海上风能将成为 2030 年英国电力混合能源的支柱，满足大约一半的需求。英国目前拥有 15 吉瓦的海上风电容量，另有 16 吉瓦的容量正在建设或已承诺。到 2030 年再增加至少 12 吉瓦海上风电，此外需要额外 8 吉瓦陆上风电和 22 吉瓦太阳能。

（三）确保国家能源安全

确保国家能源安全是英国能源转型的重要目标之一。政府通过多元化能源进口渠道和增加储备设施等措施，确保国家能源供应的稳定性和安全性。积极参与国际能源合作，与其他国家共同应对能源领域的挑战和风险。

二、英国能源转型政策

英国政府以能源领域的关键发展方向为核心，制定大力发展可再生能源、强化能源技术创新、加强基础设施建设、高度重视能源节约、建立健全能源市场体系和积极参与全球气候治理等多方面的政策举措，全面推动能源转型。

（一）大力发展可再生能源

在可再生能源发展方面，英国政府通过立法和政策支持，为可再生能源的发展创造良好的环境；制定详细的可再生能源发展规划和路线图，明确发展目标和重点领域，加大对可再生能源的投资力度；制定税收优惠、财政补贴等政策，并设立专项基金，鼓励企业和投资者参与可再生能源的开发和建设，投资可再生能源项目；致力于提高可再生能源的比例，通过大力发展风能、太阳能、水能等可再生能源，减少对化石能源的依赖。

（二）强化能源技术创新

英国政府高度注重发挥科技创新在能源转型中的支撑作用，注重发挥企业的创新主体作用，推动产学研用深度融合，不断提升能源技术创新能力和市场竞争力；

积极推动可再生能源技术研发和创新，不断提高可再生能源的利用效率和可靠性，为能源转型提供有力支撑。鼓励企业加大研发投入，开展前沿技术和关键设备的研发，提高可再生能源的发电效率和稳定性。例如，在储能技术方面，英国政府支持多家企业开展锂离子电池、液流电池等储能技术的研发和应用，提高可再生能源利用效率，为电网稳定运行提供有力保障。

（三）加强能源基础设施建设

英国政府注重能源基础设施建设，加大对可再生能源基础设施建设的投入，促进风能、太阳能、水能等可再生能源的发展和应用。以海上风电为例，英国拥有丰富的海上风力资源，政府通过提供税收优惠、建设海上变电站等措施，吸引大量投资进入海上风电领域。如今，英国已经成为全球海上风电发展的领导者之一，海上风电装机容量居世界前列。

为提高能源供应的稳定性和安全性，英国政府加大对电网和储能设施等基础设施的投入力度，积极推进智能电网建设，利用信息技术手段，提高能源系统的智能化水平和管理效率，提高电力系统的稳定性和灵活性，为可再生能源的大规模接入和传输提供有力保障。

（四）高度重视能源节约

英国政府推行一系列节能降耗政策措施，这对于降低能源消耗和减少碳排放具有重要意义。制定严格的能效标准，鼓励企业和个人采用节能技术和产品；推广绿色建筑理念，推广节能家电、绿色建筑等技术，降低能源消费过程中的能耗和排放，提高建筑物节能性能；开展节能减排宣传活动，提高公众节能意识，引导公众在日常生活中节约用电，减少浪费；倡导绿色生活方式和消费模式，减少能源消耗，提高能源利用效率，推动社会向绿色低碳方向发展；加强与非政府组织、科研机构及企业的合作交流，共同推动能源转型。

（五）建立健全能源市场体系

英国政府加强对能源市场的监管力度。通过建立健全监管体系，加强对能源市场的监管和执法力度，维护市场秩序和公平竞争；重视建立健全市场机制，推动能源市场健康发展，提高能源供应的安全性和可靠性；通过建立碳排放交易市场和推行绿色证书制度等手段，激励企业主动采取减排措施，降低温室气体排放；积极推进能源市场化改革，激发市场活力和社会创造力；逐步放松能源市场管制，允许更多市场主体参与能源供应和交易；建立完善的能源价格形成机制和竞争机制，引导企业降低成本、提升效率。

（六）积极参与全球气候治理

英国政府积极参与全球气候治理，推动全球能源转型进程，为全球可持续发展贡献智慧和力量；注重与欧洲其他国家在能源领域的合作与交流，共同推动欧洲能源转型进程；加强与国际先进国家和地区合作与交流，引进先进技术和管理经验，提高本国技术创新能力。

三、英国化石能源产业发展

英国这个古老的岛国，在化石能源产业发展历程中经历了历史的变迁。从温暖的煤田到寂静的油田，都见证了英国与自然资源之间千丝万缕的联系。化石能源这一曾让英国经济发展和社会繁荣的能源，却站在了能源转型的十字路口。

从英国化石能源消费结构来看，石油居于首位，其他依次为天然气和煤炭。

（一）石油产业发展

谈到英国石油产业，不得不提及遥远而神秘的北海，它是大不列颠石油资源的心脏。但是，英国石油资源并不丰富，在全球石油资源分布格局中的地位甚微。

在 2010 年至 2020 年期间，英国探明石油储量由 28 亿桶降至 25 亿桶；在全球探明石油储量中的占比由 0.17% 降至 0.14%。

在陆地之上，英国石油产业同样展现着独特的魅力。从格兰杰的古老炼油厂，到现代化的港口设施，每一条管道和每一座工厂都是石油产业发展历史的见证者。原油经过炼油厂的精心提炼，转化为汽油、柴油和润滑油等产品，滋养着经济的血脉。

在 2013 年至 2023 年期间，英国石油产量由 0.41 亿吨降至 0.33 亿吨；在全球石油产量中的占比由 0.98% 下降到 0.74%。

在此期间，英国石油消费量由 2.98 艾焦降至 2.69 艾焦；在全球石油消费量中的占比由 1.67% 降至 1.37%。

（二）天然气产业发展

天然气以其清洁、高效的特性，成为替代煤炭和减少碳排放的优选。然而，从天然气资源的角度来看，英国天然气资源十分有限，在全球天然气资源分布格局中地位不高。

在 2010 年至 2020 年期间，英国探明天然气储量由 0.3 万亿立方米降至 0.2 万亿立方米；在全球探明天然气储量中的占比也缓慢下降，由 0.17% 降至 0.11%。

自 21 世纪以来，英国政府积极顺应全球气候变化的浪潮，致力于构建低碳、绿色和可持续的能源体系。天然气作为能源转型过渡时期的"桥梁"燃料，不仅减轻了煤炭逐渐退场的"阵痛"，也在减少温室气体排放方面发挥了重要作用。

英国政府通过制定和实施一系列政策，推动天然气产业发展。英国在加大可再生能源产业发展的同时，也积极鼓励天然气发电产业的发展，逐步形成了"气—风—光"互补的多元化电力体系。

英国凭借优越的地理位置和先进的港口设施，已经成为欧洲乃至全球重要的液化天然气（LNG）接收与分销中心。巨大的液化天然气运输船如同浮动的"能源岛屿"，穿梭于大西洋两岸，为英国带来清洁、低碳和稳定的天然气供应。

在英国天然气产业现代化进程中，技术创新是永恒不变的主题。从智能管网到无人机巡检，从大数据分析技术到碳捕集与封存（CCS）技术、碳捕集利用与封存（CCUS）技术，英国天然气产业正以前所未有的速度拥抱能源转型和变革的新时代。天然气技术创新和应用，不仅提高了生产效率，也降低了运营成本，更让"绿色天然气"概念深入人心，为实现碳中和目标奠定了坚实的基础。

在 2013 年至 2023 年期间，英国天然气产量由 370 亿立方米减至 345 亿立方米；在全球天然气产量中的占比由 1.10% 降至 0.85%。

在此期间，英国天然气消费量由 2.75 艾焦降至 2.29 艾焦；在全球天然气消费量中的占比由 2.27% 降至 1.59%。

（三）煤炭产业发展

英国这个被誉为"日不落帝国"的岛国，其煤炭产业的兴衰起伏，如同一部波澜壮阔的史诗，记录着工业文明的崛起与变迁。

18 世纪末，当詹姆斯·瓦特改良的蒸汽机轰鸣着吞噬煤炭时，英国站在了世界工业革命的潮头。从苏格兰的烟煤到约克郡的无烟煤，每一条矿脉似乎都蕴含着巨大的能量。大规模开发和利用的煤炭，不仅点燃了无数家工厂的机器，也照亮了大机器工业建立和发展的道路，使英国成为那个时代的"世界工厂"。

从煤炭资源丰裕程度来看，英国煤炭资源并不丰富，在全球煤炭资源分布格局中不具有重要地位。截至 2020 年底，英国探明煤炭储量仅 0.26 亿吨，在全球煤炭储量中占比微不足道，其全球资源地位微乎其微。

20 世纪初，随着石油和天然气产业的快速发展，煤炭的地位开始动摇。随着两次世界大战的爆发和新兴国家对原材料和产品市场的激烈争夺，英国逐渐失去了传统工业的优势。再加上生态环境保护意识的觉醒，以及煤矿事故频发，英国政府便开始对煤炭产业实施严格的监管措施，关闭了一批不安全且效率低下的矿井。在此背景下，英国煤炭产业这个曾经的帝国经济支柱开始走向衰落。

进入 21 世纪，面对全球气候变化的严峻挑战，英国政府便开始探索煤炭产业绿色转型之路，比如发展煤基生物能源和开发碳捕集与封存（CCS）技术等，逐步推出了"碳预算"政策，致力于减少碳排放，推动能源转型，从而使煤炭逐渐退出了能源舞台。

虽然英国传统煤炭开采业已风光不再，但围绕煤炭转型的技术研发与创新活动持续不断，为煤炭产业发展带来了新的生机。在英格兰腹地，曾经因煤而兴的小镇如今成为见证煤炭产业历史变迁的活化石。煤矿遗址被改造成博物馆、艺术中心或创意园区，吸引着游客前来探寻那段蒸汽与钢铁交织的岁月。

在 2013 年至 2023 年期间，英国煤炭产量由 0.13 亿吨骤减至 0.01 亿吨；在全球煤炭产量中的比重亦随之大幅下降，由 0.15% 降至可忽略不计。

在此期间，英国煤炭消费量经历了断崖式下跌，由 1.57 艾焦下降到 0.18 艾焦；在全球煤炭消费中的占比也由 0.98% 降至 0.11%。

四、英国非化石能源产业发展

随着全球气候变化的挑战日益严峻，英国政府推行一系列能源转型计划，推动非化石能源产业快速发展，预示英国正在从化石能源大国向非化石能源大国转变。

从非化石能源发电结构来看，风能占比居于首位，其他依次为核能、太阳能、水能和生物质能。

（一）风能产业发展

风能作为迈向碳中和目标的重要推手，引领着英国向更加绿色、低碳和可持续发展的生产和生活方式转变。英国政府大力支持风能产业，制定的一系列政策不仅为风能项目提供财政补贴与税收优惠，而且鼓励风能技术创新与产业升级，为这一绿色产业的蓬勃发展提供了坚实的基础和良好的外部环境。

风能不仅是一种能源形式，也是英国对未来可持续发展的信念，更是对后代子孙福祉的承诺。在技术创新领域，更大、更高效的风力涡轮机陆续在英国问世，智能运维技术不断进步。

连绵曲折、蜿蜒延伸的海岸线，成为英国风能产业发展的天然舞台。一座座巨大的风力涡轮机矗立在波涛之上，它们不仅是工业的象征，更是自然与人类智慧和谐共存的体现。

内陆广袤的农田与森林间，错落有致的风车成为英国一道道独特的风景线，不仅为乡村增添了几分现代气息，也在默默守护着大地的纯净与安宁。晨曦初照，阳光洒在旋转的叶片上，闪耀着希望之光，产生持续不断的清洁能源。

随着越来越多的社区、学校乃至家庭开始采用风能发电，每一个旋转的叶片都意味着英国正在不断地推动能源革命，预示着未来能源转型可以触手可及。在由风编织的梦里，英国正驾驶着"绿色转型"的梦想之舟，向着更加清洁、绿色、低碳和美好的世界航行。

在 2013 年至 2023 年期间，英国风能发电装机容量由 11 282 兆瓦增加到 30 215 兆瓦；在全球风能发电装机容量中的占比虽由 3.76% 降至 2.97%，却依然展现出不容忽视的风能潜力。

在此期间，英国风能发电量由 28.4 太瓦·时升至 82.0 太瓦·时；在全球风能发电量中的占比却由 4.47% 降至 3.53%。

（二）核能产业发展

英国第一座核电站开始运营，标志着这个岛国正式迈入原子能时代，不仅是科技进步的象征，也是国家实力的展现。在随后的几十年里，英国成为全球核能领域的先驱之一，陆续建造了多座核电站，不仅为英国提供了稳定的电力供应，也见证了人类对核能产业发展的不懈追求。

随着全球核能事故的多次发生，核安全成为全球性的警示，英国核能产业也遭遇了前所未有的挑战。关闭陈旧的核电设施、应对公众对核安全及废料处理的担忧，成为英国能源领域的核心议题之一。特别是 2011 年日本福岛核事故发生之后，全球范围内对核能安全的讨论更加热烈，英国政府便开始重新审视核能在能源舞台上的角色，探索如何在确保安全的前提下，实现核能产业的可持续发展。

在应对全球气候变化的潮流中，英国核能产业发展也逐步进入全新时代。一方面，加大投入研发第四代核电技术，如小型模块化反应堆（SMR），旨在提高核电的安全性、降低建设成本和减少对生态环境的影响；另一方面，积极应对公众的关切，通过透明化的核能管理和科普教育，增强公众对核能安全的信任。

在 2013 年至 2023 年期间，英国核能发电量由 70.6 太瓦·时下降到 40.7 太瓦·时；在全球核能发电量中的占比由 2.83% 降至 1.49%。

（三）太阳能产业发展

每当谈到英国，人们往往会联想到维多利亚时代的蒸汽机、工业革命的风靡全球，以及在文学和艺术领域的璀璨成就。然而，在应对全球气候变化的浪潮中，英国的太阳能产业也正在以一种前所未有的姿态崛起，成为能源转型和绿色经济发展战略的核心支柱。

英国政府对太阳能产业发展的政策扶持，是这一产业蓬勃发展的关键因素。政府不仅鼓励私人投资太阳能项目，还为企业和个人提供可观的财务激励。

从古老淳朴的英格兰田野，到现代繁华的都市屋顶，一片片太阳能板覆盖了曾经只属于煤烟与蒸汽的印记，为英国经济和社会发展注入了活力；从邻里共享的太阳能项目，到学校和医院等公共机构的太阳能大规模安装项目，不仅减少了碳排放，也为社区成员带来了实实在在的经济收益，增强了对太阳能产业发展的信心。

在技术创新领域，英国太阳能产业同样不遗余力。从高效光伏材料的研发，到智能跟踪系统的应用，每一项进步都是对太阳能的深度挖掘与高效利用。例如，牛津大学研发的半透明太阳能电池板，不仅实现了电力生产，还能满足室内采光需求，无疑是科技与美学的完美融合，也预示着未来绿色建筑新形态的到来。

在 2013 年至 2023 年期间，英国光伏发电装机容量由 2 937 兆瓦增加到 15 657 兆瓦；在全球光伏发电装机容量中的占比却由 2.08% 降至 1.10%。

在此期间，英国光伏发电量由 2.0 太瓦·时激增到 13.8 太瓦·时；在全球光伏发电量中的占比却由 1.44% 降至 0.84%。

（四）水能产业发展

英国水能产业作为欧洲最具活力和潜力的可再生能源领域之一，正以其独特的方式，为古老的土地注入新的生命力。水力发电，这一古老的能源利用方式，在英国得到了新的诠释。现代化水电站不仅保留了传统水车的影子，也融入了现代科技的力量。

随着应对全球气候变化的潮流,英国政府和企业纷纷将目光投向水能产业。水力发电不仅减少了对化石能源的依赖,也显著降低了温室气体排放。每一座水电站都是应对全球气候变化的前线阵地,每一股流水都是对能源转型梦想的深情告白。

英国持续推动水能技术创新,让水能这一古老产业焕发勃勃生机。智能传感器、远程监控系统和优化算法的应用,使水力发电更加高效和灵活;科研人员致力于开发新的水轮机设计,以提高水能转换效率,并减少对生态环境的影响;潮汐能和波浪能等新型水能技术创新,为英国水能产业的发展开辟了广阔前景。

水能产业的兴起和发展,成为促进英国经济发展、保护生态环境的双赢策略。水电站项目的建设和运营,往往需要与当地社区合作,不仅创造了当地的就业机会,也带动了周边地区的旅游发展。水能具有低碳、清洁和绿色等特性,更让英国人在享受现代生活的同时,感受到大自然的宁静与美好。

在 2013 年至 2023 年期间,英国水能发电量由 4.7 太瓦·时增加到 5.2 太瓦·时;在全球水能发电量中的占比基本维持在 0.12%。

(五)生物质能产业发展

英国政府为生物质能产业发展提供政策支持,通过一系列激励政策、补贴机制和优惠政策等,鼓励私人投资与公众参与,共同推动生物质能项目的落地与扩张,为这一绿色产业的发展提供良好的外部环境。

作为欧洲乃至全球科技创新中心之一,英国在生物质能领域也展现出非凡的创造力。从高效转化技术的研发到智能管理系统的应用,都是对"变废为宝"理念的深刻实践。先进的厌氧消化技术能够将有机物质转化为生物气,不仅为家庭和企业提供清洁燃料来源,也实现了资源循环利用。通过热化学转化技术,生物质能被转化为液体燃料或固体生物炭,进一步拓宽了在交通和电力等多个领域的应用前景。

英国生物质能产业的发展,得益于深厚的自然底蕴与悠久的农业传统,废弃的农作物秸秆、林木残余、城市有机垃圾和专门种植的能源作物,都成为生物质能产业发展的宝贵原料。那些看似不起眼的"废弃物",在科技的魔法棒下,被转化为清洁的电力,在保障电力安全和稳定供应的同时,也减轻了气候、生态环境的负担。

在 2013 年至 2023 年期间,英国生物质燃料产量由 0.9 万桶石油当量/日升至 1.4 万桶石油当量/日;在全球生物质燃料产量中的占比由 0.67% 微增至 0.68%,尽管提升幅度微小，但这也彰显了生物质能产业的发展潜力。

在此期间，英国生物质燃料消费量由 1.9 万桶石油当量 / 日跃升到 4.1 万桶石油当量 / 日；在全球生物质燃料消费量中的占比亦由 1.44% 升至 1.93%。

五、英国能源转型总体成效

经过多年努力，英国能源转型已经取得了显著成效。在经济效益方面，清洁能源快速发展，创造了大量就业机会，促进了相关产业链发展，降低了能源成本，提高了能源利用效率，为经济发展注入了活力；在社会效益方面，有效减少了温室气体排放和污染物排放，改善了空气质量、生态环境，保障了民生和社会正常运转；在国际影响力方面，英国成为全球能源转型的领跑者之一，在应对全球气候变化领域的影响力逐渐增强。

（一）能源消费质量提升，消费规模明显下降

回溯英国能源消费的历史长河，可以清晰地看到几个重要里程碑。在工业革命时期，煤炭源源不断地为英国提供动力，推动工业生产高速运转；随着科技的进步和生态环保意识的提升，煤炭的地位开始下降，逐渐让位于石油和天然气；进入 21 世纪，伴随着应对全球气候变化浪潮的兴起，非化石能源开始迅速崛起，逐步替代化石能源的传统地位。

与此同时，英国政府采取一系列积极的政策措施来推动节能减排和能效提升。一方面，加大对环保法规和政策的制定和执行力度，严格限制高污染、高能耗产业的发展；另一方面，积极推动清洁能源的研发和应用，鼓励公众改变能源消费模式，降低能源消耗水平。

经过努力，英国能源消费质量正在逐步提升，能源消费规模也明显下降。

在 2013 年至 2023 年期间，英国人均一次能源消费量由 133.1 吉焦下降到 102.6 吉焦；与全球平均人均一次能源消费量的比率由 179.62% 降至 133.25%。

在此期间，英国一次能源消费量由 8.56 艾焦降至 6.95 艾焦；在全球一次能源消费量中的占比亦由 1.59% 降至 1.12%。

（二）非化石能源消费占比快速提升，能源消费结构优化明显提速

随着时代变迁，英国能源消费结构不断演变，从煤炭到石油，再到天然气乃至可再生能源，每一次能源消费结构变革都深刻地影响着经济和社会的发展。

英国能源消费结构已经发生了翻天覆地的变化。可再生能源在能源消费中的占比大幅提升，尤其是在风电、太阳能等领域取得了突破性进展；煤炭消费量大幅减少，能源消费结构变得更加清洁和高效。

在2013年至2023年期间，英国化石能源消费量经历了一场深刻变革，由7.30艾焦降至5.16艾焦；在一次能源消费量中的占比由85.28%降至74.24%。

在此期间，英国非化石能源消费量实现了飞跃式增长，由1.26艾焦猛增到1.79艾焦；在一次能源消费量中的占比也由14.72%升至25.76%，这标志着能源转型的步伐明显加快。

（三）非化石能源发电占比快速提升，电力结构优化和调整提速

在2013年至2023年期间，英国发电量由358.3太瓦·时降至285.6太瓦·时；在全球发电量中的占比也由1.53%降至0.95%。

从历史上来看，英国电力结构的演变，伴随着技术的飞速进步和经济社会的蓬勃发展，发生了翻天覆地的变化。

在电力产业发展的起步阶段，英国依靠自身强大的工业基础和丰富的煤炭资源，迅速建设了一大批火力发电厂。早期火力发电厂以煤炭为主要燃料，通过燃烧煤炭产生蒸汽，驱动蒸汽轮机转动，进而带动发电机发电。煤炭发电厂为工业化进程提供了源源不断的电力。

随着气候资源保护、生态环境保护意识的日益增强和可再生能源技术的不断发展，英国政府逐步淘汰了传统的煤炭火力发电模式，并积极推广清洁能源发电模式，如大力推动风能、太阳能和水能等可再生能源发电，鼓励发电企业采用更加低碳、绿色、环保和高效的发电方式。

技术创新在英国电力结构调整中发挥了重要作用。随着清洁能源技术的不断成熟和成本的降低，可再生能源发电逐渐在电力结构中占据重要地位。技术创新和突破，不仅提高了电力供应的清洁度，也降低了发电成本，使得清洁能源发电成为更加经济可行的选择。

公众意识的提升也对英国电力结构的演变产生了深远影响。随着人们生活水平的提高和气候、生态环境保护意识的增强，越来越多的民众开始关注电力的可持续性问题，更加倾向于选择那些低碳、环保的电力产品，从而推动清洁能源市场快速发展。

英国电力结构焕然一新。火力发电虽然仍在发挥重要作用，但其比重已经大大降低，而清洁能源发电在电力结构中的占比逐年攀升。多元化的电力结构不仅满足了经济社会发展的电力需求，也为全球电力的可持续发展做出了积极贡献。

在 2022 年至 2023 年期间，英国化石能源发电量由 132.8 太瓦·时下降到 103.8 太瓦·时；在全部发电量中的占比由 41.24% 下降到 36.34%，化石能源发电的地位明显下降。

在此期间，英国非化石能源发电量由 189.2 太瓦·时下降到 181.8 太瓦·时；在全部发电量中的占比却由 58.76% 升至 63.66%。

智能电网已经成为英国电力系统的核心中枢，以更加高效、灵活和可靠的方式应对各类电力挑战。借助先进的信息通信技术，智能电网能够实时感知电力需求的变化，并迅速调整发电计划，实现电力资源的优化配置，能提高电力系统的安全性和稳定性，保障居民用电的安全。通过引入人工智能和大数据等先进技术，实现智能电网的自我学习和优化功能，进而推动电力系统的可持续发展。储能技术应运而生，成为解决英国可再生能源供需问题的关键钥匙，凭借快速响应和精准调节的特性，在电力系统中发挥举足轻重的作用。当光照不足、风力减弱时，储能系统可以迅速补充电力缺口，确保电力供应的稳定性；而在用电高峰时期，储能系统又可以将多余的电力储存起来，减轻电网负担。

2023 年，英国电网规模电池储能系统容量升至 3.6 吉瓦，在全球电网规模电池储能系统容量中的占比达到 6.03%。

（四）温室气体排放规模下降，降碳成效显著

英国作为一个工业强国，温室气体排放量在全球范围内占据不小的地位。

在工业革命时期，英国是世界上最早的工业化国家，蒸汽机的广泛应用推动了社会生产力和经济的飞速发展。然而，这种发展以大量消耗化石燃料为代价，煤炭和石油等化石燃料在燃烧过程中产生了大量的二氧化碳等温室气体，导致严重的环境污染和气候变暖问题。

在一战和二战期间，英国为了战争需要，大力发展军事工业和重工业，石油、天然气等化石燃料的大量使用，使得二氧化碳排放量在短时间内迅速攀升。

进入 20 世纪中后期，随着全球气候变化问题日益突出，英国采取了一系列政策措施来减少温室气体的排放。首先，加大对新能源和可再生能源的研发力度，推动

可再生能源的发展和应用；其次，积极推广节能减排技术和管理经验，在国际上发挥积极的示范和引领作用；与此同时，英国许多普通民众也纷纷加入低碳生活，更加注重节能环保意识的培养和实践，在日常生活中尽量减少能源的浪费和二氧化碳的排放。例如，选择公共交通出行、减少私家车使用量等。

随着化石燃料消耗的减少和清洁能源的增加，英国温室气体排放量出现了明显的下降趋势，为应对全球气候变化做出了实实在在的贡献。

在2013年至2023年期间，英国温室气体二氧化碳排放当量由5.11亿吨下降到3.39亿吨；在全球温室气体二氧化碳排放当量中的占比由1.37%下降到0.84%。

31 意大利能源转型：启动现代与传统的能源复兴，诉说绿色与低碳的转型故事

> 煤炭依存旧魄，石油尚有新魂。复兴文艺力无穷，怎奈今朝乏颂。水力能源渐起，太阳电力徐盈。风力发电日益浓，倒也悄然生动。

意大利曾经是历史上最伟大的艺术之都，如今也正在迎接能源转型的黎明。如今，意大利绿色能源日益蓬勃兴起，能源转型似乎是又一场静悄悄的文艺复兴，带着对大自然的敬畏和对绿色和低碳的渴望，静静地讲述着人与自然和谐共生的故事。

一、意大利能源转型战略

意大利能源转型战略清晰地描绘了未来能源发展愿景：构建一个以可再生能源为基础，高效、清洁、可持续的能源体系，以确保国家的能源安全，促进经济社会的绿色发展。具体而言，意大利在能源转型战略层面上，确立了优化能源结构、提高能源效率和确保国家能源安全等重点领域。

（一）优化能源结构

意大利政府通过调整能源生产和消费结构，逐步减少对化石能源的依赖。一方面，加大对可再生能源的投资力度，大幅提高可再生能源的比例，特别是太阳能和风能；另一方面，推动煤炭、石油等高碳能源的清洁化利用，降低环境污染。

大力发展光伏发电和风力发电，充分利用其丰富的太阳能和风能资源，通过财政补贴和税收优惠等措施，鼓励企业和个人投资光伏和风力发电项目，建设一批大型光伏电站和风力发电场；积极推动地热能和生物质能发展，通过加大研发投入和推广示范项目等方式，进一步推动这两种清洁能源的开发和应用。

（二）提高能源利用效率

意大利政府将通过技术创新和政策引导，进一步提高能源效率，降低单位 GDP 能耗，缓解能源供需矛盾，降低企业生产成本，提高市场竞争力。

政府制定了一系列强制性的建筑节能标准，鼓励企业和居民使用节能型家电和设备，同时加大对高效照明、高效空调等节能产品的推广力度。

同时，政府重视能源管理系统的建设，通过建立完善的能源统计和监测体系，实现对能源消费情况的实时监控和分析，为制定和调整能源政策提供有力支持。

（三）确保国家能源安全

意大利政府加强能源基础设施建设，提高能源供应的稳定性和可靠性。通过多元化能源进口渠道和建立战略储备制度，确保国家能源安全。

二、意大利能源转型政策

意大利政府围绕能源转型战略，在多个重要方面制定相关政策，包括立法保障、可再生能源发展、能源效率提升、技术创新与基建，以及产业、市场和国际合作等。

（一）立法保障

意大利政府通过制定和完善相关法律法规，为能源转型提供法律保障。例如，《可再生能源法》明确规定了可再生能源的发展目标、政策支持措施等，为可再生能源的发展提供了法律依据。政府还制定了严格的能源效率和环境保护标准，推动企业转型升级。

（二）大力发展可再生能源

意大利政府为推进可再生能源发展，推出了很多优惠政策。一是为可再生能源项目提供税收优惠和财政补贴，降低可再生能源项目的初始投资成本，提高市场竞争力；二是制定详细的可再生能源配额制度，要求电力供应商必须在其供电组合中纳入一定比例的可再生能源，确保可再生能源在电力市场中的份额，推动大规模应用。

在太阳能产业发展方面，意大利政府推出了一系列政策。一方面，对太阳能热水器和太阳能光伏发电给予财政补贴，降低居民和企业的安装成本。简化太阳能项目的审批流程，提高审批效率，为太阳能项目的实施提供便利；另一方面，积极推动分布式光伏发电发展，鼓励家庭和企业利用屋顶空间安装太阳能光伏板，自发自用，余电上网，这不仅提高了能源效率，还降低了电网负荷，有助于推动光伏产业发展。

在风能产业发展方面，意大利政府除了制定税收优惠和财政补贴之外，还制订其他措施支持风电产业发展。合理规划风电场的布局，确保风电开发与生态环境相协调；简化风电项目的审批流程，提高项目核准效率，为风电项目实施提供有力保障。

（三）不断提高能源利用效率

意大利政府通过制定和实施能效政策，引导企业和居民提高能源利用效率。

制定严格的能耗标准和能效标识制度，要求企业和居民在购置和使用能源产品时必须达到一定的能效标准；对于达不到标准的产品，政府将征收高额能源税，从而有效地推动企业和居民提高能源利用效率，降低能源消耗。

大力推广节能技术和产品，如高效节能家电、照明产品、建筑材料等。通过举办节能产品展览、发布节能产品目录等方式，引导企业和居民购买和使用节能产品；给予节能产品一定的财政补贴和税收优惠，进一步降低节能产品的使用成本。

积极开展节能减排宣传教育活动，提高公众的节能环保意识；通过各种媒体和渠道宣传节能减排的重要性，倡导绿色生活方式和绿色消费模式；组织各类节能减排培训活动，提高企业和居民的节能环保知识水平和技能水平。

（四）推动技术创新

意大利政府高度重视技术创新在推动能源转型中的重要作用，加大能源技术研发投入，鼓励开展联合攻关，提高能源技术研发水平和应用能力；建立完善的科技成果转化机制，推动科技成果的产业化进程。

重视新能源技术的研发和推广，鼓励企业和科研机构加强合作，共同推动智能电网、储能技术等清洁能源技术的创新和应用，为能源转型提供有力支撑；积极引进国际先进技术和管理经验，推动国内绿色能源产业发展。

（五）加强能源基础设施建设

为了支持可再生能源的大规模接入和能源系统的安全稳定运行，意大利政府在能源基础设施建设方面进行了大规模投资。

针对可再生能源发电的不稳定性，加大电网改造和扩建的力度，提高电网的接入能力和输送效率，提高电网的输电能力和稳定性，确保可再生能源能够顺利并入电网；积极发展智能电网技术，实现电网的智能化管理和调度，提高运行效率并保障安全性。

为解决可再生能源发电的间歇性问题，积极推进储能技术发展，推动储能基础设施建设，以确保电力供应的稳定性。通过储能将多余的电能储存起来，在需要时释放使用。鼓励企业和科研机构研发和应用储能技术，如锂电池储能、氢储能等，提高储能效率。

注重能源转型的公平性和普惠性，采取措施确保所有地区和行业都能享受到能源转型带来的红利，特别是在农村和偏远地区，通过加大对新能源基础设施的投资，改善当地居民的生活质量和发展环境。

（六）支持电动汽车产业发展

意大利政府积极采取政策措施，推动电动汽车产业发展。

制定和出台一系列优惠政策，如购车补贴、免征购置税等，鼓励消费者购买和使用电动汽车，有效降低电动汽车的购车成本，提高其市场竞争力；大力推动电动汽车充电设施建设，通过在全国范围内建设充电桩和换电站，为电动汽车出行提供便利；政府与企业合作，共同研发和推广电动汽车相关技术，提高电动汽车的性能和续航里程。

（七）深化能源市场改革

意大利政府注重能源改革和市场完善。

打破市场垄断，引入竞争机制。政府通过立法和政策调整，鼓励社会资本进入能源市场，打破垄断，引入市场竞争机制，提高能源市场的效率和活力。

推进能源价格市场化改革。政府逐步放开能源价格，让市场需求和价格机制在能源资源配置中发挥决定性作用，从而降低企业的用能成本；通过制定合理的电价机制和市场规则，促进可再生能源的开发利用和节能减排工作的有效开展。

注重提升社会公众环保意识。政府通过举办各种展览会、论坛等活动，向公众宣传可再生能源的知识和优势，提高公众的环保意识和接受度。

（八）加强国际能源合作

意大利积极参与全球能源治理和国际合作，与其他国家共同推动全球能源转型。加入国际能源署等国际组织，参与制定全球能源转型政策和标准；与其他国家开展能源合作项目，共同开发清洁能源等。

三、意大利化石能源产业发展

作为欧洲的重要经济体之一，意大利化石能源产业长期推动着工业化进程。从北部的工业重镇，到南部的温暖港口，化石能源为意大利经济和社会发展提供源源不断的动力。

从意大利化石能源消费结构来看，石油占据首位，其他依次为煤炭和天然气。

（一）石油产业发展

意大利作为一个古老而浪漫的国家，不仅在历史上孕育了欧洲文艺复兴的辉煌与艺术创造的不朽，也在时代潮流中孕育了一个不为人熟知的石油产业。

追溯意大利石油产业的发展历史，不得不令人想起19世纪末的"黑金"热潮。那时，随着技术进步，意大利的石油产业逐渐兴起。

然而，石油资源相对匮乏，但这并未妨碍意大利对石油的渴望，石油产业发展虽然不像沙特阿拉伯或俄罗斯等石油资源国那样令人瞩目，却也在地中海的蔚蓝中找到了自己的位置。

在2013年至2023年期间，意大利石油产量由550万吨降至430万吨；在全球石油产量中的占比也由0.13%微降至0.10%。

在此期间，意大利石油消费量由2.54艾焦降至2.47艾焦；在全球石油消费量中的占比亦由1.42%降至1.26%。

（二）煤炭产业发展

从煤炭资源角度来看，意大利这个历史悠久的国度，煤炭资源禀赋条件较差，探明煤炭储量十分有限，煤炭生产能力也几乎难以在国际舞台上占有一席之地。

长期以来，煤炭滋养着意大利的钢铁厂、玻璃厂和纺织厂。然而，随着气候、环境保护意识的觉醒，意大利煤炭产业面临前所未有的挑战，逐步关闭了污染严重、效率低下的小煤矿，昔日繁忙的矿区逐渐沉寂，废弃的矿井和烟囱成为历史的注脚，煤炭产业逐步走向衰落。

在2013年至2023年期间，意大利煤炭消费量由0.57艾焦降至0.22艾焦；在全球煤炭消费量中的占比亦由0.35%下降到0.13%。

（三）天然气产业发展

意大利拥有丰富的海上天然气资源。自20世纪中叶起，意大利便开始对深海天然气的探索，沉睡于海底的宝藏，随着技术进步而逐渐苏醒，为能源版图添上了浓墨重彩的一笔。

在天然气产业的发展中，意大利正经历一场深刻的绿色革命。利用天然气作为过渡燃料，减少煤炭使用和温室气体排放，成为能源政策的核心。特别是通过"氢气计划"和"甲烷减排"等战略，致力于将天然气净化为更加清洁、高效的能源形态。

技术创新是意大利天然气产业发展的重要驱动力，从深海钻探技术到先进的储存与运输系统，每一项技术进步都推动了天然气产业的突破。

意大利积极与国际伙伴合作，参与跨国天然气管道项目，如"南欧天然气管道"，这不仅加强了区域能源安全，也促进了欧洲能源市场的整合与互补。

在 2013 年至 2023 年期间，意大利天然气产量由 74 亿立方米降至 28 亿立方米；在全球天然气产量中的占比亦由 0.22% 降至 0.07%。

在此期间，意大利天然气消费量由 0.27 艾焦降至 0.10 艾焦；在全球天然气消费量中的占比亦由 0.22% 降至 0.01%。

四、意大利非化石能源产业发展

在蔚蓝的地中海之畔，意大利正经历一场能源革命，在阳光、海风与创意的交响曲之中，奏响了非化石能源在文艺复兴之地的优美旋律。从罗马的街头艺术，到威尼斯的古老运河，每一个细节都透露出自然和谐；在佛罗伦萨古城墙上安装太阳能板，既保留了历史韵味，又赋予了现代美感；在威尼斯水道中推广电动游船，让古老的浪漫不再受污染之扰。上述看似极其微小的改变，实则汇聚成一股不可忽视的强大力量，推动着意大利向更加低碳、绿色、清洁和可持续发展的未来迈进。

从非化石能源发电结构来看，水能占据首位，其他依次为太阳能、风能、核能和生物质能。

（一）水能产业发展

意大利的水能源自地中海心脏地带的自然力量，是一种流动的艺术，在山川间跳跃，在岩间低语，在平原上缓缓铺展；那不勒斯湾的蔚蓝海水，威尼斯水城的柔情水道，还有阿尔卑斯山脉冰雪融化之后形成的激流，每一滴水都承载着独有的韵味与情感；水流或温柔缠绵，如恋人间的低吟浅唱，或狂野不羁，似勇士在战场上的激昂冲锋。

在2013年至2023年期间，意大利水能发电量由52.8太瓦·时降至38.9太瓦·时；在全球水能发电量中的占比由1.39%降至0.92%。

（二）太阳能产业发展

在意大利的乡间别墅、古城堡与现代建筑之间，太阳能板逐渐成为新时期的马赛克，装饰着屋顶，与古老的瓦片、现代的玻璃幕墙和谐共存。它们不仅是冰冷的科技产品，更像是大地与天空之间的桥梁，将自然之美与科技之力巧妙地融合。

在托斯卡纳的橄榄园中，或是在威尼斯的小船上，太阳能让古老的节奏与现代科技并肩起舞。屋顶上的光伏板随风轻摆，收集大自然的馈赠，为厨房的炉火和夜晚的灯光添上来自太阳的温柔。

从研发高效的光伏材料，到设计更加美观、实用的太阳能装置，每一次进步都是对自然之美的致敬与尊重。太阳能产业的发展成为推动可持续发展的动力，无论是罗马的石板路，还是米兰的高楼大厦，太阳能正悄然改变每一寸土地和每一道风景。

在2013年至2023年期间，意大利光伏发电装机容量实现了显著的飞跃，由18 190兆瓦升至29 795兆瓦；在全球光伏发电装机容量中的占比却由12.86%降至2.10%。

与此同时，意大利光伏发电量也实现了快速的增长，由21.6太瓦·时增加到31.2太瓦·时，无疑彰显了蓬勃的发展势头；但在全球光伏发电量中的占比由15.58%降至1.90%。

（三）风能产业发展

在意大利古老而又充满活力的土地上，风能产业正以一种全新的姿态，改变着经济和社会发展的面貌，编织着关于绿色、低碳和可持续发展的梦想。

在托斯卡纳，在一望无际的橄榄林与葡萄园之间，一座座风力发电机矗立，不仅是现代工业的标志，也是与自然和谐共存的见证。

在阿尔卑斯山脉，风能潜力巨大。高耸的山峰如同大自然的守护者，现代化的风力发电站安家落户，不仅提供了清洁和可再生的能源，也是对壮丽景观的致敬。山风呼啸而过，带动叶片旋转，不仅是能量转换，也是对人与自然和谐共生的美好愿景的诠释。

在地中海沿岸，蔚蓝的海水与金黄的沙滩交织成一幅幅动人的画卷，沿海风力发电设施不仅为经济和社会发展提供了电力支持，也成为旅游的吸引点。游客可以感受到风力发电的魅力，体验自然与现代科技的完美融合。

在 2013 年至 2023 年期间，意大利风力发电装机容量由 8 542 兆瓦增加到 12 308 兆瓦；在全球风力发电装机容量中的占比却由 2.84% 降至 0.12%。

与此同时，意大利风力发电量由 14.9 太瓦·时增加到 23.5 太瓦·时；在全球风力发电量中的占比却由 2.34% 降至 1.01%。

（四）核能产业发展

早在 20 世纪 60 年代，意大利就开始探索核能，建造了首批核电站，为工业化和现代化提供了强大动力，核能产业得以发展。

每当说到意大利，不禁联想到文艺复兴。如今，在这个艺术盛行的国度，核能产业也在寻求"文艺复兴"。近年来，意大利政府开始重新评估核能在能源战略中的地位，从产业规模上看，意大利核能产业在能源体系中的地位很低。

（五）生物质能产业发展

意大利生物质能产业的发展，是对历史的致敬。从古罗马时期利用木材取暖照明，到文艺复兴时期艺术家用生物质材料创作不朽之作，生物质能始终与人类文明紧密相连。如今，生物质能以一种更加高效、环保的方式重生，成为连接过去与未来的桥梁之一。

在 2013 年至 2023 年期间，意大利生物质燃料产量由 58.0 万桶石油当量/日升至 82.8 万桶石油当量/日；在全球生物质燃料产量中的占比却由 43.22% 降至 39.96%。

与此同时，意大利生物质燃料消费量由 60.9 万桶石油当量/日增加到 85.7 万桶石油当量/日；在全球生物质燃料消费量中的占比却由 46.03% 降至 40.35%。

五、意大利能源转型总体成效

（一）能源消费质量提升，能源消费规模下降

在岁月的长河中，每一个国家都在以自己的方式书写着变革的篇章。意大利，这个拥有悠久历史与灿烂文化的国度，在能源消费的舞台上，同样上演了一场革命。

在过去十几年，意大利不仅在经济上实现了稳步增长，更在能源消费领域取得

了令人瞩目的成就：能源消费质量显著提升，而一次能源消费量却出现了下降。

意大利在提高能源使用效率方面，已经取得了显著成效。从建筑设计到工业生产，从家用电器到交通出行，节能技术的广泛应用让每一度电、每一滴油都发挥了最大价值。走进一座现代化的意大利建筑，会发现其设计充满了对自然光的利用、对通风系统的巧妙构思以及对保温隔热材料的精心选择。在工业生产领域，自动化、智能化的生产设备不仅提高了生产效率，还大幅降低了能耗。此外，电动汽车的普及、公共交通系统的优化，无不在减少化石燃料的消耗，让每一次出行都成为一次对环境友好的承诺。

在2013年至2023年期间，意大利人均一次能源消费量由110.9吉焦降至101.0吉焦；与全球人均一次能源消费量的比率也发生了向好的变化，由149.66%下降至131.17%。

随着全球对气候变化问题的日益关注，以及欧洲"绿色协议"的推进，意大利开始了一场从依赖向自主的转变之旅。伴随着政府政策的引导、科技创新的推动及公众环保意识的觉醒，意大利一次能源消费规模也出现了下降的趋势。

在2013年至2023年期间，意大利一次能源消费量由6.69艾焦下降到5.95艾焦；在全球一次能源消费量中的占比由1.24%逐渐下降到0.96%。

（二）非化石能源消费占据主导地位，能源消费结构优化步伐明显加快

曾经，化石燃料主导着这个国家的能源消费结构；如今，非化石能源逐渐占据了主导地位，引领着意大利走向一个更加绿色、可持续发展的未来。

意大利能源消费结构在能源转型过程中展现出前所未有的活力与韧性，不仅是对气候、生态环境的温柔承诺，更是对后代负责的坚定步伐。

在2013年至2023年期间，意大利化石能源消费量由3.26艾焦下降到2.79艾焦；在一次能源消费中的占比由48.73%下降到46.89%。

在此期间，意大利非化石能源消费量由3.43艾焦下降到3.16艾焦；然而，在一次能源消费量中的占比却出现了明显的优化趋势，由51.27%提高到53.11%，预示着能源消费结构优化正在加速。

（三）可再生能源发电占比提升，电力结构持续优化和调整

在2013年至2023年期间，意大利发电量由289.8太瓦·时降至265.3太瓦·时；在全球发电量中的占比亦由1.23%降至0.89%。

意大利已经建立较为完善的电力工业体系，以天然气、煤炭、核能等多种能源为主，电力结构呈现出多元化、清洁化和可持续化的特点，形成了多元化供应体系，不仅确保了电力供应的稳定性和可靠性，而且还有效地降低了对外部能源的依赖风险。截至 2022 年底，意大利可再生能源发电装机容量已达到约 45 吉瓦，其中太阳能发电和风能发电分别占到总装机容量的 40% 和 30%。

意大利在智能电网技术方面处于领先地位，通过先进的传感技术和通信技术，智能电网能够实时监测电力需求、供应情况及设备的运行状态，支持远程控制和自动调节功能，使电力调度更加灵活高效。

在 2022 年至 2023 年期间，意大利化石能源发电量由 178.4 太瓦·时降至 148.1 太瓦·时；在全部发电量中的占比也由 62.82% 下降到 55.82%。

在 2022 年至 2023 年期间，意大利非化石能源发电量由 105.6 太瓦·时增加到 117.2 太瓦·时；在全部发电量中的占比也由 37.18% 提高到 44.18%，电力结构优化明显提速。

（四）温室气体排放明显下降，二氧化碳减排成效显著

在过去十几年，意大利通过持续的努力和有效的政策实施，实现了能源转型的显著成效，温室气体排放出现了明显下降，这不仅有助于缓解全球变暖，也为其他国家树立了榜样，激励更多国家加入到关乎人类社会和地球未来的应对气候变化行动之中。

在 2013 年至 2023 年期间，意大利温室气体二氧化碳排放当量由 3.55 亿吨降至 3.13 亿吨；在全球温室气体二氧化碳排放当量中的占比也由 0.95% 下降到 0.77%。

32 日本能源转型：
稳固能效优先地位，加快绿色低碳转型

> 气候温变若梦，能源岁月悲凉。转型之路不寻常，日本徐徐碳降。核电不愁量少，水能多亦无妨。风光生地尽争芳，远走中和路上。

日本，弹丸之地，资源匮乏，效率为先。日本政府心中凝聚着对绿色增长与能源低碳转型的宏大梦想，其目光聚焦于提升能源效率、发展可再生能源与氢能、技术创新、国际能源合作及能源安全，并制定了绿色增长与能源低碳转型战略及相关政策。

一、日本能源转型战略

在战略层面，日本政府以实现 2050 年碳中和为基本目标，努力巩固其世界能效领先地位，大力发展清洁能源，强化能源技术创新，优化国际能源合作布局，充分利用国内外能源资源，确保国家能源安全，加快能源转型步伐。

针对国际能源形势和国内优势，日本在能源转型战略层面确定了如下重点。

（一）节能提效优先战略

古人云：一粥一饭，当思来之不易；一丝一缕，恒念物力维艰。

日本具有勤俭传统和节约文化。作为能源消费大国，日本政府基于自身能源资源匮乏的现实，高度重视节能和提效，以深度节能为抓手，以控制能源消费需求为重点，不断提升能源利用效率，巩固和强化在全球能源效率领域的领先地位。

长久以来，日本政府不断优化节能和提效战略，对各行各业的节能和提效课题予以深度探索。科技如酒，日本与其他国家加强合作，国际交融的热情让科技之酒变得愈发醇厚，推动多元化节能提效技术不断集成和高度融合。

在先进能效标准领域，日本政府推出税收和财政补贴政策，如同彩虹下的轻风，吹动先进能效标准落地生根；技术人员犹如工匠，精心打磨，不断完善技术标准和设备标准。

在建筑节能领域，日本推动为公共建筑、家庭住宅及安装在建筑物中的节能设备、太阳能发电装置等制定严格的节能标准，让设备和装置如同夜空中的繁星，熠熠生辉。

在交通节能领域，日本不断完善交通工具燃料消耗标准，提高单位能耗的运行里程，减少交通运输行业的能源消耗。

节能意识如同春日的阳光，在日本各地无处不在，打破了产业界限，让节能政策、制度和标准如春风吹过麦田，延伸至国民经济各个部门。阳光普照的格局，让节能提效工作如春雨润物，深入社会的每一个角落。

日本注重节能提效的示范效应，如同照亮前路的明灯，鼓励和支持企业实现商业化节能，积极引导企业在国际市场上推广和普及节能技术，让世界感受到日本的智慧与决心。

根据 2020 年至 2030 年期间日本人口规模减少 0.6%、GDP 年均增长 1.7% 等假设条件，日本政府提出了如下战略目标：2030 年，计划将能源消费总量控制在 3.50 亿千升标准油，节能总量达到 6 200 万千升标准油；电力消费需求控制在 8 640 亿千瓦·时，比 2013 年实际电力消费需求减少 12.69%；总发电量达到 9 340 亿千瓦·时，比节能前计划发电量减少 21%。

（二）可再生能源发展战略

日本长期以独特的坚韧精神，追求能源多样化，尤其倚重可再生能源，以期提高能源供应的安全性。

2008 年，日本便有了前瞻之举，发布了《构建低碳社会行动计划》。这不仅是一项战略，也是一种决心，彰显了其对生态环境、未来低碳发展的强烈责任感。

2009 年，日本政府制定了《文部科学省关于构建低碳社会的研究开发战略》，在生态环保的大潮中明确了科研方向，坚定了前行之路。

2020 年 12 月，日本政府颁布了《2050 年碳中和绿色增长战略》。这是一份更为具体的计划，旨在大力发展可再生能源，稳步发展核能，推动能源结构调整和能源低碳绿色转型，稳步提升电气化率，稳步迈向"无碳社会"，到 2050 年实现碳中和。

2021年10月，日本政府出台了多项能源战略和政策性文件，包括《能源基本计划（修订版）》《2030年度能源供需展望》《巴黎协定下的长期战略》《日本国家自主目标贡献》《全球气候变暖对策计划》和《适应气候变化计划》等，这些文件不仅展示了日本对解决气候、生态环境问题的坚定决心，也体现了日本在应对全球气候变化问题上的积极态度和努力。

根据日本政府诸多战略和政策性文件，未来计划实现如下战略目标：

（1）以2013年为基准年，展望到2030年，立志实现46%的温室气体减排目标，将总体温室气体排放量控制在7.60亿吨，其中能源领域温室气体排放总量控制目标为6.77亿吨，相较于基准年排放量减少45%；电力领域温室气体排放总量控制目标为2.19亿吨，比基准年排放量减少62%；工业领域温室气体排放量比基准年减少38%；商业领域温室气体排放量比基准年减少51%；居民领域温室气体排放量比基准年减少66%；交通领域温室气体排放量比基准年减少35%。

（2）2030年，一次能源供应总量达到4.30亿千升标准油，非化石能源在一次能源结构中的占比达到59%，可再生能源占比达到36%～38%。

（3）2050年，可再生能源在一次能源消费结构中的比重达到50%～60%，实现碳中和目标。这是对未来的期望，也是对地球的承诺。这不仅是一个数字的变化，更是对气候、生态环境理念的坚定实践，是对人类未来生活的深刻思考和积极行动。

（三）氢能发展战略

在氢能领域，日本是世界上第一个"吃螃蟹"的国家。

1973年，在第一次全球能源危机爆发之后，日本便开始发展氢能产业，希望通过氢能发展来解决能源短缺问题，但是总体上进展不大。

2017年，日本政府发布了世界上首个将氢能发展纳入国家战略层面的《氢能基本战略》，主要目标是降低氢能价格，大力推广氢能应用场景，包括在交通、建筑、重工业和石油炼制等领域利用氢能，着力打造真正意义上的氢能社会。

在上述战略文件中，日本政府分析了面临的能源问题和氢能的优势，强调了日本领先于世界实现氢能社会目标的重大意义，部署了推进氢能发展的相关政策措施，制定了到2030年实现氢气年产量300万吨的目标。

2023年6月，日本政府慎重地颁布了修订后的《氢能基本战略》。这份战略体现出对稳定、价廉、低碳的氢能和氨供应链的渴望。

为了实现脱碳目标、经济增长和能源稳定供应，日本在未来15年内计划投资15万亿日元，推动氢能产业发展，拓展氢能应用的广阔天地。

在制氢技术领域，日本将对现有电解水制氢技术进行创新，同时开发和推广高温蒸汽电解水和阴离子交换膜电解水等新一代技术。这些技术引领日本能源走向更加高效、更加环保的未来。

在氢的储存和运输领域，日本计划在2030年前实现大规模、高效地运输氢气，大力研发高压储氢、液氢、甲基环己烷、氨、管道运氢、储氢合金等技术。因地制宜建立本地供应链，发展基于液氢、氨的海上船运供应链，实现海上大型液氢运输船的商业运营。

在氢能发电领域，日本倾力于大型氢、氨燃气轮机技术的研发，以此为重点，积极开展氢气发电的综合示范。

在氢燃料电池领域，日本关注燃料电池的多样化应用，致力于降低其成本，推动其快速商业化，同时扩大其在交通、发电和民用等领域的应用。具体主要有两项工作：一是聚焦大型技术应用，二是关注成本降低和商业化推广。

在氢燃料领域，日本努力将氢燃料渗透到钢铁、化工和船舶等领域。

在氢基化合物领域，日本不断扩大在氨燃料、合成甲烷、合成燃料和化学品等方面的应用。

日本政府明确了阶段性战略目标。

（1）2030年，氢气和氨气年供应量达到300万吨；氢能源乘用车将普及到80万辆左右，遍布城市街头；加氢站数量达到1 000座；家用燃料电池热电联产系统将得到广泛普及，达到300万台；燃料电池发电效率得到显著提升，由40%～55%提高到60%；氢气（包含氨）成本下降到30日元/标方❶（约1.5元人民币/标方）；如果以氢气当量计算，氨气供应成本下降到10日元/标方（约0.5元人民币/标方）；水力发电解氢产能得到显著提升，规模达到15吉瓦；氢—氨燃料发电比重逐步提高，达到1%，其中气电掺烧氢气率达到30%，煤电掺烧氨气率达到20%。

（2）2040年，氢气使用量达到1 200万吨，展示日本在能源转型道路上继续保持坚定步伐，氢氨燃料规模持续扩大，逐步改变整个能源系统的生态。

---

❶ 标方是指标准立方米。

（3）2050年，氢气年供应量达到2 000万吨，氨气年供应量达到3 000万吨；氢气（包含氨）成本下降到20日元/标方（约1.0元人民币/标方）；为氢和氨的生产设定全生命周期碳排放强度指标，低碳氢碳排放强度低于3.4千克二氧化碳/千克氢，低碳氨碳排放强度低于0.84千克二氧化碳/千克氨；氢—氨燃料发电的比重达到10%。

（四）技术创新战略

人之所以可贵，关键在于创造性思维。作为一个发达国家，日本在能源技术领域具有明显优势，在节能技术、太阳能技术、氢能技术和核能技术等领域处于全球领先水平。

在20世纪70年代，曾经爆发过多次石油危机，如同猛烈的暴雨，无情地冲击西方国家经济和社会发展。面对严峻挑战，日本政府毅然转身，重新审视能源战略和政策，将目光投向提高能源利用效率和发展石油替代能源等领域，并将其视为能源战略和政策的重中之重，重点发展节能技术、核能技术、可再生能源技术、氢能技术和燃料电池技术等。

1974年，日本政府制定了《新能源开发计划》，也就是常说的"阳光计划"，以推动太阳能和燃料电池技术的发展，并将其纳入国家战略。

1978年，日本政府推出了《节能技术开发计划》，这个计划也被称为"月光计划"，聚焦于节能技术的创新和普及。

1993年，日本政府将"阳光计划"和"月光计划"合并，制定了《能源和环境领域综合技术开发推进计划》，也就是"新阳光计划"，旨在推动能源转型，开发并利用新能源。

2016年，日本政府发布了《能源环境技术创新战略2050》。在该战略中，其强调多元化技术创新方向，包括节能、太阳能、核能、风能、氢能、水能和地热能等技术。在该战略文件中，日本政府强调要兼顾经济发展和全球气候变化，提出到2050年实现温室气体排放减半和构建新型能源体系的目标。

日本政府确定了阶段性的技术创新战略路径，在2030年以实现大规模降低温室气体排放为目标，重点推进节能、光伏、核电和储能等技术研发；到2050年以实现碳中和为目标，重点突破海上风电、氢—氨燃料、碳循环等颠覆性创新技术。

从未来技术创新趋势来看，日本政府强调多元化技术创新方向，重点包括节能、太阳能、核能、风能、氢能、水能和地热能等技术。

在核能领域，日本政府已经确定了首个核聚变能源开发战略，积极推进核聚变反应堆技术研发和试验，期望在2050年左右实现核聚变发电。

在太阳能领域，日本积极推动太阳能技术研发，致力于降低太阳能设备的研发和制造成本。同时，日本政府制定了一系列政策，包括设立太阳能发展基金、提供优惠贷款和税收减免等。

在风能领域，日本政府鼓励低风速地区研发与推广垂直轴风力发电机技术。这种技术在小尺寸风轮上也能较有效地利用风能，在难以安装大型风力发电机的地方，垂直轴风力发电机的独特优势更能发挥出来。

在可再生能源综合利用领域，日本重点发展新型电力系统，大力发展可再生能源发电，包括太阳能发电、风力发电、水力发电和地热发电等。

在电池领域，日本积极研发石墨化电子技术，将石墨化材料与氧化镁材料混合制成电极材料，改进电池内的电解液，制造高性能的新型电池。

在储能领域，日本引领创新潮流，不断推动研发各种储能设备。从电池储能、液态空气储能到超级电容器等各类技术，无所不包。积极探索将石墨化电子技术引入储能系统，以期打造国家级庞大的储能电池电站。这些电站在大规模停电的危急时刻，为电力供应提供坚实的保障。

日本政府积极推动储能技术国际合作，推动全球储能技术发展，鼓励企业走出国门，到海外投资建设电池生产工厂，这不仅有助于实现原材料的自给自足，还能降低电池制造成本，提高电池储能系统的性能。这是一个全面而长远的战略，不仅仅是日本的一场革命，更是对全球储能领域发展的一项承诺。

（五）能源安全战略

能源安全，关乎生死，攸关存亡。在能源资源方面，日本高度依赖国外进口，为确保经济发展，必须与能源资源国开展国际能源合作，强化国家能源安全战略。

日本政府与能源资源国构建了深厚且牢固的战略纽带。日本与能源资源国缔结合作协议，协助资源国振兴中小企业，共同开发可再生能源，推动技术、教育和医疗等领域的合作，深化各层次的经济技术交流；同时，积极扩大对外直接投资，让日本的智慧与力量在资源国的土地上展现。

在石油、天然气领域，日本高度依赖进口，在地缘政治日益复杂多变的背景下，为应对可能出现的油气短缺或断供风险，必须进一步加强国内供应体制；持续强化和完善石油储备体系，积极推动民营企业在大范围内建设天然气输送管网和液化天然气终端设施，充分利用枯竭油气藏建设地下储气设施，为能源安全提供有力保障。

在核能安全领域，日本高度重视安全问题，当发生相关水域安全问题、恐怖活动威胁、天灾及事故等紧急状况时，必须确保国内核燃料加工等燃料相关设备、发电设备、输配电网等延伸到消费者的供应链安全。

为了实现碳中和目标，日本能源安全保障的重要性不降反升，因为新能源产业蓬勃发展所需要的关键金属矿产资源变得越来越重要。尤其在可再生能源与蓄电池领域，以及与之紧密相连的半导体领域，稀有金属矿产资源，比如稀土、铜、锂、钴和镍等显得至关重要。在此背景下，日本政府制定了具有国际视野的金属矿产资源合作战略，以确保关键金属矿产资源的稳定供给，这不仅关乎能源安全，更关乎碳中和目标能否如期实现。

在新型脱碳燃料领域，日本也需要与资源国建立合作关系。新型脱碳燃料，一般是指利用碳捕集与封存（CCS）技术生产的碳中和燃料，比如氢燃料、氨燃料、生物燃料、合成甲烷和合成燃料等。

在氢能生产领域，日本虽然在蓝氢生产成本上具有明显的优势，但是蓝氢的生产原料（化石能源）主要依赖进口，也离不开国际能源合作，能源安全问题依然客观存在。

二、日本能源转型政策

能源政策，为民之所愿，惠民之所利。根据能源转型战略和实现碳中和的战略目标，日本制定了包括氢能、可再生能源、核能安全、碳捕集利用与封存（CCUS）技术、能源数字化转型、交通节能减排及国际能源合作等能源转型政策。

（一）高度重视氢能发展

在应对全球气候变化的背景下，日本将氢能视为未来可持续发展的重要方向。日本科学家正在夜以继日地研究氢能技术，期待通过科技创新和突破，为日本未来能源产业发展描绘出一幅壮美蓝图。

在科技领域，日本人严谨而务实，坚信技术创新的力量。他们相信，氢能将成为引领全球能源转型的重要力量。这种信念就像一颗种子在心中生根发芽，传播着绿色和低碳的生活方式，同时也体现了对地球的关爱与责任。

2021年3月，日本环境省和经济产业省联手出资770亿日元，为加氢站和氢燃料电池汽车等投资项目提供财政补贴。这不仅是对氢能产业的大力支持，更是对未来氢能产业发展的坚定信心和美好期待。

在氢能发电涡轮机、燃料电池汽车和氢还原冶金等技术领域，日本政府更是积极为企业提供各种优惠政策，包括对燃料电池生产企业提供最高达10%的法人税税收抵免或设备成本50%的特别折旧优惠。

（二）重点支持可再生能源发展

古人云：举网以纲，千目皆张。

在2018年至2021年期间，日本政府为数以万计的企业提供财税支持，对企业购置的水能、地热能和生物质能等可再生能源设备提供加速折旧税收优惠，优惠额可达设备购置价格的14%。

2020年12月，日本政府设立了2万亿日元绿色创新基金，在未来10年的时间里，在海上风能、太阳能和燃料氨等新能源投资领域支持产业发展。

在太阳能发电领域，日本政府制定了扶持技术开发的政策，吸引非能源产业参与，通过竞争降低零部件、材料的成本，推动太阳能发电产业集群的建设。

在燃料电池领域，日本将蓄电池确立为战略性产业，引导大力开拓和发展横向产业群，推动成本持续降低，不断提高产业经济性。

在风力发电和生物质能领域，由于受到很大的地域性限制，日本政府支持以当地自产自销为基础的地区经济，开拓与地域特点密切结合的新能源经济。

（三）高度重视核能安全

核能应该是文明的奇迹，而不应该是人类的灾难。核能安全是对人类智慧和技术能力的最终考验，只有真正掌握核能安全技术和控制手段，人类才能从中获得利益。

福岛核事故爆发之后，鉴于其惨痛的教训，日本政府深感责任重大，于是便以深思熟虑的姿态，采取了"慢步伐"的策略，逐步减少核电的使用，有步骤地关闭了部分核电站，并提出了实现"零核电"的目标。

日本政府被迫改用火力发电逐渐替代核电，同时大力发展可再生能源发电，以期在本国能源消费结构中让核能逐步淡出。这一过程循序渐进，反映出日本对核能安全的执着追求和对可持续发展的坚定信念。

2013年1月，日本核安全监管机构（NRA）郑重地揭开了核电政策新的一页，发布了旨在保护核电设施抵御自然灾害和恐怖袭击的安全法规草案。该法规草案规定，核电站必须在远离反应堆的地方配备后备控制室，以降低工作人员在紧急情况下受到辐射的风险；加固防护结构使其可承受恐怖袭击中喷气式客机的冲撞；安装能够滤除放射性气体的通风口，并制定紧急情况下核电站周边疏散区域的标准。

2022年8月，日本经济产业省出资1 281亿日元，精心打造了一个帮助核能技术创新补助基金，用于支持修复退役核电站周边环境和开发性能优良的新型核反应堆，以确保安全有序地发展核电产业。

在国际合作领域，日本政府倾力推广核能技术，助力新兴国家核能事业蓬勃发展。凭借精湛的核技术，巧妙地把握出口优势，为全球核能领域描绘出一幅宏伟蓝图。与中东国家携手合作，以核技术转让为纽带，期待换取长久的油气稳定供应。这不仅彰显了日本的核能技术实力，更展现了对全球能源安全的持续关注。

日本以其独特的核能技术优势，引领世界核能发展的新潮流。一连串的行动，展示了其在核能领域的决心和智慧，回应了世界关于核能安全的疑虑，也在不断地寻找核能发展新的可能性，以期在未来为人类社会带来更加安全和更加清洁的能源。

（四）注重碳捕集利用与封存（CCUS）技术研发和区域脱碳

2021年8月，在日本经济产业省的支持下，制定出625亿日元的财政预算方案，为碳捕集利用与封存（CCUS）、碳回收技术研发提供资金支持。在这笔财政预算资金中，186.5亿日元用于碳循环和下一代火力发电技术研发，85.8亿日元用于支持北海道苫小牧试验基地的碳捕集利用与封存（CCUS）技术研发示范项目，以加快实现技术的商业化应用。这不仅体现了对技术创新的坚定支持，也展现了对气候、生态环境保护的重视。

在区域脱碳领域，日本政府逐渐展现了它的智慧与决心，注重以点带面推进实现碳中和目标，在资金上支持脱碳技术创新，绘就区域脱碳的宏伟蓝图。

2018年4月，日本政府在第五个《环境基本计划》中，提出了一个全新的创新概念——"区域循环共生圈"。这是最大限度地利用可再生能源来促进脱碳循环经济发展的积极推动力的体现。

2021年3月，日本环境省出资80亿日元，用于"区域循环共生圈脱碳创新"

项目补贴，支持地方政府和企业实施脱碳创新。

2021年6月，日本又发布了《2050年区域脱碳路线图》，明确提出，在未来五年内将优先支持"脱碳先行区"项目，目标是在2030年之前创建至少100个实现温室气体净零排放的"脱碳先行区"。

（五）重视能源数字化转型

日本政府历来适应时代潮流，重视数字基础设施建设，积极引导企业利用数字技术在能源领域实现智慧减碳。

2016年1月，日本政府提出建设"超级智能社会"的宏伟蓝图：以数字技术为支撑，构建一个分布式能源系统。这是一个数字与现实交织的未来愿景。

在2016年至2020年期间，日本政府经济产业省制定了连续多年对虚拟电厂（VPP）建设示范项目成本补贴和虚拟电厂聚合器项目补贴政策，鼓励企业加大对数字电网、智能微电网和虚拟电厂项目的投资，为日本能源的数字化转型注入活力。

2021年3月，日本政府推出了一项新的政策，即《数字化转型投资促进税制》，对利用数字化技术进行业务转型的企业，允许其将购置成本的5%或3%进行法人税税收抵免，或者提取30%的特别折旧，以鼓励传统能源企业实现数字化转型，加速电力系统数字化转型并实现智慧减碳。

日本政府还为绿色数据中心建设提供补贴政策，补贴额度可高达整个建设投资额的50%，以推进建设新一代模块化绿色数据中心，到2030年使整个数据中心的能耗至少降低40%。

可以预见，超级智能社会在日本正在逐步成形，数字技术与能源系统的完美结合，将为日本带来前所未有的发展机遇。这是一场科技与数字技术的盛宴，也是一场面向未来的变革，一个更加美好的未来正在逐步变为现实。

（六）重视交通领域节能减排

绿色交通，节能减排；低碳社会，和谐共建。

在燃料能耗标准领域，日本政府不断更新和调整能耗标准，提高汽油辛烷值，降低交通工具燃料消耗率，减少温室气体排放和污染物排放。根据车辆安全性能和排气状况，制定乙醇等含氧化合物在燃料中的混用比例，精细调配，将乙醇等含氧化合物融入燃料。大幅降低混合动力汽车的燃料消耗率。

在生物燃料领域，日本提高生物质燃料供应能力，扶持相关产业发展，推动国内生产规模扩容,强化生物质乙醇燃料的规模效应,彰显技术提升。以木材等纤维素为原料,打造绿色能源,引领生物乙醇燃料走向新时代,照亮科技前行之路。

在治理环境污染领域,日本政府积极行动,描绘出一幅改造土壤污染、加油站地下储罐和管线等领域的蓝图,旨在降低环境污染风险,提升安全水平。

在新能源汽车领域,日本政府推广环保出行,拥抱新能源。共同努力,推动混合动力汽车、电动汽车和燃料电池汽车的发展,让绿色出行成为日常。在技术不断进步的推动下,电动车和氢燃料电池汽车的技术不断提升。同时,鼓励产学研联合技术创新,不断提高电池性能,降低电池成本,提高电池效率和耐久性。

(七)加强国际能源合作

在日本对外能源合作中,油气合作是重中之重。日本政府制定了"资源保障指导方针",以强化与油气资源国之间的全方位战略合作;致力于与中东和中亚的油气资源国建立或维护合作关系,通过双边对话或多边协议,建立能源信息共享机制;积极培育和加强具有国际竞争力的核心企业,鼓励企业走出国门,参与油气开发,并获得相应的权益;强化在国际液化天然气市场的领军地位,为资源国提供战略性技术支持,提升资源保障能力。

在能源技术合作领域,日本积极开展与能源消费大国之间的对话,与能源消费大国携手并进,共同描绘推进节能合作的蓝图,制定旨在推进节能合作的具体行动计划;以煤炭清洁利用技术和安全生产技术为重点,积极向煤炭消费大国推广相关技术;在亚太合作伙伴框架机制中,以先进技术为依托,推动能源利用效率的提升,促进节能技术在成员国之间的转让,鼓励太阳能发电、风力发电和生物质发电等技术方面的合作。

三、日本化石能源产业发展

长期以来,化石能源一直是推动日本工业化的强大力量。然而,作为一个岛国,日本化石能源资源十分匮乏,生产能力很小,市场需求主要依靠外部进口。

从化石能源消费结构来看,石油占据首位,其他依次为煤炭和天然气。

(一)石油产业发展

在19世纪末,日本的第一股石油从海底喷涌而出,点燃了工业革命的熊熊烈火。

从最初的依赖进口，到战后经济复兴时期的迫切需求，再到20世纪70年代"第一次石油危机"后的战略调整，日本石油产业经历了无数的风雨洗礼，见证了从"资源贫乏"到"技术革新"的华丽转身。

文化的融合，如同和风细雨，润物无声。基础石油产业与日本传统文化并非毫无交集，石油产业以其独特的姿态深深地融入日本人的日常生活之中。

日本石油技术的飞跃，如同樱花绽放般绚烂，炼油技术曾一度领先全球，从深度加工到轻质化技术，每一道工艺都蕴含着对效率与环保的极致追求。

然而，随着全球气候变化和新能源的崛起，日本石油产业曾经的辉煌不再，面临前所未有的挑战，也在努力寻找与可持续发展的和谐共存之道。

在2013年至2023年期间，日本石油消费量由9.19艾焦下降到6.65艾焦；在全球石油消费量中的占比由5.14%下降到3.39%。

（二）煤炭产业发展

自幕府时期起，日本煤炭便成为国家发展的基石。在九州、四国等地的深山中，矿井穿透地层，将黑暗中的能量带到人间。蒸汽机的轰鸣，伴随着矿井的灯火，照亮了日本工业化的道路。

20世纪后期，随着油气产业的兴起，煤炭的地位逐渐被动摇。进入21世纪，气候、生态环境意识的觉醒，更让曾经辉煌的煤都，如函馆和别府等地，逐渐面临转型的阵痛，煤炭产业不再辉煌，矿井逐渐关闭，留下历史的痕迹。

在2013年至2023年期间，日本煤炭消费量由5.07艾焦下降到4.54艾焦；在全球煤炭消费量中的占比亦由3.15%降至2.77%。

（三）天然气产业发展

20世纪末，日本开始了一场能源革命，从依赖煤炭转向更加清洁、高效的天然气，这不仅是一场技术飞跃，也是对气候、生态环境责任的深刻履行。天然气这一"蓝色能源"，以其较低的碳排放，成为日本能源转型的重要推手。

日本天然气产业的发展，不仅是能源发展和转型的故事，也是科技创新与自然和谐共处的典范。从深海钻探技术的突破，到高效燃气轮机的研发，日本企业以匠心独运的技术力量，不断拓宽天然气开采与利用的边界。同时，对天然气燃烧后产生的二氧化碳进行捕获与再利用，也展现了日本在应对气候变化和环境保护方面的坚定决心。

在日本文化中，自然与和谐的理念深入人心。天然气作为"清洁能源"，不仅促进了经济的可持续发展，也融入了民众的日常生活。从家庭烹饪到工业制造，天然气以其稳定、安全的特点，成为支撑经济和社会运转不可或缺的一部分。

在2013年至2023年期间，日本天然气消费量由4.45艾焦降至3.33艾焦；在全球天然气消费量中的占比也由3.67%降至2.31%。

四、日本非化石能源产业发展

在东瀛之地，有一种力量正悄然崛起，它来自天际的温柔阳光，也来自深海的神秘波澜，这便是非化石能源的光辉。

从非化石能源发电结构来看，太阳能占据首位，其他依次为核能、水能、风能和生物质能。

（一）太阳能产业发展

自20世纪70年代以来，日本便开始探索太阳能。那时，资源匮乏的岛国开始意识到：从地平线升起的金色光芒，或许能成为未来的能源之光。于是，太阳能板逐渐在屋顶、田野，甚至山间铺开，如同大地的耳朵，静静地聆听太阳的私语。

日本太阳能技术创新经历了从稚嫩到成熟的蜕变过程。科研人员夜以继日地钻研，使太阳能电池的光电转换效率不断提高。如今，日本不仅在单晶硅技术方面领先全球，而且在薄膜太阳能领域也取得了突破性进展。

时至今日，太阳能已经融入日本人日常生活的各个角落。家庭屋顶上的光伏板，不仅为日本人的日常生活带来了便利，也成为一种生活艺术。企业界也积极响应，越来越多的工厂和办公楼开始采用太阳能发电系统，实现了电力的自给自足。

在2013年至2023年期间，日本光伏发电装机容量发生了显著变化，由13 599兆瓦增加到87 068兆瓦；在全球光伏发电量中的占比由9.62%降至6.14%。

在此期间，日本光伏发电量也由12.9太瓦·时增加到97.0太瓦·时；在全球光伏发电量中的占比却由9.31%下降到5.91%。

（二）核能产业发展

自20世纪60年代以来，日本便踏上了核能之路，从最初的探索和尝试，到如今的繁荣和成熟，一路走来，充满了曲折与希望。

自福岛核电站启动以来，经过日本无数工程师和科学家日以继夜地研究和试验，不断地提升核能技术创新能力，推动核能产业日益发展，在短短几十年间便建立起一个庞大的核能工业体系。

2011年，福岛核事故发生，令全世界为之震惊，不仅是日本社会的灾难，也为全球核能产业敲响了警钟。在灾难面前，日本人展现了惊人的坚韧与团结，不仅重建了家园，更对核能产业进行了深刻反思和改革。全新的核安全标准和监管制度应运而生，为核能产业发展保驾护航。

虽然福岛核事故的阴影仍在，但日本对核能产业发展的热情并未减退，核能产业再次兴旺和崛起，提升了其在全球核能产业中的影响力。新的核电站、新的技术和新的理念不断涌现，核能仍然是日本能源转型和发展的重点领域。

在2013年至2023年期间，日本核能发电量由14.6太瓦·时快速增加到77.5太瓦·时，在全球核能发电量中的占比也由0.59%逐渐提升到2.83%。

（三）水能产业发展

在日本境内，地形多变，河流纵横，从北国的白雪皑皑到南岛的热带雨林，丰富的水资源为水能产业发展提供了良好条件。

日本水能产业发展是技术创新与环保理念的完美融合。从高效能的水轮发电机到智能控制系统，每一项技术革新都在减少对气候、生态环境的不利影响。开发与保护并举的策略，让水能开发与自然景观相得益彰，实现"在开发中保护，在保护中发展"的良性循环。

在2013年至2023年期间，日本水能发电量由79.3太瓦·时下降到74.5太瓦·时；在全球水能发电量中的占比亦由2.09%下降到1.76%。

（四）风能产业发展

自古以来，日本便是一个风能资源丰富的国家，独特的地理位置——四周环海，岛屿众多，使得这片土地成为风能产业发展的天然舞台。

日本风能产业快速发展，得益于卓越的技术创新。从高效的风力发电机到先进的储能技术，每一项突破都是对自然力量的智慧捕捉与利用。工程师用智慧与汗水，将风的能量转化为点亮万家灯火的电力，让每一个转动都成为对美好生活的期许。

在2013年至2023年期间，日本风能发电装机容量由2 646兆瓦增加到5 232兆瓦；在全球风能发电装机容量中的占比却呈现下滑趋势，由0.88%降至0.51%。

在此期间，日本风力发电量也经历了快速增长，由5.1太瓦·时增加到10.0太瓦·时；然而，在全球风力发电量中的占比出现了下滑，由 0.80% 降至 0.43%。

（五）生物质能产业发展

日本是一个被茂密森林覆盖的岛国，丰富的自然资源为生物质能产业的发展提供了得天独厚的条件。树木在四季更迭中静默生长，不仅是自然的守护者，也是未来能源的宝库。通过先进的转化技术，看似静态的林木被转化为清洁和可再生能源，为经济和社会发展提供动力，实现从"资源"到"灯火"的温柔转换。

技术创新是推动日本生物质能产业发展的不竭动力。科学家不断探索将农作物残余、木材加工废弃物和城市生活垃圾等转化为高效、清洁能源的技术途径。实验室里，一项项技术突破如同魔法般，将废弃物转化为宝贵资源。

在城市，生物质能产业的发展，不仅减少了对传统化石能源的依赖，也极大地缓解了气候、生态环境问题，降低温室气体和污染物的排放，让呼吸变得更加清新。在乡村，生物质能发电站与周围风景融为一体，带来光明与温暖，成了人们心灵的栖息地。

但是，日本生物质能产业发展规模仍然很小，在全球生物质能产业布局中的地位十分有限，尚未形成足够的影响力。

五、日本能源转型总体成效

经过多年的努力和实践，日本围绕能源效率、能源消费、能源结构、电力结构及降碳工作等能源领域的关键方面，展现出积极变化与发展态势，能源转型取得了明显成效。

（一）能源效率不断提升，能源消费缓慢下降

在过去十几年来，日本在能源转型过程中，始终将节约能源和提高能效放在重要位置，建立了一套完善的能效标准和认证体系，通过标准的引导作用推动企业不断提升能效水平，有效提升了能源利用效率和消费质量。

在 2013 年至 2023 年期间，日本人均一次能源消费量由 157.2 吉焦下降到 141.2 吉焦；与世界人均一次能源消费量的比率也由 212.15% 降至 183.38%。

与此同时，日本政府和企业通过推广节能技术和产品、优化能源结构等措施，有效地降低了能源消耗强度，一次能源消费规模也呈下降趋势。

在 2013 年至 2023 年期间，日本一次能源消费量由 20.07 艾焦降至 17.40 艾焦；

在全球一次能源消费量中的占比亦由 3.73% 降至 2.81%。

（二）非化石能源快速发展，能源消费结构优化提速

长久以来，日本依赖化石燃料，尤其是石油和煤炭，来满足其庞大的能源需求，这不仅对气候、生态环境造成巨大压力，也给国家经济安全带来隐患。

随着能源转型不断深入，新能源产业在日本得到前所未有的关注和支持，在非化石能源领域取得显著进展，非化石能源在能源消费中占据越来越重要的位置，特别是在太阳能和风能领域，其增长速度和规模均处于世界前列。此外，日本还积极推进地热能、生物质能等可再生能源的开发利用。

日本在光伏、风能和氢能等领域，涌现出一大批优秀的企业和产业集群，不仅推动了新能源技术的创新和成本的降低，也为经济增长注入了新的动力。新能源产业的快速、蓬勃发展，带动了日本相关产业链的发展和创新能力的提升，使日本在全球占据明显的优势地位。

在 2013 年至 2023 年期间，日本化石能源消费量由 18.71 艾焦降至 14.52 艾焦；在一次能源消费量中的占比也由 93.22% 下降到 83.45%。

在此期间，日本非化石能源消费量由 1.36 艾焦增加到 2.88 艾焦；在一次能源消费量中的占比由 6.78% 升至 16.55%，预示着非化石能源在日本能源格局中的地位越来越重要。

（三）非化石能源发电快速增长，电力结构持续调整

在 2013 年至 2023 年期间，日本发电量由 1 087.8 太瓦·时降至 1 013.3 太瓦·时；在全球发电量中的占比亦由 4.63% 降至 3.39%。

煤炭曾是日本的主导电力资源，带着工业革命的余温，为经济起飞铺就了坚实的基础。随着时代的变迁，煤炭发电逐渐淡出电力舞台的中央，取而代之的是清洁能源、高效的非化石能源，以及天然气发电。

可再生能源发电在日本电力结构中的地位日益提高，已经成为日本电力供应的重要组成部分。

在 2022 年至 2023 年期间，日本化石能源发电量由 719.6 太瓦·时下降到 658.6 太瓦·时；在全部发电量中的占比也由 69.15% 降至 65.00%，代表能源转型取得了显著成效。

在此期间，日本非化石能源发电量由 321.0 太瓦·时增加到 354.7 太瓦·时；在全部发电量中的占比也由 30.85% 提升到 35.00%。

此外，在过去十几年，随着能源转型的步伐日益加快，日本在储能技术的探索上取得了显著进展，而智能电网的建设亦在持续加速。

在 2013 年至 2023 年期间，日本电网规模电池储能系统容量由 0.1 吉瓦升至 0.6 吉瓦；在全球电网规模电池储能系统容量中的占比却由 25.00% 降至 1.08%，在全球储能规模中的地位出现了明显下降。

（四）降碳工作持续加强，碳排放量逐渐下降

自工业革命以来，日本作为一个经济高度发达的国家，现代化进程伴随着能源消耗的增加，从而导致了二氧化碳排放量的上升。城市中的钢铁与玻璃构建的摩天大楼，乡间稻田中轰鸣的农业机械，无一不是碳排放增加的见证。

然而，日本并未选择逃避，而是尝试与自然和谐共存，积极推进低碳技术研发和应用，采取了一系列措施降低温室气体排放。例如，在交通领域推广电动汽车、混合动力汽车和清洁能源汽车；在工业领域则通过采用先进的生产工艺和技术手段降低能源消耗和碳排放。

在 2013 年至 2023 年期间，日本温室气体二氧化碳排放当量由 13.29 亿吨降至 10.39 亿吨；在全球温室气体二氧化碳排放当量中的占比由 3.56% 降至 2.57%。

33 印度能源转型：
困苦中变奏旋律，艰难中砥砺前行

> 煤炭资源不短，石油蕴络无春。蓝金缺匮出无门，无奈古今命运。水电风潮起落，光伏许见春云。渐呈次陆风核陈，却欠丰丰润润。

在印度古老而充满活力的土地上，一场具有深刻影响的能源转型正在起步，不仅是一场能源系统的重塑，也是一次传统文化与现代思想的碰撞，既是对传统化石能源过度依赖的有意摆脱，也是对全球气候变化浪潮的无奈顺应。

一、印度能源转型战略

印度能源转型战略是一个全面而系统的规划，涵盖能源生产、消费、技术创新、政策支持等多个方面，其中"可再生能源优先"是核心战略。

具体而言，印度能源转型战略主要聚焦于多元化能源供应、提高能源利用效率、促进技术创新和推进产业升级等重点领域。

（一）多元化能源供应

印度政府致力于构建多元化的能源供应体系，降低对化石能源的依赖。预计到2030年，印度非化石能源在一次能源消费结构中的占比将达到40%。

在煤炭领域，推进煤炭清洁高效利用技术的研发和应用，提高煤炭清洁利用水平；在石油和天然气领域，加大勘探开发力度，提高国内油气产量。同时，印度积极引进国外天然气资源，以满足国内市场需求；在可再生能源领域，积极发展太阳能、风能和水能等。通过建设大型风电场和光伏电站等项目，增加清洁能源供应，推动能源结构优化调整。

（二）提高能源利用效率

提高能源利用效率是实现能源转型的重要途径之一。印度政府积极推动节能降耗工作。例如，推广节能型家电和照明产品，提高建筑物的节能性能和设计水平；加强工业生产过程中的能源管理，降低能源消耗和减少废弃物排放；鼓励企业采用先进的生产技术和设备，提高能源利用效率和经济效益；提高可再生能源利用效率，降低发电成本。

（三）促进技术创新

技术创新是推动能源转型的关键驱动力。印度政府高度重视可再生能源、智能电网和储能等领域的技术创新，鼓励企业和科研机构加大研发投入，攻克关键核心技术难题。例如，支持光伏发电、风力发电等可再生能源技术的研发和应用；推动智能电网技术的研发和应用，提高电力系统的稳定性和可靠性；研发储能技术和设备，解决可再生能源发电的间歇性和不稳定性问题。

（四）推动产业升级

印度政府积极推动相关产业升级。例如，促进太阳能光伏产业链的发展壮大，提高光伏产品的制造水平和市场竞争力；加强电动汽车及其配套设施的建设，推动新能源汽车的普及和应用；推动能源服务业创新发展，提供更加便捷、高效的能源服务。

二、印度能源转型政策

为实现能源转型战略目标，印度政府制定了完善政策体系、推动节能提效、促进技术创新、发展可再生能源、改进基础设施、深化市场化改革和加强国际合作等推进能源转型的政策和措施。

（一）持续完善能源政策体系

为实现能源转型战略目标，印度政府持续完善能源政策体系。政府出台相关政策和措施，明确能源转型的目标、路径和措施，引导和支持能源转型的各项工作。首先，制定清晰的能源转型目标，如减少化石燃料的消费比例、提高清洁能源供应能力等；其次，制定相应的税收优惠政策，如减免新能源企业的所得税、增值税等，降低企业的运营成本；最后，加强能源监管力度，确保能源战略的落实和执行。

(二)制定和完善节能提效政策

印度政府注重提高能源利用效率,努力降低单位 GDP 能耗。

加强对建筑、交通等领域的节能管理,推动了全社会节能意识的提高。例如,在建筑领域,积极推广节能建筑材料和绿色建筑设计理念,使得新建建筑的能耗水平显著提升。

加强节能减排工作,出台节能减排政策,明确了各行业的能耗标准和减排目标,加强监管和考核,确保节能减排政策得到有效执行。

推动产业升级,鼓励企业采用先进的生产工艺和技术设备,提高能源利用效率,加大对节能环保产业的支持力度,培育新的经济增长点。

推广节能技术和设备,加强能源管理,优化工业和建筑领域能源消费结构,降低能源消费强度。例如,在工业生产领域,通过引进先进的生产技术和设备,优化工艺流程,降低能源损耗,提高生产效率。

(三)推动能源技术创新

印度政府制定了一系列政策措施,推动能源技术创新。加大对能源科技创新的支持力度,重点突破高效节能技术、储能技术、智能电网技术等领域的瓶颈问题,提升在全球能源科技领域的竞争力和创新能力。例如,加大对可再生能源技术研发的支持力度,推动其向更高效率、更低成本的方向发展;鼓励企业采用先进的生产技术和设备,提高能源利用效率和经济效益;加强与国际先进企业和研究机构的合作与交流,引进先进技术和管理经验等;鼓励企业加大研发投入,推动能源技术进步。

具体而言,印度能源技术创新的重点领域包括:一是研发高效、清洁的能源技术,如高效太阳能电池和组件技术、大型风力发电机关键技术、新型储能技术和智能电网技术等;二是推广能源互联网、分布式能源等新型能源模式;三是加强与国际先进企业和研究机构的合作,共同开发能源技术。

(四)支持可再生能源发展

印度政府积极推动可再生能源发展,充分利用其丰富的太阳能、风能等资源,大力发展光伏、风电、水电等可再生能源产业。

通过制定优惠政策和提供财政补贴等方式,鼓励企业和社会资本参与可再生能源项目的建设和运营。例如,加大对可再生能源项目的财政补贴和税收优惠力度,简化可再生能源项目的审批流程，降低项目准入门槛，推动电网建设与可再生能源项目的协调发展等。

利用丰富的太阳能资源，大力发展光伏产业。通过提高光伏组件的转换效率和降低成本，使光伏发电更具经济性。同时，建设大规模的太阳能发电站，满足电力需求。例如，政府制定太阳能发电的上网电价政策，为太阳能项目提供稳定的收入来源。

印度风能资源丰富，特别是在西部和北部地区。政府鼓励企业投资建设风电场，并制定相应的优惠政策，推动风电产业的发展。例如，政府加大对风电项目的财政支持力度，推动风电产业的快速发展。

通过鼓励开发和利用各种生物质资源，如农作物秸秆、动植物废弃物等，成功地将生物质能转化为可再生能源，不断调整能源结构。

（五）积极改进和完善能源基础设施

近年来，印度在能源基础设施建设方面投入大量资金和资源，完善能源基础设施网络，积极改进和完善能源基础设施，以适应可再生能源大规模接入和分布式能源发展的需要。

在电网建设方面，不断加大对农村电网改造和升级的投入力度，以提高农村地区的供电可靠性和电能质量。积极推动智能电网建设，利用信息技术提升电网的智能化水平，提高电力输送能力，提高电力系统的稳定性、灵活性与可控性。

在储气设施建设方面，有关部门制定了储气设施建设规划，鼓励企业和地方政府建设地下储气库和商业储气设施，缓解天然气供需矛盾，提高天然气供应效率。

在能源互联网建设方面，通过互联网技术，实现能源实时监控、优化配置和高效利用，推动能源转型。

在电动汽车设施建设方面，积极推进电动汽车充电设施建设，为电动汽车的普及提供有力支持。

在改善农村能源设施方面，加大对农村电网改造和建设的投入力度，提高农村电力覆盖面和质量；推广小型风电、微型水电站等分布式能源项目，解决农村地区能源短缺问题；开展沼气、生物质能等可再生能源的推广应用，改善农村生态环境。

（六）深化能源市场化改革

印度政府持续推进能源市场化改革进程，打破垄断，放宽准入限制，优化市场结构；加强能源管理和服务体系建设，建立健全能源统计和监测体系，加强对能源供需形势的分析和预测能力；完善能源市场体系和价格形成机制，促进能源资源的优化配置。

（七）加强国际合作与交流

加强国际合作与交流，对于推动印度能源转型具有重要意义。

印度政府积极参与全球能源治理和国际合作，共同推动全球能源转型和可持续发展。例如，参与国际能源署等国际组织的能源政策制定和交流活动；加强与周边国家的能源合作和交流，推动区域能源互联互通和一体化发展；与国际金融机构合作，获得更多资金，支持能源转型项目的实施；与其他国家开展能源项目合作，共同开发清洁能源项目；加强与国际科研机构和企业之间的技术交流和人才培养等方面的合作。

三、印度化石能源产业发展

在浩瀚的南亚次大陆上，印度这个古老而又年轻的国度，在化石能源产业发展的征途中缓缓前行。印度化石能源产业是一部关于资源稀缺、过度依赖、发展平衡和面对能源转型挑战的发展史。

从化石能源消费结构来看，煤炭占据首位，其他依次为石油和天然气。

（一）煤炭产业发展

在印度腹地，在古老的森林与蜿蜒的河流之间，蕴藏着较丰富的煤炭资源，这为煤炭产业发展奠定了良好的物质基础。截至2020年底，印度探明煤炭储量为1 110.5亿吨，在全球探明煤炭储量中的占比为10.34%，彰显了其在全球煤炭资源分布格局中的重要地位。

然而，在印度煤炭产业发展的背后，既有对气候、生态环境意识的强烈呼唤，也有对未来能源转型的无奈考量，如何在经济和社会发展与碳排放控制之间找到平衡，已经成为如今必须面对的重大课题。

在过去十几年，印度无论是煤炭产量还是煤炭消费量，均出现了令人瞩目的增长，这不仅说明煤炭在其经济发展中的关键作用，也说明其能源转型十分滞后。

在2013年至2023年期间，印度煤炭产量由6.09亿吨增加到10.11亿吨；在全球煤炭产量中的占比也由7.37%升至11.11%，进一步巩固了煤炭的重要地位。

在此期间，印度煤炭消费量由 14.44 艾焦升至 21.98 艾焦，彰显了经济发展对煤炭的严重依赖；在全球煤炭消费量中的占比也由 8.97% 提升到 13.40%。

（二）石油产业发展

在历史上，古老而神秘的印度，以其丰富的文化遗产、绚烂的宗教艺术和悠久的历史传承，吸引了全世界的目光。然而，在这片孕育了无数传奇的土地上，却隐藏着一个不为人所广泛知晓的"秘密"：看似能源需求巨大的经济体，实际上却面临着石油资源匮乏的挑战。

面对陆上石油资源的有限性，印度将目光投向了广袤的海洋。近年来，印度加大了对海上石油勘探的力度，尤其是在孟加拉湾和阿拉伯海区域。但海洋石油勘探之路并非坦途，高昂的成本、复杂的技术挑战及环境保护的考量，让每一次深海探索都充满了未知与风险。尽管如此，印度仍坚定不移地希望能在蓝色国土中找到解决石油短缺问题的钥匙。

在 2010 年至 2020 年期间，印度探明石油储量由 58 亿桶下降到 45 亿桶；在全球探明石油储量中的占比亦由 0.35% 下降到 0.26%。

印度的石油资源稀缺，虽是一种挑战，却也成为推动社会进步的催化剂，使其更加积极地参与全球能源合作，寻求与其他国家的互利共赢。在"一带一路"倡议下，印度与多国展开了石油领域的深度合作，努力获得支撑其经济和社会发展的石油资源。

在 2013 年至 2023 年期间，印度石油产量由 0.42 亿吨下降到 0.33 亿吨；在全球石油产量中的占比亦由 1.02% 降至 0.72%。

在此期间，印度石油消费量由 7.44 艾焦增加到 10.57 艾焦；在全球石油消费量中的占比也由 4.16% 升至 5.38%。

（三）天然气产业发展

印度人口规模十分庞大，经济发展潜力巨大，对能源的需求如同干涸的土地渴望雨露。与之形成鲜明对比的是，印度的天然气资源并不丰富。这不仅是自然的馈赠所致，更是历史与地理的局限所致。清晨，当第一缕阳光洒在孟买的街道上，人们匆忙的脚步与车辆的喧嚣中似乎能感受到一种隐隐的焦虑。工厂、家庭和商业区，每一个角落都在渴求稳定的能源供应。而天然气，作为清洁、高效的能源，本应是缓解这一需求的良方，却常常因为供应不足而显得捉襟见肘。

在 2010 年至 2020 年期间，印度天然气探明储量由 1.1 万亿立方米增加到 1.3 万亿立方米；在全球探明天然气储量中的占比也由 0.61% 提升到 0.69%。

印度天然气生产主要集中于几个特定的地区，如古吉拉特邦的坎贝湾。但是，这些天然气资源远远不能满足全国经济和社会发展的需求。因此，印度不得不依赖进口来满足其庞大的天然气需求，这既增加了经济负担，也带来了供应链的不稳定性。

面对天然气资源供需矛盾，印度政府与企业正努力寻求解决方案，致力于寻找和开发新的气田，努力提高采收率，同时积极寻求国际合作，以期从海外获取更多的天然气资源。

在 2013 年至 2023 年期间，印度天然气产量由 311 亿立方米增加到 316 亿立方米；在全球天然气产量中的占比却由 0.92% 下降到 0.78%。

在此期间，印度天然气消费量由 1.12 艾焦增加到 1.14 艾焦；在全球天然气消费量中的占比却由 0.92% 降至 0.78%。

四、印度非化石能源产业发展

曾几何时，印度恒河之畔的灯火多依赖于煤炭与石油的燃烧。如今，印度在应对全球气候变化的浪潮中迈出了坚定而有力的步伐，非化石能源正逐渐成为能源系统中耀眼的新星，指引着未来能源转型之路。

从非化石能源发电结构来看，水能占据首要地位，其他依次为太阳能、风能、核能和生物质能。

（一）水能产业发展

印度境内河流纵横交错，水资源充沛，蕴藏着巨大的水力发电潜力。

印度充分利用自身的水能优势，大力发展水能产业，将水能发电作为国家电力供应的重要组成部分。通过建设水电站、梯级开发和引水式电站等手段，水电装机容量逐年提升，为经济发展提供稳定可靠的电力。在水电开发过程中，印度政府注重生态环境保护，努力实现人与自然和谐共生。

在 2013 年至 2023 年期间，印度水能发电量由 132.0 太瓦·时增加到 149.2 太瓦·时；在全球水能发电量中的占比亦由 3.48% 微升至 3.52%。

（二）太阳能产业发展

印度，特别是在德干高原等地区，拥有丰富的太阳能资源、独特的地理优势和气候条件，为太阳能光伏发电产业的发展提供了得天独厚的自然条件。

在太阳能光伏发电领域，印度已经成为全球最重要的市场之一。政府通过实施一系列激励政策和措施，有效地推动了太阳能光伏发电产业的发展，提高了国际市场竞争力；大力推广太阳能发电技术，鼓励企业和个人安装太阳能热水器和太阳能光伏板等装置，积极发展太阳能电池组件制造产业，提高太阳能产品的国产化率；通过引进先进技术和管理经验，太阳能产业逐渐走向成熟，为绿色低碳发展做出了积极贡献。

在 2013 年至 2023 年期间，印度光伏发电装机容量由 1 603 兆瓦增加到 73 109 兆瓦；在全球光伏发电装机容量中的占比也由 1.13% 升至 5.15%。

在此期间，印度光伏发电量由 3.4 太瓦·时增加到 113.4 太瓦·时；在全球光伏发电量中的占比也由 1.13% 升至 5.15%。

（三）风能产业发展

印度海岸线绵长，拥有丰富的海上风电资源。政府提供有力的政策支持，积极鼓励和引导国内外企业投资海上风电项目。随着海上风电技术的不断成熟和成本的逐渐降低，越来越多的企业和投资者开始涉足这一领域，不仅带来了大量的就业机会，而且促进了相关产业链的发展，如风能机械制造、设计、研发和服务业等。

在 2013 年至 2023 年期间，印度风能发电装机容量由 18 420 兆瓦增加到 44 736 兆瓦；在全球风能发电装机容量中的占比却由 6.14% 降至 4.40%。

在此期间，印度风力发电量由 30.0 太瓦·时增加到 82.1 太瓦·时；在全球风力发电量中的占比却由 4.72% 降至 3.53%，尽管其全球排名有所下降，但也见证了能源转型的稳健步伐。

（四）核能产业发展

回溯历史长河，印度曾以其无尽的智慧与哲学思想，照亮人类文明的天空。而今，在这片孕育着无数奇迹的土地上，核能正被赋予新的使命。

20 世纪 50 年代，印度核电站投入运营，此后核能便成为国家能源战略中不可或缺的一环，不仅象征科技进步，也展现了国家的雄心壮志。

然而，印度核能产业发展之路并非一帆风顺。面对技术瓶颈、资金短缺和国际政治环境的变化，印度展现出了韧性和创造力。印度不仅在本土挖掘核燃料资源，如铀矿勘探与开发，也在国际舞台上积极寻求合作，如与法国和俄罗斯等国签订了一系列合作协议，引进了先进技术和设备，构建起符合自身国情的核能产业链。

在 2013 年至 2023 年期间，印度核能发电量由 33.3 太瓦·时增加到 48.2 太瓦·时；在全球核能发电量中的占比也悄然发生改变，由 1.34% 升至 1.76%。

（五）生物质能产业发展

印度是一个农业大国，农业废弃物和生物质资源丰富，经过转化和利用，可以生产出十分可观的清洁且可持续的能源。为有效利用生物质资源，印度政府大力推广生物质发电和生物质燃料技术。如今，在印度许多农村地区，生物质发电厂和生物质燃料生产车间不断涌现，既提供了就业机会，也为能源转型做出了积极贡献。

在 2013 年至 2023 年期间，印度生物质燃料产量由 0.5 万桶石油当量 / 日一路攀升至 4.9 万桶石油当量 / 日，彰显了印度在可再生能源发展领域的努力；在全球生物质燃料产量中的占比也由 0.37% 升至 2.36%。

在此期间，印度对生物质燃料消费量由 0.6 万桶石油当量 / 日攀升到 5.5 万桶石油当量 / 日；在全球生物质燃料消费量中的占比由 0.45% 升至 2.59%。

五、印度能源转型总体成效

尽管印度能源转型处于起步阶段，但是经过多年努力和实践，也已经取得一定的成效。

（一）能源消费规模继续扩大，增长速度趋于平缓

在过去十几年，印度从能源消费的新兴力量逐渐成长为全球不可忽视的重要角色。这一变化不仅是对印度经济发展成就的见证，也是其在全球能源舞台上日益重要地位的体现。可以预见，随着经济的持续增长和能源需求的不断攀升，未来印度在全球能源市场中的角色无疑将更加引人注目，但是这也预示着印度能源转型的艰难。

在 2013 年至 2023 年期间，印度人均一次能源消费量由 20.0 吉焦增加到 27.3 吉焦，反映了经济发展的步伐和能源消费需求的提升；与全球人均一次能源消费量的比率也由 26.99% 提高至 35.45%，进一步彰显了印度在全球能源消费格局中的崛起。

在此期间，印度一次能源消费量由 25.84 艾焦增加到 39.02 艾焦；在全球一次能

源消费量中的占比也由4.81%稳步提升至6.30%，彰显了其在全球能源市场中的地位日益重要。

（二）非化石能源产业发展提速，能源消费结构逐步调整

在过去十几年，印度开始从依赖化石燃料向更加多元化、清洁化的能源体系转变，能源转型起步，并且坚定了未来长期能源转型的决心和信心。随着非化石能源产业的进一步发展，印度能源消费蓝图无疑将更加趋于绿色和可持续。

在2013年至2023年期间，印度化石能源消费量由23.00艾焦攀升至33.69艾焦；在一次能源消费中的占比却由89.01%降至86.38%，预示能源消费开始趋于多元化。

在此期间，印度非化石能源消费量由2.84艾焦增加到5.31艾焦；在一次能源消费量中的占比也由10.99%升至13.62%，预示着能源结构的逐步调整。

（三）化石能源发电占比不降反升，电力结构调整任重道远

在2013年至2023年期间，印度发电量由1 146.1太瓦·时增加到1 958.2太瓦·时；在全球发电量中的占比由4.88%升至6.54%。

近年来，印度在清洁能源发电领域取得了长足进步。

光伏发电产业迅速崛起，让印度成为世界上重要的太阳能电池板生产国之一。通过技术创新和产业升级，太阳能电池板生产成本不断降低，光伏发电得到广泛应用。同时，印度大力发展分布式光伏发电和光热发电项目，进一步推动太阳能的应用和普及。

通过引进国际先进技术和管理经验，印度在风电场的建设和运营方面积累了经验。许多风电场采用了先进的风力发电技术和高效的运维管理，提高了风电场的运行效率和经济效益。

水能资源开发利用得到印度政府的重视和支持，许多水电站得以建设并投入使用。

在2022年至2023年期间，印度化石能源发电量由1 403.1太瓦·时增加到1 526.7太瓦·时；在全部发电量中的占比也由76.70%提高到77.96%。

在此期间，印度非化石能源发电量由426.2太瓦·时增加到431.5太瓦·时；在全部发电量中的比重却由23.30%下降到22.04%，反映出在追求能源多元化的道路上，对传统与非传统能源的微妙平衡与深刻考量。

（四）温室气体排放规模继续增大，能源转型仍处于艰难阶段

在过去十多年，印度见证了碳排放轨迹和其在全球碳排放中地位的变化，总体而言，温室气体排放形势不容乐观，预示着印度处于能源转型的艰难起步阶段。

在 2013 年至 2023 年期间，印度温室气体二氧化碳排放当量由 20.91 亿吨增加到 31.22 亿吨；在全球温室气体二氧化碳排放当量中的占比也由 5.60% 提升到 7.72%。

34 巴西能源转型：
绿意盎然中寻觅能源，低碳旋律中实现转型

> 生物能源天赐，恋迷水电仙风。化石难续命数终，砥砺控温筑梦。风电悄然崛起，光伏渐展宏融。转型前路低碳空，去碳中和任重。

在南美洲大陆，巴西不仅以其丰富多彩的生物多样性和独特文化闻名于世，更在能源领域书写着一段段传奇。近年来，巴西在能源转型方面所展现出的决心与智慧，不仅为这片土地注入了新的活力，更为全球绿色发展提供了宝贵的借鉴。

一、巴西能源转型战略

作为南美洲最大的国家，巴西政府在能源转型战略层面上展现出坚定决心，在应对全球气候变化的大背景下，明确提出构建清洁、低碳、安全、高效的能源体系的战略目标。

具体而言，巴西政府确立了提高能源效率、加快可再生能源发展、促进能源清洁低碳发展和确保国家能源安全等战略重点。

（一）提高能源利用效率

巴西政府将提高能源利用效率作为能源转型战略的首要目标之一。通过加强能源管理、推广节能技术和产品、优化能源利用方式等措施，降低单位 GDP 能耗和居民生活用能水平，提高能源利用效率；积极引进和应用先进技术和管理经验，推动能源系统智能化和高效化发展；通过建设智能电网、智能储能等项目，提高能源系统的运行效率和管理水平；注重发挥市场机制的作用，通过竞争和激励措施，促进能源资源的优化配置和高效利用。

(二)加快可再生能源发展

巴西政府将可再生能源作为能源转型战略的核心目标之一,并制定了一系列政策措施,加快推进可再生能源产业发展。具体目标包括大幅提高可再生能源在一次能源消费中的比重,增加可再生能源的发电装机容量和发电量,推动可再生能源在交通、工业等领域的广泛应用。

(三)促进能源清洁低碳发展

能源清洁低碳发展是巴西能源转型战略的核心目标之一。巴西致力于减少化石能源的使用,降低温室气体排放,并积极推广清洁能源;鼓励使用太阳能、风能、水能等可再生能源,以提高能源结构的清洁度;大力发展电动汽车产业,推广新能源汽车的使用,以减少交通领域的碳排放;推广清洁能源技术,努力实现能源系统的清洁化和低碳化。

(四)确保国家能源安全

国家能源安全是能源转型的重要保障。在能源转型过程中,巴西始终将保障国家能源安全放在首位。加强对油气、煤炭等化石能源的开发和储备能力,以确保能源供应的稳定性和可靠性;注重多元化能源供应体系的构建,避免对单一能源的过度依赖,从而提高能源系统的抗风险能力。

二、巴西能源转型政策

为实现能源转型战略目标,巴西政府围绕能源领域发展的多个关键要素,制定了包括健全法律法规和政策体系、强化技术创新能力、健全和完善能源市场机制、推动电动汽车产业发展和鼓励公众参与能源转型等政策和措施。

(一)健全法律法规和政策体系

健全和完善法律法规和政策体系,是巴西政府构建坚实能源转型基石的关键一环。政府紧密结合能源转型的目标和需求,对法律法规和政策体系进行全面审视和完善。

巴西政府加强对能源市场的监管力度,维护公平竞争的市场环境;出台新的法律法规,如《可再生能源法》和《能源转型法》等,明确规定可再生能源的发展目标、政策支持等措施,为推动可再生能源的发展提供了有力支持;制定详细的能源战略规划,明确能源转型的目标和路径;建立专门的能源管理机构,负责统筹协调能源转型的各项工作，确保政策的有效实施。制定一系列税收优惠政策，如减免可再生能源企业的所得税、增值税等，以降低企业成本，提高市场竞争力；通过设立专项资金、提供财政补贴等方式，鼓励企业投资可再生能源项目，推动技术创新和产业升级；积极参与国际合作，吸引外资进入清洁能源领域，扩大资金来源和投资渠道。

（二）强化技术创新能力

巴西政府高度重视技术创新在能源转型中的应用与发展，通过加大研发投入、鼓励产学研合作等措施，积极推动清洁能源技术的研发和应用。在太阳能领域，致力于开发高效、低成本的太阳能电池和储能系统；在风能领域，积极引进风力发电机组制造技术，注重风电机组的设计优化和智能化水平提升，推动风电产业快速发展；在水电领域，不断引进和创新大型水电站的设计和施工技术，提高了水电站的运行效率和经济效益；制定严格的环境保护法规和标准，加强对能源项目的环保监管，确保在开发和运营过程中不会对环境造成严重破坏；积极推动能源与环境产业的协同发展，鼓励企业采用先进的环保技术和设备，减少能源生产和消费过程中的污染排放。

（三）健全和完善能源市场机制

巴西政府积极健全和完善能源市场机制，推动市场化运作，积极发挥市场机制的作用，通过市场化手段推动能源转型。逐步放开能源价格，让市场在资源配置中起决定性作用；建立完善的电力交易市场，通过市场化定价机制，引导发电企业增加清洁能源发电的比例；推行分布式能源和储能系统的建设，鼓励民间资本参与能源市场建设和运营；加强能源市场监管，维护市场秩序和公平竞争的环境；积极推动能源技术创新和人才培养，为能源转型提供有力的人才保障和技术支撑。

（四）推动电动汽车产业发展

面对全球范围内日益兴起的电动汽车热潮，巴西政府积极布局电动汽车产业的发展。通过出台相关政策，鼓励汽车制造商研发和生产电动汽车，建设完善的充电设施网络，为电动汽车的普及提供有力保障，这不仅有助于减少交通运输领域的碳排放，而且还能推动汽车产业向高端化和智能化方向发展。

（五）鼓励公众参与能源转型

巴西政府高度重视公众在能源转型中的参与作用。通过加强宣传教育、提高公众意识等措施，鼓励公众积极参与能源转型；定期举办能源转型展览和论坛等活动，向公众普及新能源知识和理念；设立能源转型举报热线和网站等平台，方便公众了解和反映能源转型中的问题和诉求，有效提高公众对能源转型的认知度和参与度。

三、巴西化石能源产业发展

巴西地理优势明显，地质构造复杂多样，断裂纵横交错，具备化石能源形成的有利条件。巴西化石能源产业的发展，不仅为经济和社会发展注入强劲动力，也在全球化石能源市场中占据比较重要的地位。

从化石能源消费结构来看，石油占据首位，其他依次为天然气和煤炭。

（一）石油产业发展

进入 20 世纪，随着石油技术的不断突破和汽车工业的飞速发展，石油逐渐成为世界范围内的主要能源之一。巴西作为南美洲的重要国家，也紧跟时代步伐，大力发展石油工业。

巴西石油资源主要分布在东南沿海地区，浅海大陆架的油气资源相对丰富。但总体而言，巴西石油资源并不丰富，在全球石油资源分布格局中的地位很低。

在 2010 年至 2020 年期间，巴西探明石油储量由 142 亿桶降至 119 亿桶；在全球探明石油储量中的占比也由 0.87% 降至 0.69%。

长期以来，巴西政府将石油产业作为国民经济支柱产业之一，持续加大石油勘探开发投资力度，并通过引进国外先进技术和加强国内外合作等措施，促进石油产业快速发展。

在 2013 年至 2023 年期间，巴西石油产量由 1.10 亿吨增加到 1.84 亿吨；在全球石油产量中的占比也由 2.67% 提升至 4.07%。

在此期间，巴西石油消费量由 5.30 艾焦下降到 5.11 艾焦；在全球石油消费量中的占比也由 2.96% 下降到 2.60%。

（二）天然气产业发展

巴西天然气资源主要分布在东北部地区，储量相对丰富，品质优良。然而，从全球天然气资源分布来看，巴西天然气资源比较匮乏，资源地位十分有限。

在 2010 年至 2020 年期间，巴西探明天然气储量由 0.4 万亿立方米下降到 0.3 万亿立方米；在全球探明天然气储量中的占比也由 0.22% 下降到 0.16%，基本保持稳定。

在过去十几年，巴西充分利用天然气资源优势，加大天然气勘探和开发投资力度，积极推动天然气产业发展；注重加强国际合作，通过签署合作协议等方式，引进国外先进技术和经验；积极向其他国家出口天然气及相关产品，为全球能源供应做出了积极贡献。

在2013年至2023年期间，巴西天然气产量由219亿立方米增加到234亿立方米；在全球天然气产量中的占比由0.65%下降到0.58%。

在此期间，巴西天然气消费量由1.38艾焦下降到1.08艾焦；在全球天然气消费量中的占比也由1.14%降至0.75%。

（三）煤炭产业发展

早在19世纪末期，随着工业化浪潮的持续推进，巴西煤炭产业便开始崭露头角。从煤炭资源来看，巴西在全球煤炭资源分布中不占重要地位。截至2020年末，巴西探明煤炭储量达65.96亿吨，在全球探明煤炭储量中的占比仅为0.61%。

长期以来，为满足不断增长的能源需求，巴西政府积极推动煤炭产业发展。一方面，加大煤炭资源勘探力度，探明煤炭储量；另一方面，引进先进采矿技术和设备，提高煤炭开采效率和安全性，逐年提高煤炭产量，使得巴西成为南美洲重要的煤炭生产国之一。

巴西政府注重提高煤炭清洁化利用水平，通过改进燃烧技术和推广节能设备等措施，降低煤炭燃烧过程中的污染物排放，减少对气候、生态环境的影响；积极研发和应用煤炭衍生品，如煤制油和煤制气等，提高煤炭利用附加值，为经济发展注入活力。

在2013年至2023年期间，巴西煤炭产量由950万吨下降到680万吨；在全球煤炭产量中的占比亦由0.12%下降到0.08%。

在此期间，巴西煤炭消费量由0.69艾焦下降到0.57艾焦；在全球煤炭消费量中的占比也由0.43%下降到0.35%。

四、巴西非化石能源产业发展

巴西被誉为"地球之肺"，非化石能源种类繁多，资源丰富，具有大力发展非化石能源产业的先天条件。在过去十多年，为应对全球气候变化和加速能源转型，巴西积极推进非化石能源产业发展,并且已经取得了明显的进展。

从非化石能源发电结构来看,水能占据首要地位,其他依次为风能、太阳能、核能和生物质能。

(一)水能产业发展

长期以来,水电是巴西最成熟、最具竞争力的能源,在全球水能舞台上占据重要地位。

在亚马逊河流域,水电资源十分丰富,巴西拥有众多大中小型水电站,其中包括世界上最大的水电站——伊泰普水电站,装机容量达到惊人的1 424万千瓦,不仅提供了源源不断的清洁电力,也成为全球一张亮丽的水电名片。

在过去几十年,巴西政府一直致力于加强水电资源的开发与利用,提高水电在能源结构中的比重,以满足国内日益增长的能源需求。水电作为巴西最重要的可再生能源之一,不仅在电力生产中占据重要地位,还有助于减少温室气体排放,为应对全球气候变化做出贡献。

在2013年至2023年期间,巴西水能发电量由391.0太瓦·时增加到428.7太瓦·时,彰显了水能发电大国的重要地位;在全球水能发电量中的占比却由10.32%降至10.11%,反映出全球水电格局的不断演变。

(二)风能产业发展

巴西位于赤道附近,因为地理环境和气候条件独特,成为风能资源丰富的宝地。

巴西风能资源主要集中在东南沿海地区,风力强劲且稳定。大西洋的凉爽海风穿越热带雨林和草原,不仅带来了湿润与生机,也携带了无限的能量。为充分利用风能资源,巴西政府制定了相关政策,吸引国内外企业投资风电项目。

时至今日,风电已经成为巴西非化石能源的重要组成部分,不仅减少了对化石能源的依赖,也减少了温室气体排放,为应对全球气候变化做出了积极贡献。

在2013年至2023年期间,巴西风能发电装机容量由2 202兆瓦增加到29 135兆瓦;在全球风力发电装机容量中的占比亦随之快速攀升,由0.73%提升到2.86%。

在此期间,巴西风力发电量由6.6太瓦·时增加到95.5太瓦·时;在全球风力发电量中的占比也由1.04%提升到4.11%。

(三)太阳能产业发展

巴西日照充足,紫外线辐射强,尤其是阳光充足的南部地区,太阳能资源相当丰富，为太阳能产业发展提供了得天独厚的条件。

在过去十几年，巴西政府推出了一系列政策措施，加大了对太阳能产业的投入，推动了光伏发电和光热发电技术的研发和应用，使太阳能在家庭和工业领域的应用越来越广泛，成为能源结构中不可或缺的一部分，为绿色、低碳和可持续发展注入了活力，为应对全球气候变化和能源转型做出了积极贡献。

在2013年至2023年期间，巴西光伏发电装机容量由12兆瓦增加到37 449兆瓦；在全球光伏发电装机容量中的占比也高速攀升，由几乎被忽略不计跃升至2.64%，地位不可小觑。

在此期间，巴西光伏发电量由忽略不计跃升到51.5太瓦·时；在全球光伏发电量中的占比也提升到3.14%。

（四）核能产业发展

在20世纪50年代，巴西基于丰富的铀矿资源和迫切的能源需求，开始了和平利用核能的伟大征程。经过数十年的不懈努力，巴西在核技术研发、核电站建设和核燃料循环利用等方面，均已取得了显著成就，逐渐跻身世界核能产业发展的前列。

在核燃料循环利用领域，巴西也取得了重要突破，已经拥有完整的核燃料循环体系，包括铀矿开采、矿石处理、浓缩、元件制造、后处理和废物处置等环节，实现了核燃料的高效利用和循环经济，降低了生态环境风险。

在2013年至2023年期间，巴西核能发电量由15.4太瓦·时下降到14.5太瓦·时；在全球核能发电量中的占比也由0.62%下降到0.53%。

（五）生物质能产业发展

巴西生物质能资源丰富，主要来源于农业废弃物、木材剩余物和动植物油脂等。通过生物质发电和生物燃料制备等技术，将生物质能转化为电力和燃料，为能源供应提供补充。生物质能产业的发展，不仅减少对化石燃料的依赖，也促进农村经济发展和农民增收。

在2013年至2023年期间，巴西生物质燃料产量由31.3万桶石油当量/日增加到45.5万桶石油当量/日；在全球生物质燃料产量中的占比由23.32%下降到21.95%。

在此期间，巴西生物质燃料消费量由27.8万桶石油当量/日增加到42.9万桶石油当量/日；在全球生物质燃料消费量中的占比由21.01%下降到20.20%。

五、巴西能源转型总体成效

经过多年努力,巴西在能源转型方面取得了明显成效。

(一)能源效率和质量具有全球优势,能源消费增速明显趋缓

在过去十几年,巴西以其卓越的全球能源效率与品质,展现了非凡的竞争力,而其能源消费增速则悄然放缓。这不仅是对自然资源的智慧管理,更是对可持续发展道路的坚定践行。

通过提高能源效率和推广节能技术,巴西能源效率提升效果显著。数据显示,在过去十年中,巴西单位GDP能耗降低了近20%,能源消费质量也有所提升。

在2013年至2023年期间,巴西人均一次能源消费量由62.0吉焦增加到64.1吉焦;与世界人均一次能源消费量的比率由83.67%下降到83.25%,表明能源消费质量出现了缓慢提升。

与此同时,巴西一次能源消费量继续增长,但同时也进入平稳增长期。

在2013年至2023年期间,巴西一次能源消费量由12.51艾焦增加到13.87艾焦;在全球一次能源消费量中的占比由2.33%下降到2.24%。

(二)非化石能源消费占比快速提升,能源消费结构优化明显提速

在过去十几年,巴西大力发展非化石能源,降低了对化石能源的依赖,能源消费结构持续优化。随着清洁能源的快速发展,巴西可再生能源比重逐年提高。据统计,巴西可再生能源在能源消费结构中的占比已经接近30%。

在2013年至2023年期间,巴西化石能源消费量由7.37艾焦下降到6.76艾焦;在一次能源消费量中的占比也由58.91%下降到48.74%,预示着能源转型明显提速。

在此期间,巴西非化石能源消费量由5.14艾焦升至7.11艾焦;在一次能源消费量中的占比也由41.09%提升到51.26%,预示非化石能源的市场地位明显提升。

(三)可再生能源发电量快速增长,电力结构优化效果十分明显

在2013年至2023年期间,巴西发电量由570.8太瓦·时增加到710.0太瓦·时;在全球发电量中的占比却由2.43%下降到2.37%。

在过去十几年,巴西经历了一场电力结构的优化过程,可再生能源发电以前所未有的速度崛起,展现了自然与科技的和谐共舞。

在2022年至2023年期间,巴西非化石能源发电量由610.8太瓦·时增加到

648.3 太瓦·时；在全部发电量中的占比也由 90.10% 提升到 91.31%。

在此期间，巴西化石能源发电量由 66.4 太瓦·时下降到 61.7 太瓦·时；在全部发电量中的占比也相应地由 9.90% 降至 8.69%。

（四）碳捕集利用与封存（CCUS）能力增强，温室气体排放规模稳步下降

在过去十几年，碳捕集利用与封存（CCUS）技术的研发与应用，逐步成为巴西降低温室气体排放的关键策略之一。从煤炭发电厂排放的二氧化碳被捕获后，经过净化处理，一部分被注入油田以提高采油效率，实现"变废为宝"；而另一部分则被安全地封存在地下深处，永久减少大气中的碳含量。

在 2013 年至 2023 年期间，巴西碳捕集利用与封存（CCUS）能力由 110 万吨/年跃升到 1 050 万吨/年；在全球碳捕集利用与封存（CCUS）能力中的占比由 4.18% 攀升到 19.09%。

此外，巴西政府致力于保护宝贵的森林资源，植树造林和再造林项目如火如荼，通过恢复和保护亚马逊雨林，不仅维护了生物多样性，也为降低温室气体排放做出了重要贡献。

在 2013 年至 2023 年期间，巴西温室气体二氧化碳排放当量由 5.45 亿吨下降到 5.25 亿吨；在全球温室气体二氧化碳排放当量中的占比也由 1.46% 下降到 1.30%。

35 南非能源转型：飞起于如梦如幻的黑色森林，落栖在诗情画意的绿色原野

> 钻石光芒趋少，黄金渐入迷途。化石能量命中疏，迫使转型寻路。逐渐力推风电，再有核电复苏。光伏电源位不孤，且有水能历目。

在非洲大陆的最南端，有一个古老而神秘的国家——南非，曾经以拥有黄金与钻石的传说而闻名于世。如今，南非这个非洲大陆的工业巨人，在面对气候变化、生态保护、环境和能源安全等多重挑战之际，正以一种坚定的姿态开启能源转型的步伐。

一、南非能源转型战略

面对全球能源转型的浪潮和国内的现实挑战，南非政府提出了"国家发展倡议"，旨在构建一个具有多元化和清洁化特征的新型能源体系，实现国家的可持续发展。

（一）能源供应多元化

多元化是南非能源转型战略的灵魂所在。单一能源供应存在诸多风险，难以满足多样化的能源需求。南非政府致力于推动多元化的能源供应体系，包括大力发展和利用清洁能源，如风能、太阳能和水能；通过加大投资力度、优化电力基础设施、提高能源利用效率等措施，逐步减少对化石燃料的依赖，提高清洁能源在能源消费中的比重，降低能源供应的不确定性和风险；积极寻求与其他国家合作，共同开发和利用能源资源，以实现互利共赢。

（二）能源消费清洁化

清洁化是南非能源转型战略的关键所在。清洁能源是保护生态环境、应对全球

气候变化的重要手段。南非政府注重提高能源效率，大力推广和应用清洁技术，如节能降耗技术和减排技术等，减少能源生产和使用过程中的碳排放和污染物排放，改善生态环境质量，提高生活水平。通过制定和实施严格的能效标准和法规，鼓励企业和消费者采用节能技术和产品，减少能源浪费。大力推广绿色建筑理念，利用节能材料和设计理念，降低建筑物的能耗水平。

二、南非能源转型政策

为实现能源转型战略目标，南非政府制定和实施了相关政策和措施，包括完善能源政策和法规体系、优化能源结构、强化能源技术创新、推进市场机制和商业模式创新、加强能源基础设施建设、引导和提升公众参与意识，以及加强国际能源合作等。

（一）完善能源政策和法规体系

为确保能源转型的顺利推进，南非政府不断完善能源政策和法规体系，包括制订科学合理的能源规划、建立清洁能源市场机制和加强能源监管等，出台一系列鼓励清洁能源发展的政策措施，如对可再生能源项目给予财政补贴和税收优惠，降低企业的投资成本；对节能减排项目给予财政奖励和税收优惠，以激发企业的创新活力；通过发行绿色债券等方式筹集资金，用于支持清洁能源产业的发展。

在新能源领域，南非政府出台了《可再生能源法》及其实施细则，明确了新能源发展目标、政策支持措施和市场机制等，为新能源产业发展提供了有力保障，吸引了大量国内外投资者的关注和参与。

在传统能源领域，南非政府采取更为严格的环保政策和税收征管措施。例如，提高环保标准、加强环境监测和执法力度等，以减少煤炭等化石燃料的开采和使用对环境造成的破坏；通过征收碳税等经济手段，提高高碳能源的活动成本，引导市场向低碳能源转型。

（二）优化能源结构

南非政府通过政策引导和市场机制，积极推动能源结构的优化调整。

减少对煤炭、石油等高碳能源的依赖，加大资金投入，支持可再生能源项目的建设和运营，促进可再生能源产业发展，提高可再生能源在能源消费结构中的比重，增加清洁能源比例；推动传统产业的节能减排和升级改造，降低能源消耗，减少环境污染；积极推动分布式能源系统的发展，让更多家庭和企业能够使用清洁能源。

（三）强化能源技术创新

在技术创新方面，南非政府重视清洁能源技术研发和创新能力的提升。加大对清洁能源技术研发的投入，鼓励企业、高校和科研机构开展联合攻关和产学研合作，提升清洁能源技术的研发和应用能力；注重人才培养和引进工作，通过设立奖学金、提供科研资助等方式吸引国内外优秀人才投身清洁能源事业；加强与国际清洁能源组织的合作与交流，推动先进技术和管理经验的传播和应用；积极推动新能源汽车、智能电网等新兴产业的发展，为能源转型提供有力支撑。

（四）推进市场机制和商业模式创新

为充分发挥市场在资源配置中的决定性作用，南非政府积极推动能源市场化改革，包括放宽市场准入限制、建立完善的市场监管机制等。建立完善的能源监管机构，负责对能源市场的监管和执法工作，通过制定和执行相关法律法规和政策措施，保障能源市场的公平竞争和有序运行。鼓励商业模式的创新，如分布式能源系统和能源互联网等，以提高能源利用效率和能源服务水平。

（五）加强能源基础设施建设

南非政府通过采用先进的燃烧技术和设备，降低煤炭、石油等传统能源燃烧的污染物排放量。例如，实施煤炭洗选和烟气脱硫脱硝等技术改造措施，减少煤炭消费过程中的二氧化硫和氮氧化物排放；推广使用低硫燃料油替代高硫燃料油等，以减少传统能源对环境的影响。针对电力基础设施老化和短缺的问题，南非加大投资力度，升级电网设施，提升电力输送能力，并加强储能设施建设，提高电网的稳定性和灵活性。

（六）引导和提升公众参与意识

南非政府在能源转型过程中特别注重保障社会公平和包容性。政府通过实施特殊的能源补贴政策和发展计划，确保低收入群体和偏远地区的居民能够获得安全、可靠和可负担的能源服务，提高人民的生活水平，维护社会和谐稳定；积极推动能源教育和公众意识的提高，让更多人了解能源转型的重要性并参与到相关行动中来。

（七）加强国际能源合作

南非政府积极参与全球能源治理，与其他发展中国家开展能源技术交流与合作，分享经验和资源；参加国际能源组织和会议，加强与各国在能源政策、技术和管理方面的交流与合作；引进国外先进技术和管理经验，推动国内能源产业的升级和转型，提升国内清洁能源产业的技术水平和竞争力。

三、南非化石能源产业发展

南非以丰富的自然资源而闻名于世。在众多资源中，煤炭资源相对丰富，而石油和天然气资源则比较匮乏。南非化石能源产业的发展可以追溯到19世纪中叶，主要依赖煤炭作为主体能源，石油和天然气产业一直没能形成气候。随着时间的推移，南非化石能源产业逐渐发展壮大，为经济发展和社会繁荣提供了有力支撑。

从化石能源消费结构来看，煤炭占比处于首位，其他依次为石油和天然气。

（一）煤炭产业发展

南非煤炭资源相对丰富，分布比较广泛，且具有低灰、低硫和高发热量等特点，因此被广泛应用于电力、钢铁和化工等行业，成为经济和社会发展的重要支柱。

截至2020年底，南非探明煤炭储量为98.93亿吨，在全球探明煤炭储量中的占比为0.92%，总体上其全球地位也比较有限，其位置并不十分突出。

南非是世界上最大的煤炭生产国之一，煤炭产量位居世界前列。

在2013年至2023年期间，南非煤炭产量由2.56亿吨下降到2.29亿吨；在全球煤炭产量中的占比亦由3.10%降至2.51%。

在此期间，南非煤炭消费量由3.70艾焦下降到3.33艾焦；在全球煤炭消费量中的占比也由2.30%降至2.03%。

（二）石油产业发展

南非石油资源，如同古老的秘密，沉睡在时间的河流中。在资源贫瘠的土地上，石油产量也显得尤为微薄，在全球石油的汪洋大海中难以激起波澜。

在2013年至2023年期间，南非石油消费量由1.15艾焦下降到1.09艾焦；在全球石油消费量中的占比也由0.64%降至0.55%。

（三）天然气产业发展

南非天然气储量并不具备优势，其全球地位之有限，如同沧海一粟，实在是微不足道。

在2013年至2023年期间，南非天然气消费量由0.15艾焦增加到0.17艾焦；在全球天然气消费中的占比基本维持在0.12%，全球消费市场地位十分微小。

四、南非非化石能源产业发展

南非被誉为"彩虹之国",不仅自然资源丰富多样,而且以其独特的地理位置和地缘政治优势,在全球能源格局中占据着举足轻重的地位。在过去几十年里,南非政府和企业积极投身于可再生能源的开发和利用,不断推动能源结构优化升级。

从非化石能源发电结构来看,风能占据首位,其他依次为核能、太阳能、水能和生物质能。

(一)风能产业发展

南非风能资源十分丰富,沿海地区和内陆高原上不少地方都具备良好的风力发电条件。南非政府通过招标等方式吸引国内外企业投资风力发电项目,这不仅带动了风电产业的发展,也创造了大量就业机会。随着风力发电技术的不断进步和成本的降低,越来越多的南非民众开始享受到风能带来的便利和清洁能源。

在 2013 年至 2023 年期间,南非风能发电装机容量由 257 兆瓦升至 3 442 兆瓦;在全球风能发电装机容量中的占比却由 1.15% 下降到 0.34%。

在此期间,南非风力发电量从无到有,增加到 11.6 太瓦·时;在全球风力发电量中的占比也由忽略不计提升到 0.50%,成为不容忽视的一股绿色力量。

(二)核能产业发展

南非核能产业发展之路,始于 20 世纪 50 年代。随着全球和平利用原子能时代的开启,南非便开始梦想构建一个不依赖化石燃料的未来,科学家和技术人员开始在简陋的实验室中,用对未知的渴望编织着核能发展的梦想蓝图。

在 2013 年至 2023 年期间,南非核能发电量由 14.1 太瓦·时下降到 8.9 太瓦·时;在全球核能发电量中的占比亦由 0.57% 降至 0.33%。

(三)太阳能产业发展

南非拥有得天独厚的太阳能资源,日照充足,辐射强度高,为太阳能产业的发展提供了良好的自然条件。近年来,南非政府大力推广太阳能发电技术,出台了一系列政策措施予以支持。光伏发电技术日益成熟,光伏发电装机容量也不断增大。

从城市和乡村到偏远山区和沙漠地带,太阳能热水器、太阳能路灯和太阳能电站等设施,为南非经济发展和民生改善注入了新的活力。

在 2013 年至 2023 年期间,南非光伏发电装机容量由 262 兆瓦一路飙升到 6 164

兆瓦；在全球光伏发电装机容量中的占比亦由 0.19% 升至 0.43%。

在此期间，南非风能发电量由 0.2 太瓦·时飙升到 6.4 太瓦·时；在全球光伏发电量中的占比亦由 0.14% 提升到 0.39%。

（四）水能产业发展

南非水力资源相当可观，瀑布、河流和水库等资源为水力发电产业的发展提供了有利条件。南非政府注重开发水电资源，建设了一批大型水电站和抽水蓄能电站，不仅提供了稳定可靠的电力供应，也有助于调节电网的频率和电压。同时，小型水电站的建设和改造也极大地改善了农村地区的用电状况。

在 2013 年至 2023 年期间，南非水力发电量实现从 1.1 太瓦·时到 1.7 太瓦·时的增长；在全球水能发电量中的占比也由 0.03% 提升到 0.04%。

（五）生物质能产业发展

南非生物质资源丰富多样，包括农作物废弃物、畜禽粪便和林业剩余物等。废弃物的有效利用，不仅能缓解能源供应压力，还能减少温室气体排放、生态破坏和环境污染。

南非政府鼓励企业采用先进技术和设备进行生物质能转化和利用，如生物质燃料、生物柴油和沼气发电等，这不仅丰富了能源结构，也为农村地区提供了就业机会。

然而，南非生物质能源产业发展仍然处于起步阶段，生物质燃料产量和消费量规模较小，在全球生物质能源市场中的地位较低。

五、南非能源转型总体成效

在过去十几年，南非积极发展清洁能源，提高清洁能源在能源消费结构中的比重，加强清洁能源技术研发，在能源转型领域取得了一定的进展和成效。

（一）能源消费质量有所提升，能源消费规模缓慢下降

在过去十几年，南非能源消费模式经历了翻天覆地的变化，随着经济的快速增长和收入水平的提高，南非人开始追求更高品质的生活，在生态环境保护和可持续发展方面取得了令人瞩目的成就，能源消费质量也有所提升。

在 2013 年至 2023 年期间，南非人均一次能源消费量由 95.6 吉焦下降到 80.3 吉焦；与世界人均一次能源消费量的比率也由 129.01% 下降到 104.29%。

此外，南非政府大力推行节能减排政策，推动众多科研机构和企业积极投入研发，致力于开发新型高效能的设备和系统，鼓励企业和个人采用先进节能设备和技术，以提高能源利用效率；积极推动智能技术研发和应用，提升能源管理水平，通过智能电表、智能电网和智能控制系统等，实现对能源使用的精准控制和优化调度；提升公民的气候、生态环境意识，鼓励人们积极参与各种节能环保活动。

南非以行动证明，发展之路并非只能由能源消耗与经济增长勾勒，亦可在气候、生态环境保护与自然和谐共处中展开。伴随着能源效率的提升，南非能源消费规模呈现缓慢下降的趋势，预示着能源转型步伐提速。

在2013年至2023年期间，南非一次能源消费量由5.15艾焦下降到4.85艾焦；在全球一次能源消费量中的占比也由0.96%下降到0.78%。

（二）化石能源消费占比有所下降，能源消费结构缓慢调整

随着清洁能源产业的兴起和传统能源利用效率的提升，南非能源消费结构正在发生深刻的变化，清洁能源在能源消费中的比重逐渐上升，成为拉动能源消费增长的重要力量。传统能源消费比重逐渐下降，能源消费结构趋于绿色、低碳和可持续。

在2013年至2023年期间，南非化石能源消费量由5.00艾焦下降到4.59艾焦；在一次能源消费量中的占比亦由97.08%下降至94.64%。

在此期间，南非非化石能源消费量由0.15艾焦增加到0.26艾焦；在一次能源消费量中的占比也由2.92%提升到5.36%。

（三）非化石能源发电占比逐渐提升，电力结构缓慢调整

在2013年至2023年期间，南非发电量由256.1太瓦·时下降到224.4太瓦·时；在全球发电量中的占比也由1.09%下降到0.75%。

在过去十几年，南非政府通过制订清洁能源发展计划和政策措施，大力推动太阳能、风能和水能等清洁能源发展，清洁能源发电装机容量大幅度增加。当然，对于南非来说，非化石能源发电的崛起并非一蹴而就，需要时间和耐心，更需要努力。

在南非广袤的土地上，一场电力结构优化正在上演，化石能源发电占比正逐渐下降，而非化石能源发电占比正逐渐提升。

在2022年至2023年期间，南非化石能源发电量由200.8太瓦·时下降到190.7太瓦·时；在全部总发电量中的比重由85.52%下降到84.98%。

在此期间，南非非化石能源发电量由34.00太瓦·时下降到33.7太瓦·时；在全部发电量中的占比却由 14.48% 提升到 15.02%。

南非在储能科技领域也迈出了坚实的步伐。2023 年，南非电网规模电池储能系统容量已攀升至 0.3 吉瓦，在全球电网规模电池储能系统容量中的占比达到 0.54%，反映出储能事业取得了显著成就。

（四）节能减排取得成效，温室气体排放缓慢下降

曾经，南非工业发展与世界的脉动同频共振，但随之而来的是温室气体排放量的急剧上升。近年来，南非采取了一系列节能减排措施，并逐渐取得了较好的成效。

在 2013 年至 2023 年期间，南非温室气体二氧化碳排放当量由 5.01 亿吨下降到 4.78 亿吨；在全球温室气体二氧化碳排放当量中的占比也由 1.34% 下降到 1.18%，记录着温室气体排放下降的足迹。

36 俄罗斯能源转型：
化石能源的苍茫大地，清洁能源的浩瀚天空

> 尽染蓝金飞影，油煤形影难断。碳排增生天穹连，怎奈转型缓慢。核电久兴旺景，徐徐水电河川。风车飞舞渐连年，光电默默可见。

俄罗斯能源产业发展承载着国家的历史。长期以来，石油和天然气为俄罗斯带来了庞大的财富，但同时也将该国深锁于高碳经济的囹圄之中。如今，全球能源格局正在经历前所未有的变革，俄罗斯也需要踏上能源转型之路。

一、俄罗斯能源转型战略

俄罗斯已经步入能源转型的初级阶段，虽然有内部因素的推动，但更重要的是外部因素的驱动。对于俄罗斯而言，能源转型既是挑战，也是机遇，更是无奈。总体而言，俄罗斯能源转型刚刚起步，整体战略设计也处于初级阶段。

不过，从战略层面上看，俄罗斯能源转型目标已经初步明确，旨在构建一个具有清洁、低碳、绿色、高效和可持续发展等特征的新型能源体系。具体而言，俄罗斯能源转型战略包括节能提效、优化结构、能源安全、国际合作和可持续发展等。

（一）节能提效战略

节能提效是俄罗斯能源转型的核心目标之一。

俄罗斯通过实施节能标准和法规、推广节能技术和产品等措施，引导企业和居民提高能源利用效率；建立完善的节能监测和管理体系，对能源消费情况进行实时监控和分析；通过分析和对比能耗数据，及时发现和解决能源利用中的问题，不断提高能源利用效率；通过改进技术、优化能源结构和管理手段，降低生产成本，提高经济效益，实现能源消费与经济增长的协调发展。

（二）优化结构战略

俄罗斯通过增加国内能源生产能力、加强国际合作及拓展能源出口市场等多种方式，降低对单一能源的依赖，实现能源供应多元化，优化能源结构；借助丰富的水能、风能等自然条件，大力发展水电和风电等清洁能源产业，应对气候变化，保护生态环境，提升国家形象和国际竞争力；制定一系列优惠政策和激励措施，包括简化可再生能源项目的审批流程、提供财政补贴和税收优惠等，促进可再生能源的开发和利用，建设一批规模庞大的可再生能源项目，降低企业投资成本和市场风险；加强氢能和核能等前沿能源技术的研发，抢占全球能源技术创新领域的制高点。

（三）能源安全战略

保障国家能源安全是俄罗斯能源转型的根本任务。通过多元化能源开发、建立战略储备体系和加强能源基础设施建设等手段，增强国内能源生产能力，推进能源出口多元化，确保国内能源供应的稳定性和安全性。

（四）国际合作战略

只有加强国际合作，才能共同推动能源转型。俄罗斯积极参与国际能源合作与交流，与各国共同探讨能源转型的最佳路径和技术解决方案；加强与中亚、欧洲等地区的能源互联互通，打造开放、包容的能源合作体系，推动全球能源治理体系的完善，共同应对能源转型过程中的挑战和问题；不断吸收和借鉴国际先进经验和技术成果，推动能源科技的快速发展和应用。

（五）可持续发展战略

可持续发展是俄罗斯推动能源转型战略的最终目标。通过能源转型，不仅能够满足当前经济和社会发展的需求，还能够为子孙后代留下蓝天碧水、绿树成荫的美好家园；推动新能源产业发展，创造更多就业机会和经济效益，促进可持续发展。

二、俄罗斯能源转型政策

为实现能源转型战略目标，俄罗斯政府聚焦于能源发展过程中的立法保障、财政支持、技术创新、完善市场机制和引导公众参与等关键要素，初步制定了相关政策和措施。

（一）立法保障

俄罗斯政府不断完善法律法规体系，为能源转型提供有力的法律保障和政策支持。

制定和实施《能源战略》和《可再生能源法》等法律法规，明确能源转型的目标、任务、路径和责任分工等，为制定和实施相关政策提供法律依据；俄罗斯制定和实施《俄罗斯能源战略》，明确到 2035 年实现能源结构的根本性转变，可再生能源将占一次能源消费比重的 25% 以上。

（二）财政支持

俄罗斯政府设立专项资金，用于支持能源转型相关的重大基础设施项目和技术研发，主要用于支持清洁能源项目、能源技术创新和人才培养等方面，不仅直接推动能源产业发展，而且吸引更多的社会资本进入相关领域；针对可再生能源、节能环保等领域的企业和项目，政府通过税收优惠、价格补贴等手段，鼓励企业和社会资本参与能源转型，降低可再生能源项目的投资成本和运营成本，提高企业的经济性和市场竞争力。

（三）技术创新

俄罗斯政府重视能源技术创新在能源转型中的重要作用，通过加大研发投入、加强国际合作和引进先进技术等方式，不断提升清洁能源、能源储存和智能电网等技术水平；加大对科研机构、高校和企业技术创新的支持力度，推动新能源技术的突破和应用；通过设立科技创新基金和建设创新平台等方式，提升能源科技水平；积极开展国际合作，引进国外先进技术和管理经验，提高国内新能源技术水平，推动能源产业升级换代。

（四）完善市场机制

俄罗斯政府积极完善能源市场机制，推动能源市场化运作，鼓励民间资本参与能源基础设施建设和运营，提高能源市场的活力和竞争力；打破垄断，推动电力市场化发展，提高电力供应的可靠性和稳定性，降低电力成本，促进可再生能源发电产业的发展；通过建立完善的电力市场和天然气市场等能源交易平台，促进能源资源的优化配置和高效利用；积极推进电力市场化改革，建立完善的电力价格形成机制，促进新能源的发展和应用；加强电网建设和改造，提高电网的输电能力和智能化水平，为可再生能源发电的大规模接入和消纳提供有力支持。

（五）引导公众参与

俄罗斯政府注重发挥公众在能源转型中的积极作用，引导公众理解并参与能源转型;通过媒体宣传、举办讲座等方式普及能源知识和转型理念;通过加强宣传和教育,提高公众的环保意识和节能意识;鼓励公众使用节能家电,参与垃圾分类等,增进公众对政府的信任和支持;鼓励公众参与能源决策过程,让公众的社会需求得到更好满足。

三、俄罗斯化石能源产业发展

从远古的泥盆纪到现今的工业化时代,俄罗斯化石能源产业经历了漫长而复杂的演变过程,不仅塑造了国家工业体系,也深刻地影响了全球能源格局。俄罗斯凭借丰富的化石能源资源,已经建立了庞大而完善的化石能源体系。

从俄罗斯化石能源消费结构来看,天然气占据首位,其他依次为石油和煤炭。

(一)天然气产业发展

天然气在俄罗斯能源结构中占据举足轻重的地位。

俄罗斯天然气储量十分丰富,在 2010 年至 2020 年期间,俄罗斯探明天然气储量由 34.1 万亿立方米增加到 37.4 万亿立方米;在全球探明天然气储量中的占比也由 18.95% 升至 19.88%。

在过去十几年,俄罗斯通过不断的技术创新和国际合作,建立了完善的天然气工业体系,天然气产量和出口量均居世界前列;通过不断完善天然气管网和配套设施建设,形成了覆盖全国的天然气供应网络,并且积极开拓国际市场,与欧洲和亚洲等地区开展广泛的合作。

在 2013 年至 2023 年期间,俄罗斯天然气产量由 6 145 亿立方米下降到 5 864 亿立方米;在全球天然气产量中的占比也由 18.26% 降至 14.45%。

在此期间,俄罗斯天然气消费量由 15.30 艾焦增加到 16.32 艾焦;在全球天然气消费量中的占比却由 12.60% 降至 11.31%。

(二)石油产业发展

俄罗斯不断加大石油勘探和开发力度,探明石油储量规模持续增加,在全球石油资源分布中逐渐占据重要战略地位。

在 2010 年至 2020 年期间,俄罗斯探明石油储量由 1 058 亿桶增加到 1 078 亿桶;在全球探明石油储量中的占比由 6.46% 下降到 6.22%,但全球地位依然稳固。

俄罗斯通过不断推进技术创新,积极鼓励石油企业扩大生产和提高采收率,石油产量持续上升，并通过国际合作和出口多元化战略来巩固其在全球石油供应格局中的地位。

在 2013 年至 2023 年期间，俄罗斯石油产量由 5.32 亿吨增加到 5.42 亿吨；在全球石油产量中的占比却由 12.90% 降至 12.02%。

在此期间，俄罗斯石油消费量由 6.43 艾焦增加到 7.21 艾焦；在全球石油消费量中的占比由 3.60% 升至 3.67%。

（三）煤炭产业发展

俄罗斯拥有丰富的煤炭资源，探明煤炭储量位居世界前列，煤炭种类十分齐全，从褐煤到无烟煤，可谓应有尽有。煤炭资源主要集中在西伯利亚及西北部煤矿区，尤其是库兹巴斯矿区，其储量之大，足以让全球为之侧目。

截至 2020 年底，俄罗斯探明煤炭储量为 1 621.66 亿吨，在全球探明煤炭储量中的占比达到 15.10%，彰显其在全球煤炭资源分布格局中的战略地位。

长期以来，俄罗斯煤炭产业持续快速发展，为经济和社会发展提供了能源保障，既为工业化进程提供了源源不断的动力，也支撑了交通运输业的发展，更见证了从农业文明向工业文明的转变。煤炭是俄罗斯能源体系中的主导能源之一。

在 2013 年至 2023 年期间，俄罗斯煤炭产量由 3.55 亿吨增加到 4.33 亿吨；在全球煤炭产量中的占比亦由 4.30% 提升到 4.75%，彰显其愈发不容忽视的重要地位。

在此期间，俄罗斯煤炭消费量由 3.79 艾焦增加到 3.83 艾焦；在全球煤炭消费量中的占比却由 2.35% 降至 2.33%。

四、俄罗斯非化石能源产业发展

俄罗斯地域辽阔，非化石能源资源十分丰富，非化石能源产业发展不仅关乎经济和社会发展，也对全球能源格局演变产生了深远影响。近年来，俄罗斯通过不断突破技术瓶颈和提高技术水平，降低非化石能源开发成本，持续推动非化石能源产业的发展。

从俄罗斯非化石能源发电结构来看，核能占据首要地位，其他依次为水能、风能、太阳能和生物质能。

（一）核能产业发展

俄罗斯拥有世界上最为丰富的铀矿资源，为核能产业发展奠定了坚实的物质基础。回溯历史，苏联时期便开始探索和利用核能。从第一座核电站——奥布灵斯克核电站的建立，到如今先进的核动力破冰船，俄罗斯核能产业发展就是一部波澜壮阔的核能科技创新历史，不仅见证了对未知世界的勇敢探索，更体现了对能源安全、生态环境保护的深刻理解和不懈追求。

在 2013 年至 2023 年期间，俄罗斯核能发电量由 172.5 太瓦·时增加到 217.4 太瓦·时；在全球核能发电量中的占比也由 6.93% 提升到 7.94%，巩固了其在全球核能市场中的重要地位。

（二）水能产业发展

俄罗斯河流众多，纵横交错，径流量大，为水能产业发展奠定了得天独厚的条件。在过去十几年，俄罗斯加大水电投资力度，建设了多个大型水电站，提高了水能利用效率，而且积极推进小型水电站和微型水电站的建设和改造，以满足农村和偏远地区的电力需求。

在 2013 年至 2023 年期间，俄罗斯水能发电量由 181.2 太瓦·时增加到 200.9 太瓦·时；在全球水能发电量中的占比虽由 4.78% 降至 4.74%，但在全球水能发电领域的地位依然稳固。

（三）风能产业发展

俄罗斯风能资源丰富，风力强劲，为风能产业发展奠定了良好的物质基础。俄罗斯风能资源主要集中在西部和北部地区，政府已经规划了多个风电场建设项目，并引入多家国际知名的风电设备制造商参与风机的研发和生产。

在过去十几年，俄罗斯既积极推动风能产业发展，也注重风电上网和电力市场建设，为风电产业迅速崛起提供有力的政策保障。

在 2013 年至 2023 年期间，俄罗斯风能发电装机容量由 10 兆瓦增加到 2 518 兆瓦；在全球风能发电装机容量中的占比跃升到 0.25%。

在此期间，俄罗斯风力发电量增加到 4.7 太瓦·时；在全球风力发电量中的占比提升到 0.20%。

（四）太阳能产业发展

俄罗斯太阳能资源丰富，阳光充足，为太阳能产业发展提供了优越的条件。

在过去十几年，俄罗斯政府积极鼓励企业和个人利用太阳能进行发电和供暖，提供税收优惠和财政补贴等政策支持，推动太阳能热水器和光伏发电设备等技术研发和产品生产。此外，俄罗斯也积极开展太阳能光热发电示范项目，推动光热发电技术研发和应用。

在2013年至2023年期间，俄罗斯光伏发电装机容量由1兆瓦升至2 170兆瓦；在全球光伏发电量中的占比由微不足道提升到0.15%。

在此期间，俄罗斯光伏发电量也经历了从无到有的奇迹之旅，增加到2.6太瓦·时，在光伏发电领域迈出了坚实的步伐；在全球光伏发电量中的占比也由微不足道提升到0.16%，凝聚着太阳能产业高速发展的强大力量。

（五）生物质能产业发展

近年来，面对全球气候变化挑战，俄罗斯政府通过政策扶持、资金投入和技术创新等举措，支持生物质能产业发展。科研机构与企业携手，不断探索生物质转化的高效路径，从原料预处理到生物燃料生产，每一个环节都充满智慧的光芒。生物质发电、生物供暖和生物航空燃料等，一项项技术突破，让"绿色能源"不再遥不可及。

俄罗斯民众也逐渐行动起来。家庭园艺产生的有机废弃物和城市绿化中修剪的枝叶等，都被巧妙地收集起来，作为生物质能的原料。社区参与生物质收集项目，学校推广环保教育，也汇聚成推动生物质能产业发展的重要力量。

从产业发展规模来看，俄罗斯生物质能产业正处于起步阶段。

五、俄罗斯能源转型总体成效

在过去十几年，为顺应全球气候变化的时代浪潮，俄罗斯通过制定和实施有效的政策和措施，能源转型已经取得了初步成效。但总体而言，俄罗斯能源转型正处于起步阶段，实现未来长期目标仍任重道远。

（一）能源消费质量缓慢下降，能源消费增速趋缓

在过去十多年，俄罗斯能源消费质量经历了一场不易察觉的衰退。

在2013年至2023年期间，俄罗斯人均一次能源消费量由200.9吉焦增加到216.6吉焦；与全球人均一次能源消费量的比率由271.12%提升到281.30%。

俄罗斯这个能源巨人，也正以稳健的步伐，初步迈入能源转型的征程，一次能源消费规模虽然仍在增长，但增速已经明显趋缓。

在2013年至2023年期间，俄罗斯一次能源消费量由28.92艾焦增加到31.29艾

焦；在全球一次能源消费量中的占比由 5.38% 降至 5.05%。

（二）化石能源消费占比略有所下降，一次能源消费结构调整处于起步阶段

长期以来，俄罗斯经济和社会发展严重依赖化石能源，在能源消费结构中，化石能源占据绝对主导地位，发挥着难以撼动的作用。

然而，在过去十几年，俄罗斯一次能源消费结构出现了缓慢调整的过程，改变着俄罗斯的能源消费格局。时间如流水，观念亦随之变迁，俄罗斯悄然启动了能源消费结构调整的步伐，天然气、核能、水能和非水可再生能源等正逐步成为能源消费的重要力量。

在 2013 年至 2023 年期间，俄罗斯化石能源消费量由 25.52 艾焦增加到 27.36 艾焦；在一次能源消费量中的占比却由 88.24% 降至 87.44%。

在此期间，俄罗斯非化石能源消费量由 3.40 艾焦增加到 3.93 艾焦；在一次能源消费量中的占比由 11.76% 提升到 12.56%，预示着能源转型取得了初步进展。

（三）非化石能源发电占比有所下降，电力结构调整步履艰难

在 2013 年至 2023 年期间，俄罗斯发电量由 1 059.1 太瓦·时增加到 1 178.2 太瓦·时；在全球发电量中的占比却由 4.51% 降至 3.94%。

过去十多年来，随着应对全球气候变化的时代车轮滚滚向前，俄罗斯能源转型的钟声也悄然响起，非化石能源发电如清风般拂过大地，开始在俄罗斯古老的土地上生根发芽，逐渐改变着电力结构的面貌。可以预见，俄罗斯能源转型之路，如同北国冬日的冰原，既漫长又布满各种挑战。

在 2022 年至 2023 年期间，俄罗斯化石能源发电量由 732.7 太瓦·时增加到 746.3 太瓦·时；在全部发电量中的占比由 62.79% 升至 63.34%。

在此期间，俄罗斯非化石能源发电量由 434.2 太瓦·时降至 431.9 太瓦·时；在全部发电量中的占比亦由 37.21% 降至 36.66%。

（四）降碳工作略有进展，温室气体排放缓慢增长

在过去十几年，伴随着内外环境变化的压力，俄罗斯也采取了一些技术手段，包括优化能源结构、提升能源利用效率和提高碳捕集利用与封存（CCUS）能力等技术措施，以控制温室气体排放增长的势头。

2023 年，俄罗斯碳捕集利用与封存（CCUS）能力达到 40 万吨/年，在全球碳捕集利用与封存（CCUS）能力中的占比为 0.73%，其全球市场地位很低。

在过去十几年里，俄罗斯温室气体排放量仍在增长，但增长速度已明显趋缓。可以预见，俄罗斯未来的能源转型还将步履维艰，控制温室气体排放仍将任重道远。

在 2013 年至 2023 年期间，俄罗斯温室气体二氧化碳排放当量由 20.61 亿吨增加到 21.76 亿吨；在全球温室气体二氧化碳排放当量中的占比由 5.52% 降至 5.38%。

REFERENCE | 参考文献

Energy Institute. 2024. Energy institute statistical review of world energy 2024 [R].

Energy Institute. 2023.Energy institute statistical review of world energy 2023 [R].

CRIPPA M, GUIZZARDI D, PAGANI F, et al. 2023.GHG emissions of all world countries [M]. Luxembourg: Publications Office of the European Union.

IRENA. 2023.Renewable power generation costs in 2022 [R]. Abu Dhabi: IRENA.